Im Econ Taschenbuch Verlag sind von Peter Lauster
unter anderem lieferbar:

Flügelschlag der Liebe (TB 26540)
Liebeskummer als Weg der Reifung (TB 26541)
Geheimnisse der Liebe (TB 26542)
Der Sinn des Lebens (TB 26543)
Selbstbewußtsein (TB 26544)
Lebenskunst (TB 26545)
Stärkung des Ich (TB 26546)
Wege zur Gelassenheit (TB 26547)
Lassen Sie sich nichts gefallen (TB 26548)
Die sieben Irrtümer der Männer (TB 26549)

Zum Buch

Peter Lauster zeigt eindringlich: Auch die Schönen, Reichen und Erfolgreichen quälen sich hinter ihrer strahlenden Fassade mit Konflikten. Ob Politikergattin, Konzernchef, Topmodel, Bestsellerautor, Schauspielerin, Wissenschaftler, Millionenerbin, katholischer Würdenträger, Politiker, Topmanager, Künstler, Genforscher, TV-Journalist oder Industriellensohn: Sie alle kämpfen mit Intrigen, Eifersucht, Ängsten, Aggression, gescheiterten Lebensentwürfen und sexuellen Problemen. Die Betroffenen sind sämtlich Klienten Peter Lausters in seiner »Praxis für psychologische Diagnostik und Beratung«. Einfühlsam, aber zugleich provozierend führt er sie heraus aus ihrem goldenen Käfig. Und so öffnet er auch uns die Augen für ein neues Leben in Freiheit und Selbstbestimmung.

Zum Autor

Peter Lauster, 1940 in Stuttgart geboren, studierte Psychologie, Philosophie, Anthropologie und Kunstgeschichte in Tübingen. Seit 1971 leitet er in Köln die »Praxis für psychologische Diagnostik und Beratung«. Sein großes Wissen aus Forschung und praktischer Erfahrung verbindet sich mit der Fähigkeit, auch komplexe Sachverhalte klar und verständlich darzustellen. Seine Sachbücher wurden sämtlich zu Bestsellern und weltweit veröffentlicht.

Peter Lauster

Außen top, innen flop

Die Probleme der Schönen, Reichen
und Erfolgreichen –
und was wir daraus lernen können

Econ Taschenbuch Verlag

Veröffentlicht im Econ Taschenbuch Verlag
1998

Der Econ Taschenbuch Verlag ist ein Unternehmen
der Econ & List Verlagsgesellschaft

© 1996 by Econ Verlag GmbH, Düsseldorf und München
Umschlagkonzept: Büro Meyer & Schmidt, München – Jorge Schmidt
Umschlagrealisation: Init GmbH, Bielefeld
Titelabbildung: ZEFA, Düsseldorf
Druck und Bindearbeiten: Ebner Ulm
Printed in Germany
ISBN 3-612-26525-3

Inhalt

Anhang

Vorwort

Seit einem Vierteljahrhundert bin ich als beratender Psychologe, Psychotherapeut und Autor in Köln tätig. In dieser Zeit habe ich unter anderem auch viele Prominente aus Politik, Wirtschaft und Kultur beraten. Die interessantesten Gespräche möchte ich Ihnen in diesem Buch vorstellen. Sicher haben Sie Verständnis dafür, daß ich aus Gründen der Ethik keine Namen nenne.

Indem ich die Reichen, Schönen und Berühmten in diesem Buch zu Wort kommen lasse, möchte ich Ihnen zeigen, daß ›Promis‹ letztendlich die gleichen Probleme haben wie jeder ›Normalbürger‹ auch: Eifersucht, Ängste, Liebeskummer, sexuelle Verstrickungen, psychosomatische Symptome, Lebenskrisen, Konflikte, Aggressionen, Statusprobleme etc. Was mir allerdings an Prominenten aufgefallen ist: Wenn sie in eine Krise geraten, werden sie von ihr besonders überrascht, denn sie neigen oft zur Selbstüberschätzung ihrer eigenen Stärke.

Ich gebe die Gespräche in wörtlicher Rede wieder, um ihren Ablauf zu dokumentieren. Es geht dabei um konkrete Wege aus der Lebenskrise. Langweilige Einzelheiten einer Therapie sind ausgespart. Die zentralen und prinzipiellen Punkte der Krise stelle ich heraus und versuche aufzuzeigen, welche Auswege möglich sind.

Blicken Sie also mit mir hinter die Fassaden des schönen Scheins und beobachten, welche Dramen und gleichzeitig welche Komik sich dahinter abspielen. Ich habe viele beraten, die ganz oben waren, die scheinbar ohne jeden Makel im Licht der Öffentlichkeit standen und sich dennoch mit ihren Schwierigkeiten und Problemen ganz unten fühlten. Ich habe Männer gesehen, die stark erschienen und vor ihren Schwächen stets geflohen waren, von einem äußerlichen Erfolg zum nächsten, und die dann wegen einer Liebesaffäre zusammenbrachen. Ich habe mit erfolgreichen Unternehmern gesprochen, die alle Statussymbole besitzen, die man sich nur denken kann, und die wegen einer verschmähten Liebe alles aufs Spiel setzten. Männer, die seit zwanzig Jahren keine Träne vergossen hatten, wurden von Weinkrämpfen geschüttelt. Frauen, die im Luxus lebten, verließen Villa, Kinder und gesellschaftlichen Status, um einem obskuren Künstler oder Guru zu folgen. Bürgerlich geprägte Frauen ließen sich von ihrem Geliebten schlagen, und kreative Intellektuelle verliebten sich in Prostituierte. Durch Seitensprünge gezeugte Kinder wurden dem arglosen Ehemann untergeschoben. Politische Fäden wurden gezogen, welche die Betroffenen an den Abgrund des finanziellen Ruins brachten. Ich mußte zuhören, wenn Ehefrauen erzählten, wie ihre Männer sie mit Autorität und Gewalt einschüchterten, Gewalt, die bis zur extremen Körperverletzung führte. Ich habe alle Formen von Erpressung kennengelernt, wobei die finanzielle noch die harmloseste war, denn Menschen werden vor allem mit Angst vor Statusverlust, Verleumdung und Imageverlust eingeschüchtert. Ich habe gesehen, wie Männer ihre Kinder verließen, wie Frauen ihre menschliche Würde verloren, wie beide Geschlechter gelogen und betrogen haben. Ich sah Sadismus jeder Art und Masochismus.

Über all diese Jahre lernte ich zu verstehen, daß wir in unserer Seele extrem verletzbar sind. Aus Verletzung heraus geschieht alles weitere Unheil. Ich denke heute: Die Geschenke des Lebens an uns sind eigentlich unermeßlich groß, doch haben wir es meist nicht gelernt, sie zu sehen und somit auch anzunehmen. So scheint die seelische Verletzung an Bedeutung zu gewinnen; sie wird übermächtig – sie wird überbewertet. Wir werden von anderen verletzt, täglich, stündlich; damit umgehen zu können, darauf kommt es an. Wenn wir innerlich frei werden, dann gelangen wir aus dem Schatten ans Licht.

Das möchte ich bewußtmachen. Wenn mir das gelingt, dann hatten die vergangenen fünfundzwanzig Jahre einen Sinn, nicht nur für mich persönlich, sondern vor allem für mich als Autor. Indem der Autor seinen Lesern etwas mitteilt, möchte er, daß sie Anteil daran nehmen. Auch mit diesem Buch will ich dazu aufrufen: Nehmt Anteil daran, nehmt es als Anregung, habt Einfühlungsvermögen, und lebt in Zukunft offen, frei und ehrlich, wahrhaftig, und – werdet glücklich! Das ist so verdammt schwer, weil wir in Konflikten gefangen sind, die sich wie Bleigewichte an unsere Existenz hängen. Das zu sehen macht frei. Man will dir ein Gewicht anhängen, das dich unfrei macht. Ein Wort kann ein solches Gewicht sein, ein Geldbetrag, eine Hoffnung, eine Angst, eine Idee, eine Illusion, ein Versprechen.

Über neunzig Prozent der Menschen sind in unserer modernen Gesellschaft psychisch gestört. Mit diesem Buch möchte ich Ihnen einen Einstieg in die Welt der eigenen Emotionen vermitteln und Ihre Sensibilität für die Probleme Ihrer Mitmenschen schärfen. Selbst ein Leser, dem diese psychischen Konflikte und Krisen bisher fremd waren, kann dadurch mehr Verständnis für die Wirrungen des Seelenlebens gewinnen – schließlich kann jeder eines Tages damit konfrontiert werden.

Außerdem möchte ich uns allen einen Spiegel vorhalten. Eine Lebenskrise ist keine Schwäche, sondern die Chance für eine Neuorientierung. So verstehe ich jede Krise als eine Chance, daran zu wachsen und zu reifen. Und deshalb geht es mir vor allem darum: Wacht endlich auf – und wenn es am Beispiel eines anderen ist! So ist jedes Gespräch ein Gleichnis. Sollte es Ihnen, liebe Leserin und lieber Leser, dabei wie Schuppen von den Augen fallen, dann hätte dieses Buch seine Aufgabe erfüllt.

Die in diesem Buch abgedruckten Gespräche sind keine Darstellungen von kompletten Psychotherapien. Es handelt sich jeweils immer um ein oder zwei Gesprächsstunden. Spätere Stunden wurden nicht aufgenommen; also handelt es sich zwangsläufig um Fragmente der Gesamtberatung. Da ich hier ein breites Spektrum der verschiedenen Konflikte darstelle, habe ich eine Auswahl vorgenommen. Die vorgelegten Gespräche sind psychologische Beratungen in Krisensituationen. Verzichtet habe ich auf Fälle, die zu speziell und deshalb von geringerem Interesse sind. Es wurden solche Gespräche ausgewählt, die uns thematisch alle angehen und womit jeder in seinem Leben, ob früher oder später, einmal selbst oder im Freundeskreis konfrontiert werden kann.

Mein Mann liebt ›schmutzigen Sex‹

Die Frau des Politikers

Bei der telefonischen Terminvereinbarung betont sie, daß sie selbst nicht psychisch krank sei; es handele sich um ein Eheproblem. Sie überlege, ob sie sich scheiden lassen solle. Bevor sie sich aber dazu entschließe, wolle sie erst ein Gespräch mit einem Fachmann führen.

Als sie mir gegenübersteht und ich sie begrüße, wirkt sie sehr ernst und angespannt. Sie lächelt nicht und möchte sogar ihren schwarzen Trenchcoat anbehalten. Auf meine Frage, ob ihr kalt sei, schüttelt sie den Kopf.

»Warum sind Sie heute zu mir gekommen?« frage ich sie zu Beginn.

»Ich habe Ihr Buch über die Liebe gelesen. Ihre Gedanken zur seelischen Liebe haben mir gefallen. Mit manchen Ihrer Gedanken bin ich allerdings nicht einverstanden. Aber deshalb bin ich nicht hier. Es geht mir heute um die Sexualität. Haben Sie auch ein Buch über Sexualität geschrieben?«

»Bisher noch nicht, ich habe jedoch damit begonnen.«

»Wann wird es erscheinen?«

»In etwa zwei bis drei Jahren.«

»Dann kennen Sie sich also mit der Sexualität aus?«

»Mit der Sexualität unter psychischem Aspekt. Liebe, Sex, Emotionalität, Körper und Psyche hängen eng miteinander zusammen. – Bitte kommen Sie jetzt zu Ihrem Problem oder Ihren Fragen.«

»Ich bin hier wegen meines Mannes. Ich denke, er hat ein Problem, und dadurch habe ich zwangsläufig auch eines.
Wir sind jetzt ein Jahrzehnt verheiratet und haben eine Tochter. Ich war Pädagogin, bin aber nicht mehr berufstätig. Sexuell war unsere Beziehung anfangs in Ordnung. Mein Mann ist sexuell schnell erregbar; er findet jede Frau mit einem schönen Körper faszinierend. Wenn wir zusammen im Restaurant sitzen, dann dreht er sich nach jeder hübschen Frau um und starrt sie ungeniert an. Ich finde das peinlich. Ich habe auch mit ihm darüber gesprochen, daß mich das verletzt, aber es hat nichts genützt.
Damit könnte ich ja noch leben ... aber mein Mann sammelt Pornovideos. Er kauft sie im Versandhandel. Er ist so bekannt, daß er niemals eine Videothek oder einen Erotikshop betreten würde. Mittlerweile hat er über dreihundert Pornovideos in seinem Büroschrank zu Hause deponiert.«

»Will er die Videos gemeinsam mit Ihnen ansehen?«

»Ja, anfangs wollte er das. Ich habe mir die ersten Filme auch angesehen, aber es hat mir nichts gegeben. Es hat mich angewidert, vor allem, weil er danach mit mir schlafen wollte. Ich habe mich dann sexuell total benutzt gefühlt.
Ich bin ja gar nicht gemeint. Die Erregung holt er sich durch die Nacktheit anderer Frauen, und mein Körper soll dann für seinen Orgasmus bereitliegen. Ich habe ihm gesagt, daß ich unter solchen Voraussetzungen keinen Sex will.«

»Welche Art von Pornographie hat Ihr Mann gekauft? Es gibt ja auf diesem Markt verschiedene Themenbereiche.«

»Es sind Videos von Frauen, die Striptease machen und danach vor der Kamera onanieren, dann Videos mit dem üblichen Geschlechtsverkehr und Videos über lesbische Frauen.«

»Auch homosexuelle Männer?«

»Nein, das nicht, er hat keine homosexuellen Neigungen. Das Gott sei Dank nicht.«

»Videos mit sadomasochistischen Szenen?«

»Das eigentlich auch nicht. Obwohl mir aufgefallen ist, daß Frauen oft erniedrigt werden. Ich meine jetzt nicht, daß es für eine Frau erniedrigend sein muß, sich beim sexuellen Akt so zur Schau zu stellen. Er hat in letzter Zeit Videos bestellt, die ›Streetlife‹ heißen oder ›Öffentlicher Skandal‹. Dabei geht es darum, daß die Sexualität an öffentlichen Plätzen, in Parks, im Zugabteil, im Flugzeug und so weiter gezeigt wird. Er liebt das wohl, weil es so schamlos ist. Ist das Sammeln und Betrachten dieser Videos, ein solcher Voyeurismus … ist das pervers?«

»Der Voyeurismus ist nichts Ungewöhnliches. Er gehört zu einer normalen sexuellen Neugier dazu. Das Sammeln von Videos ist an sich noch keine Perversion. In früheren Jahrhunderten wurde erotische Literatur gesammelt, erotische Darstellungen auf Kupferstichen, Radierungen et cetera. Das Sammeln von Erotika dieser Art war allerdings den Vermögenden vorbehalten, weil es sehr teuer war. Durch die Videotheken ist der Konsum von pornographischen Filmen heute bei einer geringen Leihgebühr für jedermann erschwinglich.
Ich sehe darin nichts Ungewöhnliches oder eine Perversion; es kommt natürlich darauf an, welche Phantasien hier bevorzugt werden, deshalb habe ich Sie nach den Themen gefragt.
Es scheint bei Ihrem Mann eine Tendenz vorzuliegen: Er mag es wohl, wenn sich Frauen besonders schamlos präsentieren.«

»Das ist richtig. Er liebt nach meiner Meinung schmutzigen Sex. Ich bezeichne es als schmutzig, wenn die Frau dabei ihre Würde verliert.«

»Was verstehen Sie unter Würde?«

»Ich meine, daß Sexualität ein Ausdruck von Liebe sein sollte. Meinem Mann geht es aber nicht um Liebe und Zärtlichkeit, sondern um reinen Sex. Er benutzt dabei auch gerne schmutzige Wörter, einen Straßenslang, und immer, wenn er diese Wörter zu mir sagt, dann bekommt er auch schnell einen Orgasmus. Daran kann ich erkennen, wie wichtig ihm das ist, daß ihn das sehr erregt. Mich stößt das ab. Was halten Sie davon? Ist mein Mann ein Sadist?«

»Hat er Sie auch schon mal geschlagen oder gefesselt?«

»Nein, ich glaube, daß er sich das einfach nicht traut. Aber da fällt mir ein, daß er auch Videos mit sogenannten ›Fesselspielen‹ hat. Sehen Sie eine Möglichkeit, meinen Mann von dieser Videoleidenschaft abzubringen?«

»Haben Sie mit ihm darüber gesprochen, daß er das aufgeben soll?«

»Ja, aber er sagt, daß ich das nicht von ihm verlangen könnte. Er sagt, ich könnte das ja mit ihm zusammen ansehen, damit meine Phantasie angeregt würde und ich nicht mehr so prüde sei. Er sagt, daß sexuelle Entfaltung für ihn sehr wichtig sei und er sich auf diese Weise vom Tagesstreß befreien könnte.
Es quält mich, daß er neben mir ein völlig eigenständiges Sexualleben hat. Er onaniert natürlich beim Anschauen der Videos. Dann läßt er mich wenigstens anschließend in Ruhe. Aber das ist doch auf Dauer keine Lösung. Wir schlafen nur noch nach einem Restaurantbesuch oder im Urlaub miteinander.«

»Geht Ihr Mann ab und zu auch zu Prostituierten?«

»In ein normales Bordell würde er niemals gehen, weil man ihn da erkennt; er hat allerdings Spezialadressen von Callgirls. Vor allem wenn er auf Reisen ist, bestellt er sich solche Hostessen, Models oder Callgirls aufs Zimmer; das hat er mir ungeniert erzählt, obwohl ich darüber entsetzt bin.
Ich habe mir deshalb überlegt, ob ich mich scheiden lassen soll, denn das belastet mich doch sehr. Glauben Sie, daß ich meinen Mann noch ändern kann? Meinen Sie, er sollte eine Therapie machen?«

»Da Ihr Mann nicht das Gefühl hat, krank zu sein, ist das Wort Therapie deplaziert. Er fühlt sich mit seinem Verhalten gut und nicht schlecht; deshalb würde er auch nicht zu mir in die Beratung kommen. Er will ja so bleiben, wie er ist, und nichts ändern. Sie leiden unter seinem Verhalten, er leidet nicht. Es scheint ihn auch nicht sonderlich zu berühren, daß er Sie kränkt und verletzt.«

»Er ist ein intelligenter Egoist. Er ist überaus von sich überzeugt und läßt sich von mir nicht beirren. Ich bin ihm in Gesprächen nicht gewachsen. Er kann eine Respektlosigkeit zeigen, die mir den Atem verschlägt. Andererseits bewundere ich wiederum diese Kaltschnäuzigkeit und Schnodderigkeit, denn sonst hätte ich mich schon längst scheiden lassen.«

»Liebt Ihr Mann Sie?«

»Ich glaube nicht, jedenfalls nicht so, wie ich ihn liebe.«

»Lieben Sie ihn?«

»Ich weiß nicht, manchmal ja ... oft bin ich aber auch verärgert über ihn. Wenn ich mich ärgere, dann empfinde ich keine Liebe. Ich möchte ihn aber auch nicht missen. Ohne ihn wäre mein Leben langweiliger. Ich finde es aufregend, daß er überall bekannt ist und daß man dadurch Vorteile hat. In einem Restaurant bekommt man einen guten Platz, und die Leute behandeln einen mit Respekt.«

»Ist das, was Sie eben erzählt haben, Liebe?«

»Nein, das ist nicht allein Liebe, das sind Aspekte der Partnerschaft. Ich habe meinen Mann früher einmal geliebt; da bin ich mir sicher. Aber durch das besondere Eigenleben seiner Sexualität fühle ich mich von ihm nicht mehr als Frau begehrt. Ich stehe nicht mehr im Zentrum seiner sexuellen Wünsche. Das hat mich doch sehr ernüchtert und auch von ihm entfernt. Ich habe mich seelisch-geistig von ihm zurückgezogen; meine Liebe ist auf diese Weise verschwunden.
Es wird mir durch dieses Gespräch klar, daß ich wohl nur wegen der Partnerschaft mit ihm zusammen bin, aber nicht mehr aus Liebe. Ich weiß auch nicht, ob meine Liebe zurückkommen würde, wenn er mir zuliebe die Pornos entrümpeln würde; ich weiß es wirklich nicht.
Ich glaube, ich bin zu tief verletzt und könnte das nicht vergessen. Außerdem müßte er die Callgirls aufgeben. Ich glaube nicht, daß sich daran etwas ändert.«

»Sie denken, daß seine Zuneigung zu Ihnen nicht groß genug sein kann, wenn er sich sexuelle Befriedigung bei Prostituierten holt. Sie haben das Gefühl, daß die Sexualität über Ihre Ehe hinaus für ihn noch eine weitere Bedeutung hat.«

»Ich kann ihm im sexuellen Bereich nicht das geben, was er sich offensichtlich wünscht.«

»Es ist gut, daß Sie von einem Bereich reden. Dieses Wort macht deutlich, daß wir Bereiche unterscheiden müssen. Zur Liebe zwischen Mann und Frau gehört die erotische Komponente hinzu. Wir sollten unterscheiden zwischen drei Bereichen: dem geistigen (rationalen), dem seelischen (emotionalen) und dem körperlichen Bereich. Diese drei Dimensionen können separat voneinander bestehen, sie können sich aber auch miteinander vermischen. Die Liebe zwischen Mann und Frau ist nichts Statisches; sie kann sich auf der psychischen Ebene entwickeln, kann zur geistigen Begegnung werden und zur sexuellen Entfaltung überleiten. Es wird rund, wenn alle drei Bereiche zu einer Annäherung führen und die Kommunikation in Aufmerksamkeit möglich ist. Wenn auf einem Gebiet die Kommunikation abbricht und sich der andere dann allein weiterbewegt, und zwar ohne den Partner oder die Partnerin, dann wird es problematisch. Die Kommunikation geschieht oft nicht vorbehaltlos offen, vor allem was die seelischen und sexuellen Dimensionen anlangt. Wir haben nicht gelernt, wirklich offen miteinander umzugehen, aus Angst, daß wir dann nicht mehr akzeptiert werden.

Diesen Vorwurf kann man Ihrem Mann allerdings nicht machen, denn er hat seine sexuelle Neigung ja nicht vor Ihnen verheimlicht, sondern Ihnen die Pornovideos gezeigt. Er hat versucht, Sie in die Kommunikation mit einzubeziehen. Seine sexuellen Wünsche, Phantasien, Vorstellungen und Realisierungen haben sich weiterentwickelt, und Sie werden jetzt damit konfrontiert.«

»Wenn Sie sagen weiterentwickelt, dann klingt das für mich, als hätte er sich entwickelt und ich wäre stehengeblieben. Es klingt wie eine Kritik.«

»Meine Ausdrucksweise ist tatsächlich etwas mißverständlich. Ich versuche es noch einmal mit anderen Worten: Das Leben ist nichts Statisches, sondern ein dynamischer Vorgang. Die Veränderung ist das feststehende Gesetz. Wir ändern unsere Meinung; die Gefühle ändern sich je nach Situation; der Körper unterliegt der Veränderung – er durchläuft biologische Entwicklungs- und Alterungsprozesse. Wir können uns von Tag zu Tag mehr entfalten, wir legen mehr Gewicht auf dieses oder jenes, wir bleiben also nicht stehen, sondern verändern uns ständig. Auch die Liebe bleibt nicht stehen.

Nicht jede Veränderung wird von uns positiv gesehen. Wir entwikkeln und entfalten uns weiter, entweder in eine positive oder in eine negative Richtung.

Ich wollte also nicht werten. Neutraler ausgedrückt: Ihr Mann hat sich verändert. Es kommen sexuelle Vorlieben zum Vorschein, mit denen Sie nicht gerechnet haben. Sie werden nun damit konfrontiert, und Sie reagieren darauf. Auch Sie haben sicherlich sexuelle Vorlieben, die Sie bereits leben oder die Sie gerne ausleben würden. Haben Sie solche Vorlieben?«

»Nein, es fallen mir keine ein. Ich bin sehr bürgerlich erzogen. Ich halte mich zwar nicht für prüde, aber ich bin einfach nur normal. Ist es falsch, normal zu sein?«

»Der Begriff normal ist ein sehr vieldeutiges Wort. Wir könnten stundenlang darüber reden, was als normal gelten kann und was nicht. Oft wird ›normal‹ mit ›üblich‹ und ›natürlich‹ gleichgesetzt. Das alles ist sehr kompliziert.

Wir wollen nicht allzusehr theoretisieren. Jedenfalls halten Sie sich für normal. Sie haben Ihre Vorstellung von Sexualität, und das gilt Ihnen als normal. Was davon abweicht, ist dann nicht mehr normal – in Ihrem subjektiven Sinne. Verstehen Sie mich nicht falsch; Sie schauen mich so kritisch an. Es ist in Ordnung, daß Sie von Ihrem subjektiven Standpunkt ausgehen, zunächst einmal. Wir leben als Subjekt unter vielen anderen Menschen, die die Welt gleichfalls unter einem subjektiven Aspekt sehen. Viele subjektive Sichtweisen kommen zusammen, und sie könnten miteinander kommunizieren; das wäre optimal. So erhält man Menschenkenntnis. Jeder hat seinen subjektiven Standpunkt; dagegen gibt es nichts einzuwenden. Wir sollten uns aber nicht darin einschließen wie in einem Schneckenhaus, sondern offen sein für andere Standpunkte; so lernen wir die Menschen kennen. Wir sind doch neugierig auf andere Menschen, oder nicht? Aber wenn jemand eine Sichtweise vertritt, die uns unbekannt und fremd ist, dann ziehen wir uns zurück. Das halte ich für falsch. Andere Menschen in anderen Ländern und anderen Kulturen denken auch anders. Verreisen Sie gerne?«

»Ja, ich reise sehr gerne. Die Reisen mit meinem Mann sind die schönsten Zeiten in unserer Ehe. Ich war mit ihm in Asien, in Südamerika, in Afrika, in den Vereinigten Staaten. Derzeit planen wir eine Reise nach China.«

»In andere fremde Länder mit anderen Kulturen reisen Sie gern. Demgegenüber sind Sie aufgeschlossen. Warum?«

»Weil mich eine fremdländische Mentalität interessiert, Landschaften, die ich bisher nicht kannte, eine Vegetation, die ich noch nie gesehen habe, oder eine ungewohnte Architektur. Ich war vor allem beeindruckt von der asiatischen Welt. Aber auch schon wenige Flugstunden entfernt, in Tunesien, ist eine andere Welt. Ich liebe die Wüste und die Palmen und das einfache Leben der Menschen in ihren Hütten.«

»Tunesien und seine Menschen, die Wüste, die Palmen und die Sandstrände. Haben Sie bemerkt, daß die Menschen ihr Land und ihre Mitmenschen nicht mit Ihren Augen sehen, sondern daß sie geprägt sind von ihrer Religion, zum Beispiel dem Islam? Waren Sie auf Ihren Reisen auch schon einmal in Saudi-Arabien?«

»Ja, wir waren dort einmal eingeladen. Mein Mann hatte einen politischen und einen geschäftlichen Termin. Wir waren in einem phantastischen Hotel, einer Oase der Schönheit, voller Prunk und Pracht.«

»Es ist schön, das wahrzunehmen und sensitiv zu genießen. Haben Sie erfaßt, daß die Menschen dort, die Männer vor allem, einen besonderen subjektiven Standpunkt haben?«

»Sie folgen dem Koran. Ich akzeptiere jede Religion.«

»Das ist sehr anerkennenswert. Haben Sie den Koran auch gelesen?«

»Nein, ich kann nicht in jedem Land, in das ich komme, die jeweilige Bibel lesen.«

»Das haben Sie sehr diplomatisch ausgedrückt. Aber um die Menschen dort zu verstehen, in Saudi-Arabien beispielsweise, wäre es sehr hilfreich, wenn Sie den Koran kennen würden. Denn das würde Ihnen deutlich machen, was dort als normal gilt und welchen subjektiven Standpunkt diese Menschen einnehmen. Das gehört zur Menschenkenntnis.«

»Ich ahne jetzt langsam, was Sie mir damit sagen wollen. Ich dachte die ganze Zeit, warum schweift er so ab von meinem direkten Problem der Sexualität mit meinem Mann? Ich ahne jetzt, was Sie mir damit indirekt bewußtmachen wollen.«

»Was ist es?«

»Sie wollen mir klarmachen, daß die Menschen geprägt sind von ihrer jeweiligen Kultur und Religion, von der dadurch vermittelten Denkweise. Das alles prägt ja auch den subjektiven Standpunkt. Sie wollen damit sagen, daß das Subjektive gar nicht so subjektiv ist, daß es uns als Norm und Regel vermittelt wurde.«

»Wir sind programmiert und konditioniert.«

»Ich verstehe jetzt langsam, daß Sie mir sagen wollen, daß wir auch sexuell programmiert und konditioniert sind.«

»Das ist richtig, das wollte ich Ihnen bewußtmachen, weil Sie so viel im Ausland waren und so viele verschiedene Länder und menschliche Mentalitäten kennengelernt haben. Ich möchte an Ihre persönlichen Erfahrungen anknüpfen. Gibt Ihnen das vielleicht zu denken?«

»Ja, ich erkenne jetzt, daß ich die engen Kreise meiner Denkweise verlassen sollte. Ich sehe nun die sexuellen Vorlieben meines Mannes mit etwas anderen Augen.

In den arabischen Ländern gibt es den gesellschaftlich hoch angesehenen Bauchtanz, obwohl die Sexualmoral dort sehr eng ist – so sage ich das jetzt einmal, obwohl ich den Koran nicht gelesen habe. Für mich ist das eine Art Striptease. Die Männer sind in diesen Lokalen unter sich. Nur die allerhöchste Gesellschaft beteiligt Frauen daran. Diese superreichen Männer aus Saudi-Arabiens Geschäftswelt haben mehrere Frauen. Auch das ist mir fremd; ich bezeichne das nicht als normal. So gerät jetzt für mich der Begriff Normalität ins Wanken. Ich muß das erst einmal in Ruhe verarbeiten.«

»Nicht mit dem Vorbehalt, daß Sie Zeit brauchen, um zu verstehen. Sie haben jetzt direkt spontan verstanden. Vermauern Sie dieses Verständnis bitte nicht. Sie haben verstanden, reden wir jetzt nicht mehr darum herum. Ihr Mann hat die von Ihnen geschilderten sexuellen Tendenzen. Sie erfahren eine Dimension, die Sie bisher nicht kennengelernt haben. Nun sagen Sie aber nicht mehr, jenes ist normal und dieses ist unnormal; Sie lernen es kennen. Sie sind auf einer Reise nicht nur zu einem anderen Kontinent mit anderer Religion, nein, Sie sind immer auf der Reise, auch in unserem Land, und Sie lernen, lernen, lernen, Sie machen Erfahrungen, als wären Sie in einem anderen Land. Wir erfahren die Menschen um uns herum, und so entwickelt sich Menschenkenntnis. Das ist ein Abenteuer. Wir erleben es jedoch nur, wenn wir uns öffnen, denn das ist die Voraussetzung. Sie haben sich dem bisher verschlossen, von den Reisen in ferne Länder einmal abgesehen.«

»Sie wollen mir sagen, daß ich mehr verstehen müßte.«

»Ihr Leben ist eine Reise, einmal nach innen, um sich selbst zu verstehen, dann nach außen, um andere zu verstehen. Die moderne Flugtechnik und die Touristikbranche ermöglichen uns, in viele fremde Länder zu reisen. Aber wir sollten auch die verschiedenen Mentalitäten verstehen lernen.

Wenn ich Ihnen das vermitteln kann, dann verstehen Sie auch Ihren Mann. Es ist eine Reise in die Strukturen der Sexualität; es eröffnet sich Ihnen eine weite und große Welt. Sie bleiben dabei frei, denn keiner zwingt Sie zu akzeptieren. Aber lernen Sie sie kennen mit Offenheit. Das ist Freiheit: Sie erfahren, beobachten und befassen sich damit. Bleiben Sie offen. Die Sexualität ist als eigenständiger Bereich ein weites Gebiet, ein großes Land.

Es gibt Religionen in diesem Land, den Katholizismus, den Islam, den ›Protan‹, den ›Hidus‹, den ›Bulam‹, Sie verstehen, ich habe jetzt Phantasienamen gebildet, denn es spielt keine Rolle, wie wir das benennen. Es geht um die Regeln, die uns vermittelt werden. Wenn wir uns als Subjekt in unserer Subjektivität wertschätzen, dann müssen wir alle diese Regeln verlassen.«

»Es bedeutet – und das überrollt mich jetzt, deshalb kann ich kein wirkliches Urteil abgeben –, es bedeutet, daß ich keinen Riegel von Vorurteilen vorschieben sollte, sondern meinen Mann beginnen sollte zu verstehen.«

»Ja, verstehen Sie ihn, vorurteilsfrei. Verstehen heißt nicht für gut befinden. Aber erst einmal muß das schonungslose Verstehen stattfinden. Wir lernen und erfahren; es ist ein Abenteuer. In Ihrem Fall ist es ein sexuelles Abenteuer. Ich möchte, daß Sie das verstehen.«

Zu Hause impotent

Der Konzernchef

Es ist fast so, als ginge es um ein geschäftliches Meeting. Wir hatten telefonisch einen Gesprächstermin vereinbart. »Ich werde Ihnen aber morgens noch mitteilen, ob es klappt«, sagte der erfolgreiche Unternehmer, »vielleicht muß ich wegen anderer wichtiger Verpflichtungen absagen.«
Er hat aber nicht angerufen und steht pünktlich in der Tür. Unten warte sein Chauffeur, erklärt er und legt sein Handy auf meinen Schreibtisch. Der Chauffeur melde sich über eine Geheimnummer, wenn es etwas außergewöhnlich Wichtiges sei. »Dafür haben Sie doch sicher Verständnis.« Habe ich, selbstverständlich.

»Zeit ist ja offenbar für Sie etwas ungeheuer Wichtiges. Wenn Sie sich heute die Zeit für ein Gespräch nehmen, das nichts mit Ihren Geschäften zu tun hat, dann gibt es dafür sicher einen besonderen Grund. Kommen wir also direkt zur Sache. Warum sind Sie zu mir gekommen?«

»Es gefällt mir, daß Sie sofort einsteigen. Ich hasse Zeitverschwendung. Ich möchte auch keine überflüssigen Worte verlieren, sondern direkt auf mein Problem kommen. Es würde ohnehin zu lange dauern, wenn ich Ihnen meine ganze Lebensgeschichte erzählen wollte.
Ich halte eigentlich nicht viel von Psychologen. Wir haben zwar einen Psychologen in unserer Marketing- und Werbeabteilung, nun gut. Aber daß ich selbst mal bei einem Psychologen sitzen würde, das hätte ich nie gedacht.

Sie sind mir empfohlen worden – Ihre Bücher habe ich nicht gelesen. Ich hoffe, Sie nehmen mir das nicht übel, wenn ich das so offen sage. Aber meine Frau liest Ihre Bücher. Sie hat mir *Die Liebe* geschenkt. Ich lese keine Bücher; dazu habe ich keine Zeit. Außerdem packe ich den Stier immer bei den Hörnern, und deshalb habe ich mir gesagt: Bevor du das Buch liest, gehst du lieber direkt zu dem Mann.«

»Dann sagen Sie mir jetzt auch direkt, warum Sie hier sitzen.«

»Ich bin ein Perfektionist. Meine Firmen laufen alles in allem sehr erfolgreich. Deswegen bin ich nicht gekommen.
Ich bin autoritär, und dazu stehe ich auch. Ich trage schließlich als Unternehmer das finanzielle Risiko. Da muß man durchsetzungsfähig sein. Es geht um mein Geld, weil ich Eigentümer der Firmengruppe bin.
Ich sage immer: In der Politik ist Demokratie ein Segen, aber im Wirtschaftsleben gelten halt andere Gesetze. Da braucht man Autorität – keine Diktatur, aber den Mut zur Entscheidung. Ich beteilige zwar meine Führungsleute an den Überlegungen, aber die Entscheidungen treffe ich letztendlich doch allein. Das muß auch so sein, denn die bekommen ja Gehälter, Sozialleistungen, Provisionen, Urlaub, Abfindungen und so weiter. – Aber ich komme vom Thema ab.«

»Nein, das ist alles von Bedeutung. Sie selbst haben es angesprochen, also gehört es auch zum Thema. Es ist eine Art Einleitung. Sie wollen damit etwas zum Ausdruck bringen, was mit Ihrem Problem zu tun hat.«

»Also gut, es geht um meine Ehe. Meine Frau ist unzufrieden mit mir, weil ich, wie sie sagt, zu wenig mit ihr unternehme.
Wir haben zwei Kinder, zwei Söhne. Der eine steht kurz vor dem Abitur, der andere studiert. Wir wohnen in einer der schönsten Villen der Stadt.

Meine Frau hat Personal für alles; sie braucht eigentlich nichts tun. Außerdem hat sie zwei Autos in der Garage und einen großen Kreis von Freundinnen. Sie spielt Tennis und Golf. Sie kann jederzeit allein in Urlaub fahren. Wir haben übrigens auch Ferienhäuser auf Mallorca, im Tessin und in Südamerika. Sie hat eigentlich alles, was man sich nur vorstellen kann. Außerdem ist sie attraktiv und gebildet. Bei geschäftlichen Einladungen sehe ich sie gern an meiner Seite, denn sie ist auch sehr repräsentativ.

Das Problem ist, daß ich sie seit ein paar Jahren nicht mehr liebe ... nein, das war vielleicht falsch ausgedrückt; ich liebe sie schon, aber ich habe einfach kein sexuelles Verlangen mehr nach ihr. Sie sucht den sexuellen Kontakt zu mir, und ich blocke ihn ab. Wir haben seit neun Jahren getrennte Schlafzimmer, weil ich schnarche. Meine Frau wollte das so. Aber das ist nicht der Punkt. Die sexuelle Anziehung ist mir verlorengegangen.

Ich schätze meine Frau, wirklich, ich liebe sie, ja, das würde ich schon sagen, aber ich begehre sie nicht mehr körperlich. Vor vielen Jahren war das plötzlich weg.

Bei ihr bin ich impotent, nur bei ihr. Ich weiß nicht, warum. Eigentlich bin ich nämlich nicht impotent. Wissen Sie, auf meinen Geschäftsreisen habe ich öfters sexuelle Erlebnisse. Meine Geschäftspartner servieren mir bei den Essen sehr attraktive Frauen. Das ist normal, das ist üblich. Ich sage immer, das ist ›Schmierfleisch‹. Geld und Sex, darum dreht sich nun mal alles. Ich erzähle Ihnen das, damit Sie wissen, daß ich nicht wirklich impotent bin. Nur bei meiner Frau.

Was kann man dagegen tun? Ich könnte mich zwar scheiden lassen, aber das will ich eigentlich nicht. Ich könnte eine meiner Geliebten heiraten, aber das will ich auch nicht. Meine Frau ist mir nach wie vor wichtig. Ich mag sie, ich schätze sie, aber sexuell ist eben alles weg. Was kann ich tun, damit die sexuelle Anziehung wiederkommt?«

»Ich soll Ihnen diese Frage nun ganz schnell und möglichst effizient beantworten. Das erwarten Sie von mir. Deshalb sind Sie direkt zu mir gekommen, ohne Umwege über mein Buch.«

»Bücher sind Theorie. Ich mag keine Theorien, ich kann damit nicht umgehen; das dauert mir alles viel zu lange. Ich brauche praktische, konkrete Ratschläge, die ich umsetzen kann.«

»War die sexuelle Anziehung zu Ihrer Frau plötzlich weg? Erinnern Sie sich an den Zeitpunkt?«

»Ja, das war in Florenz, nach einem schönen, romantischen Abend in einem Restaurant. Zuerst habe ich mir nichts dabei gedacht. Jeder hat ja mal einen schlechten Tag. Ich dachte, das kommt wieder, aber es kam nicht wieder. Danach habe ich mich rational dazu gezwungen. Ich bin ein Vernunftmensch. Ich habe mir mit dem Willen befohlen, mit ihr zu schlafen. Ich konnte danach zwar noch eine Erektion haben, aber keinen Orgasmus. Meine Frau wollte das erzwingen, sie hat sich sehr bemüht. Aber dann war es bei mir total aus. Je mehr sie sich bemühte, um so impotenter wurde ich.
Ich kann mir das einfach nicht erklären. Bei einer bezahlten Hosteß habe ich überhaupt keine Potenzprobleme, und die liebe ich nicht. Aber meine Frau liebe ich und kann sie trotzdem sexuell nicht befriedigen. Das verwirrt mich total. Ich weiß nicht, wie das alles kommt. Deshalb dachte ich, daß ich mir am besten den Rat eines Fachmanns einhole.«

»Sie mögen Ihre Frau, Sie schätzen sie. Sie ist die Mutter Ihrer Söhne und die Repräsentantin Ihres Hauses.«

»Das stimmt alles. Sie bedeutet mir sehr viel.«

»Aber Sie lieben sie nicht mehr. Die Liebe, die erotische Liebe, ist Ihnen abhanden gekommen. Das sexuelle Begehren ist verschwunden.«

»Das ist richtig. Aber ich möchte nicht sagen, daß ich sie nicht mehr liebe. Ich liebe eben den Menschen und nicht mehr die Frau. Das müssen wir auseinanderhalten.«

»Warum ist denn die sexuelle Begierde plötzlich weg? Versuchen Sie, diese Frage zu beantworten, finden Sie Gründe dafür.«

»Vielleicht kennt meine Frau mich zu gut. Ich kann mit ihr kein Spiel spielen. Sie kennt mich und weiß alles über mich. Bei anderen Frauen, Hostessen zum Beispiel, die überhaupt nichts von mir wissen, da fühle ich mich irgendwie sicherer, weil sie mich bewundern.

Ist das nicht absurd? Man versucht sich einem Menschen anzuvertrauen. Man teilt mit ihm alles: Bett, Sex, Schwächen, Sorgen … Und plötzlich ist das körperliche Begehren nicht mehr da, einfach weg! Ich verstehe das nicht. Ich weiß nicht mehr, was ich tun soll, und fühle mich völlig hilflos.

Im Beruf habe ich Erfolg, wenn ich meinen Willen und meine Vernunft einsetze. Aber privat fühle ich mich als Versager. Ich weiß nicht mehr, was ich tun soll.

Eigentlich möchte ich meine Frau nicht verlassen, aber so geht das nicht weiter. Können Sie mir nicht einen Tip geben, wie ich meine Ehe in dieser Beziehung wieder auf die Reihe kriegen kann?

In meinem Geist oder meiner Seele ist irgendwie ein Kontakt ausgeknipst, und deshalb bin ich bei meiner Frau impotent. Wie kann ich das ändern? Wenn Sie mir das sagen, lege ich noch dreitausend Mark auf das Stundenhonorar drauf. Das wäre mir die Sache wert. Dann könnte ich meine Ehe retten, und ich hätte auch nicht mehr diesen Anflug von schlechtem Gewissen. Es macht mir sehr zu schaffen, daß ich meine Frau nicht glücklich und zufrieden machen kann. Die ganzen finanziellen und materiellen Vorteile, der ganze Luxus, das reicht ihr nicht. Sie will mehr von mir, sie will alles. Und das kann ich ihr im Moment nicht geben.«

»Diese Thematik ist sehr kompliziert und verwickelt. Gehen wir einmal davon aus, daß Ihre Frau wirklich an der Sexualität interessiert ist. Es könnte auch sein, daß sie sexuell von Ihnen begehrt sein möchte, weil sie Sie über die Sexualität an sich binden will. Sexuelles Interesse ist eine schöne Sache, wenn beide sie voll und ganz leben. Durch die sexuelle Anziehungskraft, die man auf den andern ausübt, kann man auch Macht gewinnen über ihn. Solange der andere sexuell abhängig ist, kann man ihn manipulieren, kann man von ihm Gegenleistungen fordern, Geschenke, Reisen, Kleider und so weiter. Sie kennen das alles. Sie wissen, daß Männer Ihres Alters und in Ihrer Position junge Frauen mit Geschenken kaufen – kaufen ist ein sehr profanes Wort, ich weiß. Aber jemandem solche Annehmlichkeiten zu bieten, die er sich aus eigener finanzieller Kraft nicht leisten könnte, macht ihn leicht abhängig. Es ist ein Geschäft: Ich schenke dir meinen Körper, meine Sexualität, und du schenkst mir ein Cabriolet. So ist es vielleicht freundlicher ausgedrückt. – Ich sehe Ihren kritischen Blick.«

»Meine Frau ist über vierzig. Sie ist eine gestandene, repräsentative Frau. Sie hat es nicht nötig, solche Spielchen zu spielen.«

»Schauen Sie, ich sage nicht, daß es so ist, denn ich kenne Ihre Frau nicht. Ihre Frau weiß sicherlich nicht, daß Sie heute hier sind, und sie sollte es wohl auch nicht wissen.«

»Das ist richtig. Ich möchte meine Frau auch nicht in das Gespräch mit einbeziehen.«

»Ihre Frau ist über vierzig. Bitte versetzen Sie sich in die Situation Ihrer Frau. Sie hat nicht mehr den Körper einer Dreißigjährigen. Spuren des Alters werden um die Lebensmitte sichtbar. Es könnte deshalb sein, daß Ihre Frau um ihre sexuelle Attraktivität fürchtet. Weil Sie ein erfolgreicher Mann sind, hat sie einiges zu verlieren, also möchte sie sich ihrer sexuellen Anziehungskraft versichern. Und siehe da, ihre Ängste sind nicht unbegründet, denn Ihre Potenz bleibt aus. Damit entfällt ein Machtfaktor, den sie bisher über Sie hatte.
Sie sind es gewohnt, die Dinge nüchtern zu sehen, ohne Illusionen. Ihre Frau ringt darum, ihre Machtposition wieder zu erlangen. Aber davon unabhängig erreicht das sexuelle Interesse der Frauen

zwischen, grob gesprochen, fünfunddreißig und fünfzig Jahren seinen Höhepunkt. Es fallen Hemmungen ab, und bisher unterdrückte Phantasien treten in den Vordergrund. Die Frauen kommen in dieser Phase erst richtig auf ›Touren‹, und viele Männer, die dann, statistisch gesehen, über fünfzig sind, lassen nach. Der Mann hat seine starke Phase zwischen zwanzig und vierzig. Leider ist hier eine Phasenverschiebung der Geschlechter zu konstatieren, die viele Probleme mit sich bringt.

Kommen wir aber jetzt auf den eigentlichen Punkt, weswegen Sie hier sind. Sie sind nicht generell impotent, denn Ihre Potenz ist bei anderen Frauen ja vorhanden, wie Sie sagten. Sie sind also nur partiell impotent, nämlich in Beziehung auf Ihre Frau.«

»Ich kann mir das einfach nicht erklären, ich finde keinen Grund dafür.«

»Das kann viele Ursachen haben. Ich könnte Ihnen Beispiele dafür aufzeigen, aber das führt zu weit ab von Ihrem individuellen Problem.

Sie möchten bei Ihrer Frau wieder potent sein, das ist Ihr Wunsch. Und ich soll Ihnen sagen, wie das geht.

Sie können Ihrer Potenz über die Ratio keinen Befehl erteilen. Sie haben das sicherlich versucht, aber es klappt nicht. Und hier erfahren wir, daß der Mensch eben nicht vollständig ›Herr im eigenen Haus‹ ist, wie es Sigmund Freud so treffend ausgedrückt hat. Mit dem Willen kann man viel erreichen, aber leider – oder Gott sei Dank – keine Potenz. Mit der Ratio kann man Brücken bauen, Hochhäuser errichten, in Raketen zum Mond fliegen, aber keine Potenz erzielen.

Ich sage Ihnen, warum das so ist. Ein Hochhaus planen Sie und errichten es ohne Gefühl. Sie können sich auf die mathematischen Berechnungen der Statik stützen. Potenz aber können Sie nicht planen. Hier richten Sie mit Computern nichts aus, weil der seelische Faktor mit hineinspielt. Die Sexualität erscheint uns als biologischer Vorgang sehr mechanisch; man kann diesen Prozeß auch über den Computer am Bildschirm simulieren, weil es etwas Mechanisches ist.

Sie sind ein rationaler Mensch, das bedeutet, daß Sie sehr mechanisch eingestellt sind – Sie haben eine mechanistische Lebensphilosophie. Die Sexualität hat aber glücklicherweise, unabhängig vom Mechanischen, noch eine seelische Komponente. Es bedarf der Anziehung, der Erregung und auch – ich wage es kaum Ihnen gegenüber auszusprechen – der Liebe.«

»Ich sagte Ihnen doch, daß ich meine Frau liebe.«

»Sie haben Ihre Frau geliebt, das ist richtig. Sie sagten aber auch, daß Sie sie mögen und schätzen, daß sie Ihnen eine wertvolle Partnerin sei. Das ist jetzt wichtig: Ich glaube Ihnen, daß Sie Ihre Frau mögen, schätzen und als wertvoll erachten. Jetzt kommen wir gleich auf den entscheidenden Punkt. Mögen und schätzen ist keine Liebe zwischen Mann und Frau. Das reicht nicht aus! Zwischen Mann und Frau besteht eine erotische Beziehung. Ich mag meinen Schulfreund, und ich schätze ihn, aber ich würde nicht mit ihm ins Bett gehen.

Ich sehe es Ihnen an, Sie wenden ein, das wäre ja ein Mann. Sie haben recht. Ich mag und schätze auch die Frau meines Schulfreundes, aber wir empfinden keine erotische Spannung. Ich kann jemanden mögen und schätzen, für intelligent, interessant und kreativ halten und mich dennoch als Mann erotisch nicht angesprochen fühlen. Darauf kommt es doch an. Es geht um sexuelle Anziehung, also um eine psycho-physische Komponente. Dieser Faktor ist nicht rational erreichbar. Der Verstand hat keine Macht darüber. Deshalb dürfen Sie von mir keinen Tip erwarten, der an die Ratio appelliert.

Wir müssen also das Gebiet der Ratio verlassen und den Bereich der Emotionalität betreten. Wir hängen dabei die Ratio nicht an den Nagel, denn wir müssen uns mit Wörtern verständigen; also ist der Verstand immer noch dabei – als eine Art Werkzeug, sagen wir mal als Taschenlampe. Wir betreten den dunklen Raum der Emotionalität, und dieser Raum liegt bei Ihnen im Dunkel. Die Ratio leuchtet auf etwas, und wir sehen es. Verstehen Sie bitte: Nicht die Taschenlampe erfaßt, was wir sehen, denn sie ist nur das Werkzeug, sondern etwas anderes erfaßt es. Was ist das?«

»Es sind meine Augen. Meine nach innen gerichteten Augen. Es ist ein Vergleich. Sehen, was die Taschenlampe erleuchtet.«

»Richtig. Ich sehe etwas in meiner Psyche, ich schaue also auf Gefühle und geistige Inhalte, die emotional gefärbt sind. Ich weiß, das ist schwierig, was wir jetzt untersuchen. Sie wirken etwas nervös und unruhig; es geht Ihnen vielleicht nicht schnell genug. Bitte haben Sie Geduld. Wir entfernen uns jetzt von der Rationalität, die schnell und ohne Umschweife ein Problem lösen will.
Über den Computer gehen Rechenprobleme sehr schnell über den Bildschirm und werden ausgedruckt. Sie haben in Sekunden das Ergebnis. Wir bewegen uns jetzt aber auf einem anderen Terrain. Es geht um Liebe, erotische Anziehung und Potenz. Dieses Problem können Sie nicht in Ihren Computer eingeben. Deshalb sitzen Sie hier. Der Computer weiß nichts von Psyche, Emotionalität und Liebe. Das ist etwas Lebendiges. Sie als Mensch aber wissen etwas davon, und wenn Sie es nicht wissen, dann ahnen Sie es wenigstens. Es geht um Liebe zwischen Mann und Frau, um erotische Liebe. – Was zieht Sie an einer Frau sexuell an?«

»Ich achte darauf, wie sie sich kleidet, wie sie sich bewegt, welche Mimik sie hat, wie sie aussieht. Ich lege großen Wert auf Ästhetik und Schönheit.«

»Und was hat davon Ihre Frau? Beschreiben Sie mir das.«

»Meine Frau ist ästhetisch, sie sieht gut aus, sie entspricht meinem Schönheitsideal. Aber jetzt fällt mir auf, es fehlt die Mimik. Nein, Mimik ist es auch nicht, aber es hat etwas damit zu tun. Wenn ich meiner Frau ins Gesicht schaue, dann sehe ich Schönheit, ein wohlgeformtes Gesicht, Intelligenz, Wachheit, kluge Augen, einen Ausdruck von Selbstbewußtsein.«

»Wenn Sie mit ihr reden, was sehen Sie noch?«

»Ich sehe, daß sie weiß, was sie will. Ich sehe, daß sie eine gute Managerin unseres Haushalts ist. Ich kann mit ihr reden. Ich sehe ihre Klarheit und Wachheit. Sie nimmt kein Blatt vor den Mund.«

»Sehen Sie auch, wie Ihre Frau Sie sieht?«

»Wie sie mich sieht? Was meinen Sie damit?«

»Ihre Frau redet mit Ihnen. Sie können dabei beobachten, wie sie Ihre Person sieht. Sieht sie Sie als Gesprächspartner, als Kommunikationsbriefkasten, oder sieht sie Sie als Mensch – und als Mann, ich meine jetzt als erotischen Mann? Ich spreche jetzt nicht einmal von Liebe. Ich will gar nicht davon ausgehen, daß sie Sie verliebt ansieht.«

»Nun ja, nach zwanzig Jahren Ehe kann ich wohl kaum davon ausgehen, daß sie mich verliebt ansieht.«

»Doch, ich meine schon, daß Sie davon ausgehen dürfen. Sie sollte Sie schon noch manchmal verliebt ansehen. Dieses Gefühl ist sehr wichtig. Es kommt in der Mimik und Gestik zum Ausdruck. Das ist der entscheidende Punkt. Sie können das sehen. Daß Sie nie bewußt darauf geachtet haben, spielt keine Rolle, denn Sie nehmen es auch unbewußt wahr. Auch als Rationalist haben Sie sehr feine Antennen. Sie spüren – das ist jetzt meine Hypothese –, daß Ihre Frau Sie nicht als Mann erotisch begehrt, denn ihre Mimik zeigt keine Signale diesbezüglich. Sie gibt Ihnen nur zu erkennen, daß sie mit Ihnen ins Bett will. Und davor haben Sie Angst, weil sie dann impotent sind, und das ist Ihnen peinlich und unangenehm.«

»Das ist richtig. Ich sehe keine Erotik, und ich empfinde keine Erotik. Vielleicht sehe ich keine Erotik in den Augen meiner Frau, weil sie keine in meinen sieht?«

»Das ist eine gute Schlußfolgerung. Sie hat nichts davon in ihren Augen, weil Sie davon nichts in Ihren haben. Soll man so zusammen Sex machen? Ist das eine Basis? Es ist offensichtlich keine. Sie will Sex und Ihre Potenz, kann aber nicht diese Voraussetzung schaffen. Das ist jetzt eine sehr subtile Betrachtungsweise. Bitte überprüfen Sie, ob es so ist.«

»Meine Frau bringt nicht mehr diesen Kick herüber, der mich begeistert und den Mann in mir weckt.«

»Sie können das nicht sehen, nicht hören und nicht fühlen. Das ist ein sehr sensibler Punkt. Also nicht die Ratio kann Erotik schaffen, sondern die Erotik kommt aus psychischen Bereichen, aus der Seele und der Emotionalität. Wenn aus diesem Bereich nichts kommt, wie können Sie dann potent sein? Es ist unmöglich. Ich kann Ihnen keinen Tip geben, wie Sie aus nichts etwas machen können. Nur das Signal aus der Emotionalität kann etwas bewirken.«

Zusammenbruch der Ideale und Idole

Der Serienstar

Sie sei zwar hoch sensibel, aber nicht psychisch krank, erklärte mir die vielbeschäftigte Fernsehschauspielerin am Telefon. Es ginge ihr um ein Gespräch über Dinge des Lebens und des Todes, um Fragen und Probleme, die sie mit niemandem sonst besprechen könne. Auf der Durchreise nach München wollte sie gern eine zweistündige Beratung bei mir einschieben.

Mein erster Eindruck ist ambivalent: Ihre Ausstrahlung ist gleichzeitig traurig und fröhlich, ihre Augen wirken alt und jung zugleich.

»Ich freue mich auf unsere Unterhaltung«, beginnt sie gutgelaunt. »Wie alle Schauspieler bin ich eitel, und deshalb frage ich Sie zuerst, ob Sie meinen letzten Fernsehfilm gesehen haben.«

»Ich habe ihn nicht gesehen, da ich sehr selten dieses Medium benutze. Ich hoffe, daß Sie das nicht direkt gegen mich einnimmt.«

»Ich sehe das Fernsehen auch kritisch. Eine Freundin, die einmal bei Ihnen war, hat mir erzählt, daß Sie das meiste, was über die Mattscheibe kommt, für Seelenverschmutzung halten. Aber ich möchte nicht über die Medien und meinen Beruf als Schauspielerin reden, sondern über mich persönlich.

Ich war verheiratet und bin geschieden. Meine Tochter aus erster Ehe lebt bei mir und ist fünfzehn; ein schwieriges Alter. Die Pubertät war schon immer eine schwierige Lebensphase, und sie ist es in unserer heutigen Welt sicherlich besonders – durch die Medien, die

Angebote von Rock bis Pop, diese riesige Industrie für die Jugend, die hier ihre Idole und Ideale sucht.«

»Es geht um Kommerz. Idole werden aufgebaut, weil mit ihnen viel Geld zu verdienen ist.«

»Die Teenies suchen sich Idole, sie brauchen sie, und die Musikindustrie braucht sie für ihren Umsatz. Es wird also eine Ware produziert, für die auch ein Bedarf besteht.«

»Wieso besteht ein Bedarf? Welcher Bedarf ist das? Und dann sollten wir uns noch fragen, ob der Bedarf auf diese Weise sinnvoll befriedigt wird.«

»Es ist der Bedarf nach etwas Eigenständigem, nach einer Revolution. Ich beobachte das bei meiner Tochter: Sie möchte gegen die herrschende Spießigkeit revoltieren, sie sucht ein Gegengewicht, möglichst etwas, das die Erwachsenen nicht verstehen, ja sogar ablehnen. Sie ist auf der Suche nach einem Idol, das abweicht von der honorigen Welt, die anerkannt ist. Ich verstehe das, aber ich sehe es auch mit sehr zwiespältigen Gefühlen.«

»Sie wollen damit sagen, ein Idol dürfe ruhig sein, aber nicht das falsche.«

»Ja, genau das meine ich. Ich denke, daß sie die falschen Idole bewundert. Aber was wären die richtigen Idole? Es besteht in diesem Alter offensichtlich ein Bedarf danach, aber ich denke, daß ich glücklicher wäre, wenn sie für andere Idole schwärmen würde, für Schauspieler, Sportler, Schriftsteller oder Philosophen.«

»Brauchen wir überhaupt Idole? Sie sind der Meinung, pubertierende Jugendliche würden sie brauchen; so jedenfalls habe ich Sie verstanden. Warum sollten wir Idole benötigen? Welchen Zweck soll ein Idol erfüllen?«

»In der Pubertät sind wir auf dem Trip der Selbstfindung und suchen nach Alternativen.«

»Braucht man für die Selbstfindung ein Idol? Man sollte sich selbst finden, sich selbst erforschen, sich selbst auf den Grund gehen. Wir erforschen auch unsere Mitmenschen, ihr Verhalten, ihre Reaktionen; wir beobachten sie, wir prüfen das Positive und Negative. Es kommt darauf an, das herauszufinden ...
Ich behaupte das jetzt so direkt. Sie machen dabei ein skeptisches Gesicht, als wollten Sie sagen, ich hätte unrecht.
Dieses Problem zieht sich durch unser ganzes Leben: Wir stehen allein in dieser komplizierten und verwirrenden Welt, also suchen wir uns ein Beispiel, einen Menschen als Muster, als Vorbild, nach dem Motto: Ja, so will ich gerne sein. Wenn ich ein Maler bin, dann nehme ich mir vielleicht Picasso als Vorbild, als esoterischer Komponist vielleicht Deuter. Wenn ich Lyriker bin, mache ich Rilke zu meinem Vorbild oder Hölderlin. Als Romanautor bewundere ich Thomas Mann oder Hemingway. Wenn ich Unternehmer bin, möchte ich so einen Erfolg haben wie der Amerikaner von Microsoft ... wie heißt er doch gleich ... Bill Gates. Sind die Erwachsenen also anders als die Pubertierenden?
Das Idol-Problem zieht sich durch unser Leben wie ein roter Faden. Ich behaupte, es sei falsch, ein Vorbild zu haben, ein Idol, ja, ich sage sogar, es ist falsch, ein Ideal zu haben.
Ich sehe es Ihnen an: Sie wollen seit einigen Sätzen unbedingt etwas sagen, und ich frage mich, ob Sie mir überhaupt noch zugehört haben.«

»Ich möchte sagen, daß ich das für ganz falsch halte, denn ich habe als Schauspielerin auch ein Idol, Ingrid Bergman. Und ich habe ein christlich-humanes Idol, Jesus Christus«, sagt sie und bemüht sich, ihren Ärger zu unterdrücken.

»Sie haben außerdem einen speziellen Grund, weswegen Sie heute hier sind, und Sie haben ihn noch nicht genannt. Vielleicht könnten

Sie jetzt darauf zu sprechen kommen, denn ich vermute, daß der Grund damit zusammenhängt.«

Sie schweigt einen Augenblick und sagt dann: »Ich bin in einer Lebenskrise – ich möchte dazu auch Sinnkrise sagen. Ich war viele Jahre eine Anhängerin der Esoterik, der Astrologie, der alternativen Heilmethoden, der Bach-Blütentherapie. Nun sind mir Zweifel an alldem gekommen, und ich frage mich, wie es weitergehen soll.«

»Es ist ein weites Feld, das Sie hier ansprechen. Der Bogen reicht von Ingrid Bergman als Schauspielerin über Jesus Christus, die Esoterik, die Astrologie bis hin zur Bach-Blütentherapie. Sind das nicht alles die Idole der Erwachsenen? Jugendliche zwischen dreizehn und siebzehn, die vom Stadium des Kindseins ins Erwachsenenstadium wechseln, nennt man Pubertierende. Aber sind wir Erwachsenen nicht auch in einer fortwährenden Lebenskrise? Für diese Krise gebraucht man nicht das Wort Pubertät, sondern Midlife-crisis oder zweiter oder dritter Frühling.
Die Pubertät wird durch eine biologische Krise ausgelöst. Die Geschlechtsreife beginnt; der Körper verändert sich. Unser Körper ändert sich laufend; er altert. Dennoch ist die Pubertät besonders einschneidend durch den ungeheuren Wandel von Körper, Seele und Geist. Das Altern danach scheint im Vergleich eher moderat zu verlaufen. Wir sind durch diese Veränderungen sehr verunsichert.«

»Das ist das Stichwort: verunsichert. Ich fühle mich momentan völlig verunsichert, und genau darüber möchte ich mit Ihnen reden.«

»Soll ich Ihnen Sicherheit vermitteln?«

»Zumindest in meine Verunsicherung eine Klarheit hineinbringen. Sicherheit kann es wahrscheinlich niemals geben. Alles ist unsicher.«

»Sagen Sie das jetzt nur so dahin, oder haben Sie die Gewaltigkeit dessen, was Sie da sagten, wirklich erfaßt: Alles ist unsicher?«

»Na ja, nicht alles; es ist sicher, daß mein Flugzeug um achtzehn Uhr dreißig fliegt.«

»Es gibt diese äußere Sicherheit, daß wir uns auf Fahrpläne verlassen können und auf die Gesetze der Rechtsprechung. Es gibt auch eine gesellschaftliche Sicherheit, solange eine bestimmte Regierung im Amt bleibt. Aber das alles meinen Sie nicht. Sie sagten, daß es Sicherheit wahrscheinlich niemals geben kann. Durch das Wort ›wahrscheinlich‹ schränken Sie ein, als gäbe es irgendwo doch einen kleinen Rest Sicherheit. Aber Sie sagten auch: Alles ist unsicher. Sicherheit und Unsicherheit – ist es das, worauf Sie zu sprechen kommen wollen?
Ihre Tochter sucht Sicherheit bei ihrem Idol. Solange dieses Idol Erfolge hat, kann sie sich daran klammern. Aber wehe, das Idol hat einen Mißerfolg; dann bricht sie mit dem Idol zusammen. Wir machen uns also abhängig von einem Idol und feiern mit ihm Triumphe oder Niederlagen, denn alles ist unsicher und bleibt unsicher. Woran sollen wir uns also festhalten? Äußerlich ist alles unsicher. Der Star, den wir bewundern, kommt bei einem Autounfall ums Leben. Sollten wir deshalb nicht alle Idole fallenlassen und uns auf uns selbst besinnen?«

»Ich kann ja auch ums Leben kommen. Vielleicht stürzt mein Flugzeug ab.«

»Ich verstehe Ihren Gedanken: Es könnte abstürzen, ich wünsche es nicht – aber so ist wieder alles unsicher. Weil so vieles unsicher ist in unserem Leben und weil wir den Zeitpunkt unseres Todes nicht kennen, deshalb suchen wir nach Strohhalmen wie Esoterik, Astrologie, Religion, Bach-Blütentherapie, Kunst, Kultur, Politik und nach dem Gespräch mit einem Psychologen oder Psychotherapeuten, nach einem Idol, nach einem Ideal, nach einer idealen Idee.«

»Ist das denn – ich spüre Ihre Abwertung –, ist das denn so verkehrt?«

»Sie suchen nach einer Sicherheit. Das ist verständlich und dennoch verkehrt, denn es gibt diese Sicherheit nicht. Und damit nähern wir uns einer sehr schwierigen und wichtigen Thematik. Es geht um Lebendigkeit und Lebensfreude, die offenbar einen Widersacher in unserem Geist haben. So stehen wir uns selbst im Weg. Wir sind auf der Suche nach einer Sicherheit, die uns abschneidet von der Lebendigkeit, in der es keine Sicherheit gibt, weder geben kann noch geben wird.«

»Das macht mir angst.«

»Diese Angst kommt aus dem Denken. Das Denken versucht die Kontrolle zu erlangen über unser Leben. Da das nicht gelingen kann und wir das auch erkennen, entsteht die Angst, die uns davon abhält, weiterzugehen, ins Leben hinein. Angst ist ein Lebendigkeitskiller, ein Gegenwartsfresser.«

»Das ist richtig. Wenn man Angst hat, fühlt man sich nicht frei; man ist nicht offen sich selbst und anderen gegenüber.«

»Die Wahrnehmung der Umwelt gegenüber ist eingeschränkt. Sie können die Schönheit eines Frühlingstages nicht in sich aufnehmen; Angst nimmt sie so gefangen, daß ihre Sinne in den Hintergrund treten. Sie sehen zwar die Blume am Wegesrand, aber sie kann über Ihre Sinne nicht in Ihre Seele vordringen. Deshalb spreche ich von ›Gegenwartsfresser‹, denn es wird Ihnen in diesem Moment die lebendige Gegenwart geraubt. Sie rauben sie sich selbst. Nicht nur die Angst hat diese Auswirkungen, auch Neid, Aggressionen, Konflikte und Probleme, ob es nun berufliche, mitmenschliche oder Partnerschaftsprobleme sind. Das alles sind Gegenwartsfresser.«

»Ein Film von Fassbinder hatte den Titel ›Angst essen Seele auf‹.«

»Das ist ein guter Titel, der zu einem geflügelten Wort werden sollte. Angst ißt die Seele auf, zehrt an der Lebendigkeit des Körpers, also der Sinne. Die Augen funktionieren völlig normal, sie sind gesund, aber das Gesehene kommt in der Seele nicht an; das ist der Punkt. So kann sich auch ein Konflikt, ein Problem in den Vordergrund schieben, so daß sich das Gehirn, das Denken, nur noch mit dem Problem befaßt und keine sinnliche Wahrnehmung mehr durchdringen kann.

Deshalb ist es so wichtig, sich den Ängsten und Problemen zu stellen. Nur nicht davor fliehen. Die meisten Menschen wollen die Angst oder das Problem bewältigen, entweder durch Nachdenken darüber und Analyse oder durch Wegschieben, durch Ablenkung, indem sie das Gehirn mit etwas anderem beschäftigen. Das kann für Stunden oder Tage – wenn Sie etwa in Urlaub fliegen – funktionieren. Aber die Angst oder das Problem, der Konflikt – sie kommen wieder zurück. Und das gleiche Spiel beginnt erneut.

Auch ein Idol zu haben ist eine solche Methode, von sich abzulenken. Sprechen Sie darüber mit Ihrer Tochter; das ist für einen heranwachsenden Menschen ein wichtiges Thema. Idole und Ideale sind ein Symptom dafür, daß bereits etwas schiefgelaufen ist. Es ist so schädlich, ein Ideal oder ein Idol zu haben, aber wir sind uns dessen nicht bewußt.«

»Und warum ist das schädlich? Ich habe das noch nicht verstanden. Ich wurde so erzogen, daß Ideale etwas Positives sind.«

»Ideale sind angeblich etwas Positives – wenn man es folgendermaßen betrachtet: Wenn Sie Ängste haben, dann steht dagegen das Ideal, angstfrei zu sein. Wenn Sie aggressive Emotionen in sich verspüren, dann steht dem das Ideal entgegen, friedfertig und liebevoll zu sein. Wenn Sie neidisch und habgierig sind, steht dem das Ideal entgegen, nicht neidisch und ohne egozentrisches Streben nach Erfolg und Besitz zu sein. Das Ideal verschärft den Konflikt in Ihnen. Ist es nicht so?«

»Wenn ich aggressiv bin – und das bin ich oft, nicht nur meiner Tochter gegenüber –, dann verurteile ich mich hinterher deswegen. Dann schimpfe ich innerlich mit mir selbst. Ist das denn falsch?«

»Wenn ich sage, ja, das ist falsch, dann fühlen Sie sich kritisiert und von mir verletzt. Ich will Sie nicht verletzen, denn die Umwelt verletzt Sie mit ihren Bewertungen genug. Wenn Sie aggressiv sind, dann sind Sie es, aber verurteilen Sie sich bitte nicht dafür. Wenn Sie aggressiv sind, sollten Sie keine Energie darauf verschwenden, sich selbst zu verurteilen, weil sie dem Ideal der Aggressionsfreiheit nicht gerecht werden. Aggressionen sind nichts Ungewöhnliches; sie gehören zu unserem Leben wie die Ängste.

Ich möchte Ihnen eine neue Einstellung dazu vermitteln: Machen Sie aus der Aggression und der Angst kein Problem, keinen Konflikt zwischen der Realität, daß Sie aggressiv sind, und dem Ideal, daß Sie nicht aggressiv sein sollten. Bleiben Sie bei dem, was Sie sind. Lernen Sie sich selbst kennen: Ich bin aggressiv. Das Ideal sagt: Ich darf nicht aggressiv sein. Das Denken fragt: Warum bin ich aggressiv, obwohl ich mir doch vorgenommen habe, es nicht zu sein? Nun suchen Sie nach Gründen, warum Sie aggressiv wurden. Erforschen Sie es, aber bitte schonungslos und ohne Ausreden. Ausreden sind beispielsweise solche Erklärungen wie: Weil ich heute gestreßt bin, weil mich meine Eltern nicht verstanden haben, weil ich mich von meinem Partner nicht geliebt fühle, weil ich so schwache Nerven habe und so sensibel bin. – Es sind nur Ausreden, weil der Streß, den Sie zweifellos hatten, von Ihnen ja auch abfallen könnte, weil das Verhalten der Eltern ja lange zurückliegt, weil die mangelnde Liebe des Partners ja ein ganz anderes Problem ist und weil schwache Nerven und Sensibilität auch positive Dinge bewirken könnten, wie Zartheit, Einfühlung und Mitgefühl.

Stehen Sie einfach dazu: Ja, ich bin aggressiv, und ich suche keine Entschuldigung dafür. Sie sind aggressiv und verurteilen sich nicht durch das Ideal. Schauen Sie sich Ihre Aggressivität an, und gehen Sie ganz in diese Gegenwart hinein. Wenn Sie Ihre Aggressivität so annehmen und als Tatsache betrachten, dann sind Sie wirklich bei der Sache, und Sie lassen sich nicht durch das Denken davon ablenken. Dann ist Ihre Aggression eine solche Tatsache – wie der rauschende Wind in den Bäumen, wie das Zirpen der Grillen auf der Sommerwiese; dann sind Sie in der Gegenwart, dann essen die Aggression oder die Angst oder der Neid oder die Eifersucht nicht Ihre Seele auf. So lernen Sie sich selbst kennen. Ich kann mich nicht wirklich kennenlernen, wenn ich Ideale habe wie: Ich soll keine Aggressionen haben, ich darf nicht neidisch sein. Wenn Sie sagen, ich darf nicht neidisch sein, dann versperren Sie sich den Zugang zur Selbsterkenntnis. Sie sollten das alles studieren, in sich selbst, erforschen, erkennen, dem nachgehen.«

»Betreibe ich dann nicht eine Selbstbetrachtung, in der ich mich zu wichtig nehme?«

»Sie *sind* wichtig. Bitte verurteilen Sie es nicht, sich wichtig zu nehmen. Nur Sie selbst nehmen sich ernst oder eine Person, die in Sie verliebt ist. Da die meisten Menschen aber nicht wissen, was Liebe ist, werden Sie ernst genommen, weil man Sie für sich gewinnen will, für sich einnehmen will. Solange man Sie gewinnen will, nimmt man Sie ernst. Ist das Ziel erreicht, beginnt die Kritik. Ist das Liebe? Natürlich fühlen Sie sich nicht geliebt, sondern, wenn es dem anderen gelungen ist, Sie für sich einzunehmen, fühlen Sie sich an der Nase herumgeführt – kraß gesagt: Sie fühlen sich betrogen.«

»Sie meinen also, ich soll mich wirklich ernst nehmen, und ich kann in diesem Sinn auch egoistisch sein?«

»Diese Frage ist doch als Frage in ihrer tieferen Bedeutung absurd. Wenn Sie das erkennen würden, könnten wir einen Schritt weitergehen. Sie müssen sich ernst nehmen! Wer soll Sie denn sonst ernst nehmen? Ich nehme Sie jetzt ernst, denn ich halte es für ein sehr ernstes Problem, daß die meisten Menschen sich nicht ernst nehmen. Gerade das bringt so viel Unglück und Konflikte in die Menschheit. Seit zwei Jahrzehnten arbeite ich dafür, daß die Menschen sich selbst ernst nehmen. Wer soll sie ernst nehmen? Die Politiker – erwarten Sie das von ihnen? Ihr Regisseur – welche Erwartungen hat er? Ihr Vater, Ihre Mutter – welche Interessen haben die? Ihr Liebhaber – hat er nicht auch egoistische Interessen? Ihr Pfarrer – hat er nicht seine spezifischen Interessen? Ihr Versicherungsvertreter, Ihr Autoverkäufer – haben die nicht ihre ganz besonderen Interessen? Bitte, wer soll Sie ernst nehmen, wenn Sie es nicht tun?«

»Das leuchtet mir ein. Ich muß mich selbst ernst nehmen.«

»Wunderbar, haben Sie doch den Mut zu sich selbst. Sie selbst sind letztlich allein verantwortlich für das, was Sie tun, wie Sie leben. Es ist Ihre Angst, Ihre Aggression, Ihr Neid – und Ihr Ideal. Sie sind umzingelt von Idealen, die man Ihnen aufdrängen will, die Politik, die Kirche, die Philosophen, die Künstler, die Regisseure, die Anlageberater. Jeder will Ihnen sagen, was Sie für richtig und falsch halten sollen. Ihrer Tochter wird über die Medien und Werbestrategien der Produzenten ein Popstar als Idol suggeriert. Erkennen Sie die Zusammenhänge? Wir werden von anderen bedrängt, weil sie von uns etwas wollen – wir sollen ihnen unser Geld geben oder an sie glauben. Meist ist glauben und Geld geben das gleiche. Wir sind so anfällig dafür, zu glauben und dann zu geben, weil wir verwirrt sind und unsicher. Beseitigen Sie diese Unsicherheit. Sie gehen von sich selbst aus: Erforschen Sie sich selbst, lernen Sie sich kennen. Wer sich selbst wirklich kennt, fällt auf nichts anderes – auf all die verlockenden Angebote – herein. Sich selbst kennenlernen, sich selbst betrachten, das ist keine abzuwertende Nabelschau, es ist die Basis dafür, ein ganzer Mensch zu werden, authentisch zu sein. Das ist der Weg zum Mitgefühl und zum Einfühlungsvermögen. Das ist eine Sensibilität, der nichts Negatives anhaftet!«

»Es klingt einleuchtend, aber ich fühle mich dennoch unsicher.«

»Dann sind die Konditionierungen, die Sie gelernt haben, noch wirksam. Sie haben gelernt, daß Sie sich so und so verhalten sollen – das sei richtig und alles andere sei falsch. Unterwerfen Sie das einer schonungslosen Prüfung. Wer will was von Ihnen und warum? Stellen Sie an alle diese Frage. So erforschen Sie sich selbst – nicht ich sage Ihnen, was richtig oder falsch ist. Wenn Sie sich auf mich verlassen würden, dann wäre das die alte Struktur, auf die Sie sich immer eingestellt haben. Ich bin keine Autorität, die Ihnen sagt, was Sie tun sollen. Das wäre ja das alte System, damit würde ich dem bisher Gesagten widersprechen. Sie erforschen sich selbst und stellen fest, daß Sie authentisch sind, und Sie erforschen, wie man die Einflüsse der Manipulation erkennt, wie man sie schonungslos aufdeckt. Dann haben Sie einen klaren Blick, dann können Sie es von sich abfallen lassen.

Wenn alles von Ihnen abgefallen ist, die ganzen Fremdmanipulationen, wenn das alles von Ihnen abfällt, dann stehen Sie sehr nackt und frei in der Welt. Dann kommt eine ganz andere Art von Angst auf Sie zu. Dann wollen Sie sich wieder an jemanden orientieren, der Ihnen sagt, wo es langgeht. Gehen Sie aber Ihrer eigenen Nase nach. Sie fühlen sich sehr allein und isoliert. Gehen Sie da hinein, und fliehen Sie nicht in Ablenkungen. Wenn Sie durch diesen Weg, den ich jetzt beschrieben habe, hindurchgehen, mit voller Bewußtheit und Neugier, dann finden Sie Ihr Mitgefühl für andere. Dann sind Sie durch diesen ›egoistischen‹ Vorgang von einem Egoismus, wie er kritisiert wird, völlig befreit. Es strömt eine Energie in Sie, die Mitgefühl und Liebe ist. Sie sind voller Liebe und haben nicht mehr das Gefühl, daß Ihnen dadurch etwas genommen würde. Diese Liebe gibt unendlich, und das gibt Ihnen Kraft und Energie zurück. Sie fühlen sich nicht durch das, was Sie geben, ausgelaugt. Diese Energie, die Sie jetzt erhalten, läßt sich nicht vermarkten. Es ist eine andere Dimension, die Sie selbst glücklich macht und heilt.

Sie können dann allein sein, ohne sich isoliert zu fühlen. Dann beginnt Ihr wirkliches Leben – denn dann sind Sie erwacht.«

Meine Frau versucht mich fertigzumachen

Der Selfmademan

Der bekannte und vermögende Unternehmer wollte den Grund für seinen Wunsch nach einer Beratung am Telefon nicht nennen. Als er nun vor mir steht – sein Gesicht war mir aus der Zeitung bekannt –, bin ich etwas überrascht, daß er kleiner ist, als ich dachte. Unbewußt passierte mir das, was ich schon öfter bei reichen und berühmten Leuten bemerkt habe: Ich projizierte ein inneres Vorstellungsbild von stattlicher Körpergröße aufgrund des bekannten Namens.

Es setzt sich und beginnt das Gespräch. »Ich hätte nicht gedacht, daß ich einmal einen Psychologen aufsuchen würde. Wenn mir früher jemand anderes im Vertrauen davon erzählt hat, habe ich ihn etwas belächelt. Ich habe das als Schwäche angesehen, denn ich bin eigentlich der Meinung, jeder sollte mit seinen Problemen selbst fertig werden können.«

»Haben Sie nach dem Motto gelebt, daß Stärke wichtig sei und Schwäche nicht gezeigt werden dürfe?«

»Zweifellos. Ich habe für meinen Erfolg hart gearbeitet; er ist mir nicht in den Schoß gefallen. Ich mußte oft Autorität zeigen und Entscheidungen treffen, die anderen weh taten. Ich hatte damit keine Probleme, weil ich nach dem Prinzip der Stärke gelebt habe. Das ist meine Lebensphilosophie: Der Stärkere siegt, wir leben in einer kapitalistischen Leistungsgesellschaft, die ich bejahe. Der Stärkere gewinnt und hat Erfolg. Der Schwächere muß sich anpassen, einfügen und unterordnen. Ich habe eine solche Stärke immer auf andere ausgestrahlt.

Und jetzt bin ich beim Punkt, warum ich hier bin: Diese Stärke ist mir verlorengegangen.«

»Wie ist es dazu gekommen? Was ist geschehen?«

»In meiner großen Erfolgsphase in den ersten zweiundzwanzig Jahren, als ich mein Unternehmen aufbaute, war ich mit einer Frau verheiratet, die mir zwei Kinder geboren hat, die heute studieren, aber wir haben uns vor vier Jahren scheiden lassen. Ich habe mich in eine andere, natürlich jüngere Frau verliebt, die vor einiger Zeit ein eigenes Unternehmen in der Modebranche gründete. Sie hat mich und meinen Erfolg bewundert und Rat bei mir gesucht. Da ich in sie verliebt war, habe ich zuerst nicht gemerkt, daß sie in mir in erster Linie den erfolgreichen Unternehmer sieht und nicht den Mann. Ich dachte natürlich, ich sei als Mann gemeint. Sie war weniger an gemeinsamer Erotik interessiert als an Gesprächen mit mir. Nicht, daß ich ihr nicht gerne mit Rat und auch Tat – ich habe ihr verschiedene Kredite gegeben – geholfen hätte. Aber wenn ich den Abend dann sexuell ausklingen lassen wollte, verhielt sie sich immer eher passiv. Sie hat es über sich ergehen lassen, so würde ich das heute interpretieren.«

»Wegen dieser Liaison haben Sie sich scheiden lassen?«

»Nein, im Grunde nicht. Es war nur der Auslöser. Unsere Ehe war zu einer Kameradschaft geworden. Meine Frau war in erster Linie die Mutter unserer beiden Söhne und die Managerin unserer Villa. Ein sexuelles Verlangen war von beiden Seiten nach zehnjähriger Ehe nicht mehr vorhanden. Die Sexualität spielte keine Rolle mehr. Dennoch haben wir noch zwölf Jahre gut harmoniert. Unsere Rollen waren verteilt, und meine Frau war durch unseren Wohlstand zufrieden. Sie war eine patente Frau, ein patenter Kumpel. Ich habe etwas darunter gelitten, daß ich ihr nicht mehr diese Zuneigung geben konnte, die sie sicherlich verdient hätte.

Ich hatte mehrere Affären, von denen meine Frau offiziell nichts wußte. Vielleicht hat sie etwas geahnt, dann aber beide Augen zugedrückt, um den Frieden nicht zu stören. Als ich aber richtig verliebt war, bin ich nachts erst gegen drei Uhr nach Hause gekommen. Am Wochenende bin ich mit meiner Geliebten nach London, Rom oder Venedig geflogen. Jetzt konnte meine Frau kein Auge mehr zudrücken, und ich habe ihr, als sie nachbohrte, alles erzählt. Daraufhin hat sie die Scheidung eingereicht.

Ich habe das ziemlich gelassen gesehen, weil meine Freunde und Bekannten auch alle geschieden sind. Sie haben alle mit einer neuen Liebe noch mal ein neues Leben angefangen. Manche gingen erfrischt und verjüngt daraus hervor, andere sind bereits zum zweitenmal geschieden.

Nun ja, ich habe immer nach dem Erfolgsprinzip gelebt, also war für mich die Scheidung ein positiver Neubeginn.«

»Wie hat sich das Verhältnis mit der Geliebten entwickelt?«

»Als ich merkte, daß sie in mir nur den Unternehmer sieht, den Ratgeber, den Kreditgeber, da bin ich aufgewacht. Ich habe mit ihr darüber gesprochen, und sie hat mir gestanden, daß sie mich als Mensch zwar sehr schätzt, aber daß sie mich wohl weniger liebt, als ich sie liebe. Das hat mich sehr verletzt, und ich habe mich von ihr getrennt.

Damals habe ich sehr gelitten, ich hatte extrem großen Liebeskummer. Schon in dieser Phase habe ich daran gedacht, mit Ihnen einen Termin zu vereinbaren, denn mit meinem Liebeskummer bin ich einfach nicht fertig geworden. Ich hatte viele schlaflose Nächte. Dann habe ich ihr Briefe geschrieben, die ich aber am nächsten Tag wieder zerrissen habe. Zum erstenmal in meinem Leben spürte ich ein seltsames Ziehen um die Herzgegend, und ab und zu begann der Herzschlag zu stolpern.

Ich konnte mich im Unternehmen nicht mehr so konzentrieren

und habe Fehler gemacht; ich hatte Konzentrationsstörungen und wurde hektischer als sonst. Meinen Mitarbeitern ist das natürlich aufgefallen. Ich habe versucht, das durch Stärke zu kompensieren: Ich bin laut geworden, aggressiv und ungerecht. Ich habe zwar Stärke gezeigt, aber es war irgendwie eine falsche Stärke aus Schwäche, denn ich habe damit nur versucht, meine Schwäche zu verbergen.«

»Hatten Sie niemanden, mit dem Sie darüber reden konnten?«

»Wissen Sie, in meinen Kreisen hat man keine wirklichen Freunde.«

»Warum nicht?«

»Die Kontakte laufen auf oberflächlicher Ebene; das ist mir heute klar. Es geht um die Demonstration von Erfolg und Status. Über Krankheit, betriebliche Schwierigkeiten oder gar psychische Probleme spricht man einfach nicht. Das können Sie sich bestimmt schwer vorstellen, weil Sie täglich über psychische Probleme reden – es ist ja Ihr Beruf.
Bei dieser Gelegenheit kann ich Ihnen sagen – ich hoffe, Sie sind deshalb nicht beleidigt –, Psychologen und Psychotherapeuten haben kein gutes Image. In unseren Kreisen würden Sie nicht privat eingeladen. Sie haben keinen neutralen Beruf wie zum Beispiel ein Jurist, ein Unternehmer, ein Designer oder der Vorstand einer Bank. Einen Künstler würde man einladen, als Exoten, vor allem, wenn er einen Namen hat. Sie haben sich als Autor einen Namen gemacht; als Autor würde man Sie eher einladen, aber nicht als Psychologe. Wären Sie mit historischen Büchern bekannt geworden, wäre das allerdings wieder besser als mit psychologischer Literatur.«

»Als Psychologe schreibe ich Bücher, um die Menschen über die seelischen Zusammenhänge aufzuklären; ich möchte ihnen die Augen öffnen und Energie vermitteln.«

»So wird das nicht gesehen. Es gilt als Schwäche, psychologische Literatur zu lesen. Meine geschiedene Frau hat einige Ihrer Bücher gelesen. Sie hat mir *Lassen Sie der Seele Flügel wachsen* geschenkt, aber, verzeihen Sie, ich habe es nicht gelesen.«

»Warum nicht?«

»Ich dachte, das habe ich nicht nötig, und außerdem war ich der Meinung, daß das etwas für Menschen ist, die Probleme mit sich selbst haben. So etwas durfte es bei mir einfach nicht geben; wenn ich das gelesen hätte, dann wäre das ein Eingeständnis gewesen, daß ich Probleme hätte oder gar eine Macke. Psychologie und Psychotherapie sind mir immer suspekt gewesen. Ich kann es nicht genau erklären: Ich war und bin von Menschen umgeben, die das ähnlich sehen.«

»Deshalb würde ich nicht eingeladen?«

»Wenn Sie einen bedeutenden Namen als Autor hätten, würden Sie eingeladen, wegen Ihres Namens.«

»Man schmückt die Geselligkeit also mit dem berühmten Namen.«

»Das ist richtig. Wenn Sie im Golfclub sind und in den entsprechenden Kreisen verkehren, wäre es einfacher; es wäre sogar besser, wenn Sie einen Verlag hätten, also Verleger wären. Einen Verleger lädt man lieber ein als einen normalen Autor, denn ein Verleger ist ein Unternehmer.«

»Ein Autor ist auch ein Unternehmer – er ist Freiberufler.«

»Ein Verleger kann mittelmäßige, unbedeutende Autoren im Programm haben – er gilt dennoch mehr als der einzelne Autor. Nur ein bekannter Bestsellerautor gilt etwas.«
Nach einer Pause fährt er fort: »Es scheint so, als würden wir uns

von meinem persönlichen Problem entfernen. Ich glaube aber, es hat doch etwas damit zu tun.«

»Das sehe ich auch so. Ihre Ausführungen über Ihre Kreise sind für mich nichts Neues; ich verstehe, was Sie meinen. Ich freue mich über Ihre Offenheit und Direktheit.

Sie haben mir gesagt, daß man mich in Ihren Kreisen nur mit großen Bedenken einladen würde. Es ist für Sie also ein großer Schritt, hier bei mir zu sitzen. Ich freue mich, daß Sie hier sind. Das bedeutet, daß wir Ihre Kreise aus der Distanz sehen und so ein unabhängiges Gespräch von Mensch zu Mensch führen können. Sie haben sich also von Ihrer Geliebten getrennt. Unter diesem Schmerz und Liebeskummer haben Sie sehr gelitten. Welche Emotionen hatten Sie?«

»Ich fühlte mich elend und gekränkt, von ihr benutzt.«

»Das Wort ›gekränkt‹ ist hier sehr treffend, da sich ja, wie Sie erzählt haben, psychosomatische Symptome einstellten.«

»Ich hatte auch verstärkt tagsüber Schweißausbrüche. Das war mir peinlich vor meinen engsten Mitarbeitern, denen das natürlich nicht verborgen blieb. Ich fühlte mich angeschlagen und geschwächt. Ich war in meinem Selbstwertgefühl angeknackst und habe das zu kompensieren versucht, indem ich mir mehr Freiheit nahm, Golf und Tennis spielte, Vernissagen besuchte, Urlaubsreisen buchte. Natürlich habe ich so auch schnell wieder Frauen kennengelernt, die in Scheidung lebten oder gerade frisch geschieden waren.

So habe ich im Winterurlaub vor zwei Jahren eine sehr attraktive, dreizehn Jahre jüngere Frau kennengelernt, die kinderlos geschieden war. Sie ist mir durch ihre elegante Kleidung und ihr außergewöhnlich hübsches Gesicht sofort aufgefallen. Ein Bekannter, mit dem ich den Urlaub gebucht hatte, kannte ihren geschiedenen Mann – einen Unternehmer in der Unterhaltungsbranche – und stellte mich ihr vor. Es hat bei mir sofort gefunkt, und damit war ich schlagartig alle Symptome meines Liebeskummers los. Es erwies sich als richtig, was Freunde und Bekannte mir damals gesagt hatten: ›Verliebe dich neu, und du vergißt sie.‹«

»Diese Regel – ›Verliebe dich neu‹ – ist sehr verbreitet. Dadurch wird jedoch der seelische Schmerz nicht verarbeitet, also die Chance vertan, persönlich daran zu reifen.«

»Ich glaube das heute auch, denn mein Selbstwertgefühl ist immer noch angeschlagen. Meine Neigung zu Schweißausbrüchen tritt auch heute noch auf, wenn ich Angst bekomme, daß mein Selbstvertrauen verletzt werden könnte. Ich bin irgendwie verletzlicher als früher.«

»Wie hat sich diese neue Liebe entwickelt?«

»Wir haben uns ineinander verliebt und haben uns nach dem Urlaub jedes Wochenende getroffen. Wir sind häufig in Urlaub geflogen – und haben dann geheiratet. Das war vor sieben Monaten. Ich habe ein neues Haus gekauft, und sie hat mit einem Innenarchitekten alles neu eingerichtet; die alten antiken Möbel aus meiner Ehe wurden verkauft. Sie wollte mit mir völlig neu beginnen; es sollte kein Möbelstück an die Vergangenheit erinnern. Meine jetzige Frau ist sehr statusbewußt; sie hat, wie man sagt, einen guten Geschmack, vor allem einen teuren Geschmack. Der Neuanfang hat mich Millionen gekostet. Sie wollte auch zwei Autos für sich, ein Mercedes-Cabrio und einen Geländewagen für unsere sportlichen Aktivitäten. Sie macht derzeit einen Flugschein für Sportflugzeuge. Sie ist sehr intelligent, hat natürlich Abitur, spricht Italienisch, Spanisch, Französisch und Englisch fließend. Besonders interessiert sie sich für Kultur und Geschichte.«

»Welche Ausbildung haben Sie?«

»Ich habe Abitur, aber ich war ein schlechter Schüler. Ich bin Techniker, Diplom-Ingenieur. Das kaufmännische Wissen habe ich mir erst später angeeignet. Fremdsprachen haben mich nie interessiert, obwohl ich mich im Englischen und Französischen recht gut verständigen kann. Ich habe gute Ideen, bin kreativ, risikofreudig, kein Theoretiker, sondern Praktiker. Ich will handfest etwas erreichen, Erfolge sehen, verhandeln, etwas bewegen; ich bin kein Schreibtischmensch. Am wohlsten fühle ich mich, wenn ich in Bewegung bin, Gespräche führe, Menschen motiviere, Ideen anderer analysiere, im Gespräch – bloß keine Papiere.«

»Kommen wir auf Ihre Frau zurück. Sie sind, so vermute ich, wegen Ihrer neuen Ehe heute hier.«

»Das ist richtig.«

»Ihre Frau übt keinen Beruf aus, denke ich.«

»Natürlich nicht. Das würde ich auch nicht gerne sehen. Sie soll unser Haus, das große Grundstück, das Personal managen; damit hat sie genug zu tun. Außerdem muß sie für repräsentative Belange, Einladungen, Geschäftsreisen et cetera jederzeit verfügbar sein.
Ein sexuelles Problem habe ich nicht; das klappt hervorragend. Es ist etwas anderes; es hat mit ihrem Statusdenken zu tun.
Die äußeren Statussymbole, auf die sie Wert legt, sind alle vorhanden. Sie hat aber einen Intelligenz- und Bildungsdünkel, so will ich es mal ausdrücken. Sie kritisiert mich oft und weckt in mir Minderwertigkeitsgefühle, wenn ich dieses oder jenes nicht weiß oder kenne. Dann fängt mein Herzschlag an zu stolpern, und ich bekomme einen Schweißausbruch. Das stört mich enorm, denn mir stehen dann die Schweißperlen auf der Stirn, und sie sagt: ›Tritt dir jetzt wieder der Angstschweiß ins Gesicht?‹
Sie ist sehr direkt und spielt ihre Überlegenheit gegen mich aus. Ich glaube, es macht ihr Freude, genau die Punkte zu betonen, in denen sie mir überlegen ist. Ich ziehe mich dann entweder in mich zurück,

oder ich werde laut und aggressiv. Wenn ich sie anschreie, bin ich verbal zwar stark und verletzend, aber dann sagt sie nur sehr kühl: ›Wer schreit, hat unrecht.‹

Sie ist übrigens sehr rechthaberisch und mit Worten überaus geschickt.«

»Sie sagten, daß Sie Ihre psychosomatischen Symptome loswerden wollen, daß Sie deswegen hier sind. Es gibt keinen einfachen Trick, wie man sie abschalten oder ausschalten kann. Es muß ein anderes Bewußtsein entstehen. Ich möchte Ihnen deshalb etwas über Schwäche, Stärke und das Denken darüber erzählen. Solange Sie diese Zusammenhänge nicht mit neuen Augen sehen, kehrt die Angst immer wieder, die Ihnen den peinlichen Schweißausbruch beschert.

Sie haben in Ihrem Leben viel erreicht. Sie gehören, materiell gesehen, zu den oberen ein Prozent der vermögenden Personen. Von Ihrem materiellen Besitz, über den Sie verfügen, können neunzig Prozent der Bevölkerung nur träumen – sie werden das nie erreichen. Nun haben Sie auch eine attraktive und intelligente Partnerin. Aber wenn sie ihre Intelligenz gegen Sie ausspielt, entsteht Angst in Ihnen. Sie besitzt etwas, was Sie nicht besitzen; sie spricht mehrere Sprachen, sie hat eine hohe Bildung.

Sie vergleichen sich mit Ihrer Frau. In diesem Vergleich schneiden Sie schlechter ab – und daraus entsteht die Angst, unterlegen und nicht gleichwertig zu sein. Haben Sie Angst, daß sie sich von Ihnen trennen könnte?«

»Ja, sehr. Wenn ich mich unterlegen fühle, dann denke ich, daß ich ihr nicht genügen könnte. Ich habe schon daran gedacht, Sprachkurse zu machen.«

»Würden Sie das aus Liebe zu der Sprache machen – oder um Ihre Angst abzuschalten?«

»Wegen der Angst.«

»Dann sollten Sie keine Kurse belegen, denn Angst ist so nicht aus der Welt zu schaffen. Wenn Sie Italienisch können, dann reicht das auch nicht, dann müssen Sie noch Spanisch lernen und – um Ihre Frau zu überflügeln – auch noch Russisch. Englisch und Französisch haben Sie ja gelernt. Ich nehme an, Sie waren auf einem naturwissenschaftlich orientierten Gymnasium.«

»Ja, das ist richtig, deshalb habe ich auch ein technisches Studium absolviert. Ich bedaure, daß ich nicht promoviert habe. Ich war immer stolz darauf, daß Promovierte für mich, unter mir, arbeiten. Jetzt aber kritisiert mich meine Frau, daß ich nur Diplom-Ingenieur bin und keinen ›Doktor‹ vor meinen Namen setzen kann. Das wurmt mich ungeheuer.«

»Für Ihre Frau ist der Doktortitel ein Statussymbol. Sie haben aber als Unternehmer bewiesen, daß dieser Titel allein keinen Erfolg garantiert, daß es auch ohne geht.
Kommen wir auf den Vergleich zurück, der angst macht. Wenn Sie sich mit anderen erfolgreichen Unternehmern vergleichen, dann besitzen Sie kein Schloß, kein Schiff im Mittelmeer, keinen eigenen Jet.«

»Doch, einen Firmenjet haben wir.«

»Macht es Sie neidisch, wenn ein anderer ein Schloß bewohnt?«

»Nein, ich bin mit dem, was ich besitze, zufrieden.«

»Warum sind Sie dann aber mit Ihrer Bildung unzufrieden?«

»Ich war ja bis jetzt damit zufrieden. Meine Frau hat das erst ausgelöst.«

»Wie materieller Besitz kann auch Bildung zu einer Art von Besitz werden. Dann wird Wissen zum Status. Es geht nicht um das Wissen, sondern um das Haben. Wenn ein anderer etwas hat, was ich nicht habe, werde ich neidisch, und es entsteht Angst. Hier liegt also die Ursache für Ihre psychosomatischen Symptome und für das Gefühl von Minderwertigkeit und Schwäche. Dessen sollten Sie sich jetzt bewußt werden. Dann können Sie frei davon werden, erst dann werden Sie Ihre Angst los. Ihr Selbstwertgefühl ist davon unabhängig.

Sie sind jedoch tief verwurzelt in einem Denkmuster von Erfolg, Status und Haben-Mentalität. Deshalb konnte Ihre Frau diese Ängste in Ihnen wecken. Außerdem ist Ihr Liebeskummer noch nicht verarbeitet. Es hat Sie tief berührt, daß sich damals diese Frau nur für Sie interessierte, weil Sie spezielle Kenntnisse haben, nicht aber, weil sie in Ihnen jemanden sah, der als Mensch akzeptiert werden wollte. Wenn Ihre Frau vermeintliche Bildungsdefizite an Ihnen kritisiert, dann werden Sie wiederum nicht als Mensch, als Individuum, als Person gesehen, sondern als Statusträger, als jemand, der etwas beweisen und haben soll – nicht, wie Sie wirklich sind, sondern wie Sie sein sollten. Das stellt Ihren Selbstwert in Frage – also entsteht Angst.

Dieses fatale Denken ist falsch und sollte von Ihnen als falsch erkannt werden. Es geht letztendlich darum, daß Sie diesen Zusammenhang erkennen. Nur dann werden Sie frei.«

Ich hasse meine Eifersucht

Das Top-Model

Sie ist ein international bekanntes und begehrtes Mannequin. Ich bin gespannt darauf, wie sie in Wirklichkeit aussieht.

Sie ist groß, und es fällt mir auf, daß sie sich bewußt in weite, dunkle Kleidungsstücke gehüllt hat, um ihre wohlgeformte Figur gänzlich zu verbergen. Das Gesicht ist ungeschminkt und tatsächlich sehr schön, sehr interessant und ausdrucksstark. Sie tritt nicht betont selbstbewußt auf, sondern eher natürlich, fast schüchtern und mit einem Hauch Bescheidenheit.

Sie beginnt das Gespräch: »Mein ganzes bisheriges Leben drehte sich um meine äußere Schönheit. Nun ja, das ist mein Beruf. Ich habe für diese Schönheit viel getan und für die Gesundheit meines Körpers; also kann ich auch mal Zeit investieren für mein Inneres, meine Seele. Deshalb bin ich heute zu Ihnen gekommen. Ich möchte mich selbst besser kennenlernen und erfahren, was mit mir los ist. Nicht der Streß des Jobs ist es – ich bin ziemlich streßstabil. Es ist die Eifersucht; ich glaube, da mache ich vieles verkehrt.«

»Wenn man Sie so sieht und auch Ihren Erfolg kennt, dann, denke ich, müßte eigentlich Ihr Partner auf Sie eifersüchtig sein und nicht Sie auf ihn. Verstehen Sie das bitte als Spaß.«

»Durch meinen Beruf lerne ich natürlich viele Männer kennen und werde ständig eingeladen und so weiter; das ist normal. Man denkt immer, Models würden ein sehr ausschweifendes Leben führen, mit

Partys ohne Ende. Aber wenn man an die Spitze kommen will oder an der Spitze des Erfolgs bleiben will, dann ist es natürlich nicht möglich und auch nicht sinnvoll, so zu leben. Ich muß topfit und gut ausgeschlafen sein. Ich brauche viel Ruhe und Entspannung. Ich kann nicht die Nächte durchtanzen und am nächsten Morgen ein Titelblatt mit einem Fotografen von *Vogue* machen. Der würde das sofort sehen und mich nach Hause schicken. Durch ein ausschweifendes Nachtleben kommt man vielleicht in die Klatschspalten der Regenbogenpresse, aber nicht auf ein Titelbild der führenden internationalen Magazine.

Ich lebe also eher solide. Ich komme aus bürgerlichem Hause, habe eine gute Allgemeinbildung und bin sehr diszipliniert. Ich habe mein Leben im Griff und sehe auch meine Position als Frau klar. Ich habe unter Männern eine freie Auswahlmöglichkeit wie kaum eine andere Frau.

Seit einem halben Jahr habe ich einen Geliebten, der in der Fernsehbranche als Produzent viel Geld verdient. Er ist dreizehn Jahre älter als ich. Wir haben getrennte Wohnungen und sind beide beruflich bedingt viel unterwegs. Wir telefonieren oft und sehen uns höchstens einmal pro Woche, eher alle vierzehn Tage. Im Urlaub sind wir natürlich dann vierzehn Tage ununterbrochen zusammen. Ich wünschte mir mehr Nähe, aber das ist einfach in diesen Berufen nicht möglich. Ich entdecke nun eine quälende Eifersucht in mir, wenn er mich ein paar Tage lang nicht anruft. Ich habe ihm gesagt, daß ich mit ihm leben möchte, daß wir zusammenziehen sollten, daß ich mit ihm eine Familie gründen möchte. Ich möchte ihn haben. Ich kann mir vorstellen, mit ihm alt zu werden.«

»In welcher Situation hatten Sie zuletzt das Gefühl der Eifersucht?«

»Ich liebe meinen Freund sehr und zweifle an seiner Liebe. Und deshalb mache ich mir Gedanken, welche Möglichkeiten er hat, mit anderen Frauen ins Bett zu gehen. Ich habe ihm hinterhertelefoniert und dabei herausgefunden, daß er mit einer attraktiven Schauspielerin in München in einem In-Restaurant essen war. Da ist meine Phantasie mit mir durchgegangen, und ich habe mir vor-gestellt, daß er danach mit ihr im Bett war. Als wir dann telefonier-ten, machte ich spitze Bemerkungen und war angespannt. Er fragte mich: ›Was ist mit dir los? Du bist so zickig, suchst du Streit?‹ Es entsteht eine Spannung in mir, die ich nicht will. Ich hasse mich selbst dafür.«

»Das ist das Problem der Eifersucht. In der Phantasie stellen wir uns Szenen vor und machen uns verrückt dadurch. Wir wollen einer-seits nicht eifersüchtig sein und sind es aber innerlich doch.«

»So ist es. Cool ist ›in‹. Und Eifersucht ist überhaupt nicht cool. Aber ich kann mich einfach nicht zwingen, cool zu sein. Ich bin to-tal eifersüchtig, und ich will diese Eifersucht loswerden.«

»Ich soll Ihnen sagen, wie Sie die Eifersucht loswerden?«

»Ja. Wie kann ich sie loswerden?«

»Jetzt muß ich Ihnen einen Vortrag halten über die Hintergründe der Eifersucht. Es gibt kein einfaches Patentrezept, wie man Eifer-sucht in den Griff bekommt. Die psychischen und geistigen Hinter-gründe sind sehr subtil und kompliziert.
Bitte hören Sie mir in Ruhe zu. Ich schweife vielleicht ab – auf Aspekte, die Sie für Ihr individuelles Problem nicht als relevant empfinden. Seien Sie nicht ungeduldig. Wir müssen uns dem Thema in Ruhe widmen. Es geht darum, daß wir es erforschen und in sei-nem Gesamtzusammenhang sehen. Während ich etwas sage, um das Thema zu beleuchten, rede ich nicht als eine Art Guru, der eine Weisheit von sich gibt, die Sie zu übernehmen haben. Sie hören nur zu und sind offen für das, was ich sage.
Lassen wir alle Vorurteile über Liebe und Eifersucht einmal beiseite. Wir nähern uns gemeinsam der Thematik. Es geht darum, etwas zu erkennen. Wenn man ein Vorurteil hat, dann kann man nichts er-kennen, denn das Vorurteil steht dem im Weg. Ich frage Sie deshalb

jetzt: Sind Sie eifersüchtig, weil Sie unsicher sind, ihn wirklich als Liebespartner zu haben?«

»Ja.«

»Wollen Sie ihn für sich allein besitzen?«

»Ja.«

»Sie lieben ihn. Liebt er Sie auch?«

»Er sagt, daß er mich liebt, aber er sagt auch, daß er seine Freiheit liebt, daß er nur aus der Freiheit heraus lieben könnte. Partnerinnen, die ihn festlegen und in eine Beziehung hineinmanipulieren wollten, hat er verlassen.«

»So entsteht eine Angst, daß er Sie vielleicht auch verlassen könnte.«

»Ja. Ich möchte aber eine Sicherheit haben, daß unsere Liebe Bestand hat. Ich hasse diese Unsicherheit, die meine Phantasie und mein Denken auf den Trip bringt, er könnte mich verlassen.«

»Das Problem ist also die Sicherheit. Aber es gibt keine Sicherheit. Das Wesen der Lebendigkeit ist die Unsicherheit. Nichts ist sicher, gar nichts.«

»Wenn ich Verträge mit meinen Kunden mache, das ist Sicherheit.«

»Auch diese Verträge sind nur der Versuch, Sicherheit zu erzeugen. Sie wissen, daß Verträge gebrochen werden können – es ist nur eine Frage des Geldes. Es gibt keine Sicherheit in den Dingen des Lebens. Wir sprechen jetzt nicht über Verträge, sondern über Gefühle; es geht um Liebe, um Emotionalität. Das Leben ist dem Wandel unterworfen.«

»Ich muß mich aber doch auf irgend etwas verlassen können! Ich will ja keinen Vertrag mit ihm machen – obwohl, ein Ehevertrag ist ja auch ein Vertrag.«

»Ein Vertrag, den Sie mit ihm und einer dritten Vertragspartei schließen, nämlich mit dem Staat. Sind Sie katholisch?«

»Ja.«

»Dann auch noch bei der kirchlichen Trauung mit der vierten Partei, nämlich der katholischen Kirche. Das bedeutet, daß Sie den Vertrag mit dem Staat durch Scheidung wieder lösen können, aber nicht mit der vierten Partei, denn für sie ist die Ehe unauflöslich vor Gott geschlossen, bis der Tod sie scheidet.«

»Ach, ich muß nicht unbedingt kirchlich heiraten. Mein Mann könnte auch evangelisch sein, er könnte Heide sein oder Jude oder Buddhist, einer Sekte angehören – das spielt für mich keine Rolle. Religiös gesehen, bin ich frei.«

»Warum sind Sie sonst nicht frei? Lassen Sie uns über Ihre Freiheit reden. Die Freiheit ist ein wichtiges Thema in diesem Zusammenhang.
Zwei Menschen begegnen sich als freie Wesen, sie verlieben sich ineinander, und sie gehen sehr behutsam und achtsam miteinander um. In der Verliebtheit spielt die Achtsamkeit eine große Rolle. Im Wort Achtsamkeit ist Aufmerksamkeit und Achtung enthalten. Es besteht ein großer Respekt vor der Andersartigkeit, Individualität und Freiheit des anderen. Man geht sehr rücksichtsvoll miteinander um, aber eines Tages, nachdem man Sex zusammen hatte, sieht man sich als Paar. Es beginnt eine Beziehung, und damit beginnen die Probleme bei den meisten Menschen. Sie müßten natürlich nicht beginnen, wenn wir ein anderes Bewußtsein hätten, eine andere Einstellung, andere Erkenntnisse. Die meisten Menschen haben aber diese ›andere Erkenntnis‹ nicht, die ich jetzt meine, und –

ich komme gleich darauf zu sprechen – deshalb möchten sie den Partner für sich besitzen, wollen ihn exklusiv. Das liegt an unserem Gesellschaftssystem, an der Erziehung, an der Denkstruktur dieser Zivilisation, in die wir hineingeboren sind, in der wir erzogen wurden und jetzt als Erwachsene mit der Liebe konfrontiert werden. Wir sind durch diese vermittelten Denkmuster konditioniert. Das Denkmuster ist eine Verkettung der Begriffe Liebe, Beziehung, Partnerschaft, Lebensgemeinschaft, Ehe, Treue, Sicherheit. Also taucht zwangsläufig die Angst auf, daß alles vielleicht nicht so funktionieren könnte, wie wir uns das denken.

Er könnte eine andere kennenlernen, sich in sie verlieben oder einfach nur mal mit ihr ins Bett gehen – und das würde unsere Pläne durchkreuzen. Mit der Angst kriecht die Eifersucht in uns hoch. Wir werden argwöhnisch und wollen über seinen Zeitplan Bescheid wissen. Es darf uns keine Stunde unbekannt sein, damit wir die Sicherheit fühlen, daß er berufliche Termine hat und keine Zeit für eine andere Frau. Wir sind verstrickt in diesem Denken und halten das für richtig, denn andere, denen wir das erzählen, verstehen uns. Sie denken ähnlich, geben uns recht – natürlich denken fast alle so, denn die meisten sind so erzogen, kennen diese Ängste und die Eifersucht.«

Sie nickt. »Meine Freundin sagt, daß ich eifersüchtig sei, würde zeigen, daß ich ihn liebe.«

»Am Grad der Eifersucht wird der Grad der Liebe gemessen: je eifersüchtiger, desto größer die Liebe. Ist jemand so eifersüchtig, daß er sogar den vermeintlichen Nebenbuhler verprügelt oder gar tötet, dann gilt das als leidenschaftliche Liebe. Spielerisch wird die Eifersucht des anderen oft angetestet. Man macht irgendwelche vagen Andeutungen und möchte sehen, ob der Partner darauf eifersüchtig reagiert. Keine Eifersucht zu zeigen gilt als Gleichgültigkeit und als Desinteresse. Mit der Eifersucht des anderen wird gespielt; das kennen Sie ja, das gehört zu diesem System.

Aber Eifersucht kann sehr lästig und quälend werden für den Eifersüchtigen selbst, der davon gänzlich beherrscht wird, wie auch für den Partner, der sich kontrolliert und in seiner freien Lebensentfaltung eingeschränkt fühlt. So wird für beide die Liebe zu einem Problem. Was so wunderbar voller Zärtlichkeit und Freude begann, entwickelt sich nach und nach zu einem Alptraum. Es wird lästig, wenn Sie mit Fragen ausgeforscht werden, wo Sie dann und wann waren, warum Sie telefonisch an diesem oder jenem Tag nicht erreichbar waren. Sie fühlen sich in Ihrer Selbstbestimmung eingeschränkt. Wir streben im Grunde alle nach Freiheit und Entfaltung. Das ist ein elementares Bedürfnis, und wenn ein anderer plötzlich Einfluß darauf nimmt, dann stört uns das. Auf der anderen Seite verstehen wir es, können es nachempfinden, können die Ängste verstehen, kennen selbst diese Ängste. Es ist ein Teufelskreis, aus dem es kein Entrinnen zu geben scheint. Und deshalb wird die Liebe zu einem Problem, sobald eine Beziehung daraus wird.«

»Soll man deshalb überhaupt keine Beziehung mehr eingehen? Das kann es doch auch nicht sein.«

»Natürlich soll man Beziehungen eingehen, aber sie sollten ohne Angst und Eifersucht ablaufen.«

»Wie geht das?«

»Wir sollten über Sicherheit nachdenken. Liebe entsteht durch Aufmerksamkeit in völliger Unsicherheit. Es geschieht eine lebendige Anziehung und Kommunikation, es vollzieht sich eine Begegnung zwischen Seele, Geist und Körper, die uns beglückt. Es war wunderschön, und jetzt wollen wir dem Kontinuität geben; es soll übermorgen wieder so schön sein; darauf wollen wir uns verlassen können, also Sicherheit haben. Diese Sicherheit ist eine Illusion, also kriecht die Angst hoch, und es folgt die Eifersucht. Wir benötigen deshalb eine völlig neue Einstellung zum Leben und zur Liebe. Wir sollten die Liebe verstehen, neu verstehen, denn was wir bisher geglaubt haben, wurde uns von anderen vermittelt. Wir sollten

Liebe und Sicherheit mit neuen Augen sehen. Liebe geschieht als Sensitivität im Augenblick der Gegenwart, sie ist ein Geschenk des Lebens an uns, sie ist ein Wunder. Ich sage immer, es ist ein Wunder, zu lieben und geliebt zu werden, es ist nichts Selbstverständliches. Wir gehen davon aus, einmal geliebt, immer geliebt! Das ist so unrealistisch. Liebe ist nichts Selbstverständliches, wir dürfen sie, wenn sie einmal entstanden ist, nicht automatisch erwarten. Liebe kann nicht durch den Willen oder die Gedanken herbeigezwungen werden. Sie entsteht auf einer anderen Ebene in einer anderen Dimension. Die Ratio hat keinen Einfluß darauf; das sollten wir lernen. Wir haben über die Liebe viel Falsches gelernt. Wir sind im Denken über die Liebe konditioniert. Wir wollen Sicherheit und Kontinuität.«

»Aber wenn es diese Sicherheit nicht gibt, worauf kann ich mich denn dann verlassen? Ich fühle mich dann verloren.«

»Wenn wir erkennen, daß es keine Sicherheit gibt, wenn wir es schlagartig wie einen Erkenntnisblitz erfassen, dann trifft uns das sehr schmerzhaft. Wir wähnen uns in der Illusion von Sicherheit, die uns bisher beruhigt und eingelullt hat. Wenn Sie also jetzt schlagartig erkennen, es Ihnen sozusagen wie Schuppen von den Augen fällt, daß es keine Sicherheit gibt, weil sie es nicht geben kann, dann rüttelt Sie diese Erkenntnis durcheinander – und Sie wachen auf. Mit dieser Erkenntnis sind Sie erwacht, und Sie sehen sich selbst und das Leben mit neuen Augen. Ich weiß nicht, ob Sie diese Erkenntnis jetzt hatten. Solange Sie über die Möglichkeiten des Erkennens und über deren Folgen mit mir auf der Ebene des Denkens diskutieren, hatten Sie sie nicht. Wenn Sie sie hatten, trifft es Sie wie ein Schlag; sie sind erwacht und betreten eine neue Dimension; sie sind frei. Man kann nicht nach und nach durch Argumentieren frei werden. Die Erkenntnis ist da, und Sie sind frei. Sind Sie frei?«

»Nein.« Resignation spiegelt sich in ihrem Gesicht.

»Warum fühlen Sie sich nicht frei? An irgendeinem Punkt unserer Gedanken habe ich über Sie hinweggeredet und den Punkt verpaßt, an dem Sie hätten frei werden können. Was macht Ihnen noch Schwierigkeiten?«

»Ich habe verstanden, daß es Sicherheit nicht gibt.«

»Es kann sie nicht geben unter Lebewesen. Es gibt auch keine Sicherheit in der Materie. Das elementare Grundgesetz ist der Wandel in der Gegenwart. Es klingt jetzt fast so, als wäre der Wandel unser Feind; nein, er ist unser Freund. Stellen Sie sich vor, Sie liegen in einer Klinik nach einer schweren Operation, Sie haben große Schmerzen, die Wunde muß verheilen. Jetzt wird der Wandel zu Ihrem Freund. Sie hoffen auf den Wandel, Sie sehnen ihn herbei, Sie wünschen sich keine Stabilität, sondern Besserung.

Nun haben Sie etwas Schönes erlebt: die Liebe zu einem Mann. Plötzlich darf es keinen Wandel mehr geben. Weil es schön war, weil es Ihnen gefallen hat, soll es sich wiederholen. Das ist absurd; es richtet sich gegen das Leben. Es gibt keine Konstanz, Gott sei Dank. Das Schmerzliche wird gelindert, aber das Beglückende kehrt nicht wieder. Wenn Sie das verstehen würden, wären Sie raus aus der Problematik. Es gibt keine Sicherheit, und das macht Sie frei.

Übrigens, das ist sicher: Es wandelt sich alles. Freiheit ist die Bewegung; halten Sie deshalb nichts fest. Den Schmerz wollen Sie nicht festhalten, die Liebe aber wohl. Erkennen Sie den Widerspruch? Was uns guttut, wollen wir halten, doch was uns nicht gefällt, soll sich verändern. So kann das nicht funktionieren.

Wir schauen jetzt tiefer in die Struktur des Lebens. Wir schauen beide gemeinsam in die Tiefe und Schönheit; dieses Schauen hat keinen Namen. Es geht nicht um Religion oder Psychologie oder Psychoanalyse oder Philosophie, es ist völlig gleichgültig, welchen Namen, welches Etikett man aufklebt. Sie schauen auf diese Probleme des Menschseins, vorurteilslos, und Sie werden schlagartig frei – oder Sie werden es nicht. Es geht darum, völlig frei zu werden vom Denken über die Liebe. Zu lieben ist wichtig. Verstehen Sie, was ich meine?«

»Ich habe Minuten gehabt, die mich bewegten, meine Struktur durcheinanderbrachten. Ich liebe ihn, das ist ein Geschenk des Lebens an mich; das habe ich verstanden. Es gibt keine Sicherheit, nur den Wandel; das habe ich auch verstanden.
Aber ich fühle mich dennoch nicht frei von dem Gedanken, daß er *mich* lieben sollte und keine andere.«

»Ich finde es gut, wie klar Sie das ausgedrückt haben. Sie haben keine Sicherheit. Sie können Sicherheit mit allen erdenklichen Methoden versuchen herbeizuzaubern, Sie können viel Energie dafür einsetzen – es nützt nichts. Sie können sich das alles sparen, denn er ist ein anderer Mensch mit einem anderen Kopf, einer anderen Seele und einem anderen Körper. Sie können ihm noch so sehr ›den Kopf verdrehen‹, die Seele durchpflügen, den Körper sexuell befriedigen: er bleibt ein von Ihnen losgelöster anderer.
Lassen Sie ihn los, und freuen Sie sich über Ihre und seine Freiheit. Es gibt keine Sicherheit der Kontinuität. Absolut sicher ist der Wandel. Vertrauen Sie auf den Wandel, freunden Sie sich damit an. Beginnen Sie ihn jetzt mit diesem Bewußtsein zu lieben, dann lieben Sie das Leben. In diesem Moment werden Sie lebendig. Angst gehört dazu, aber sie verliert an Bedeutung. Gehen Sie mit Angst in den neuen Tag, aber halten Sie keine Sicherheit mehr fest – und die Angst verliert an quälender Energie. Sie gehen aus dieser Angst wie neugeboren hervor. Nichts ist sicher, nichts kann festgehalten werden, das Schöne stirbt im Augenblick und das Häßliche und das Schmerzliche auch. So gibt es nur eine Freude: Ich bin noch da, alles Leben ist in mir. Ich genieße es und freue mich über diesen Genuß. Ich kann es nicht festhalten, keiner kann das, der Geliebte auch nicht. Liebt er mich, freue ich mich, liebt er mich nicht, gräme ich mich nicht, denn ich habe keinerlei Sicherheit und er auch nicht. Es gibt nur einen sicheren Fixpunkt, und das ist das Jetzt. Das ist absolut sicher – und doch völlig unsicher zugleich.«

Innerlich ausgebrannt!

Der Bestsellerautor

Er rief mich an und sagte: »Ich bin ein Kollege von Ihnen. Nicht als Sachbuchautor, denn ich schreibe Belletristik. Ich habe Probleme, meinen angefangenen Roman zu Ende zu bringen, und fühle mich innerlich leer, depressiv.« Wir vereinbaren einen Termin, und ich freue mich auf das Gespräch.

Als er kommt, ist es ein wunderschöner Herbstnachmittag, und ich würde am liebsten mit ihm einen Waldspaziergang machen.

Er beginnt das Gespräch: »Ich bin als Autor sehr erfolgreich und habe mit meinen Büchern, wie Sie wissen, hohe Auflagen erzielt. Mit meinem neuen Manuskript komme ich allerdings nicht so richtig vorwärts; ich habe wohl eine Schreibhemmung. Seit einem Jahr fällt es mir immer schwerer, den Roman zu Ende zu bringen.«

»Es kann zwei Gründe dafür geben: Entweder liegt Ihnen das Thema nicht, oder Sie haben derzeit private Probleme und Konflikte.«

»Meine Ehe ist in Ordnung; daran liegt es bestimmt nicht. Aber ich mußte vor einem Jahr meinen Schulfreund, mit dem ich mein ganzes Leben hindurch freundschaftlich verbunden war, beerdigen. Er starb an Krebs. Seit der Trauerfeier – ich habe die Grabrede gehalten – denke ich oft an den Tod, und das macht mir angst.«

»Sollen wir über den Tod sprechen?«

»Ich weiß nicht, ob es der Tod allein ist. Ich mache mir Gedanken über meine Arbeit und wieviel ich als Autor in der mir verbleibenden Zeit noch tun kann. Anstatt energisch und tatkräftig darauf hinzuwirken, jetzt erst recht noch etwas auf die Beine zu stellen, fühle ich mich wie gelähmt.

Ich bin, wie Sie wissen, ein Unterhaltungsschriftsteller, kein Literat oder Poet. Meine Bücher erreichen zwar hohe Auflagen, aber ich werde von der sogenannten Literaturkritik wenig beachtet.«

»Hohe Auflagen bedeuten hohe Honorare. Wirtschaftlich geht es Ihnen sicherlich gut.«

»Das ist richtig, obwohl ich bei der Kapitalanlage einige Fehler gemacht habe. Das ist aber nicht der Grund für meine Unzufriedenheit.«

»Sind Sie mit Ihrem Lebenswerk als Autor unzufrieden?«

»Nein, ich habe geschrieben, was ich schreiben mußte, wollte und konnte.«

»Waren Sie ehrgeizig?«

»Natürlich war ich auch ehrgeizig, und ich bin es immer noch. Erfolg ist mir wichtig. Ich möchte mich noch weiter steigern und will in meine Romane mehr hineingeben, mehr Tiefe und mehr Lebenssinn.«

»Der Ehrgeiz ist eine problematische Sache: Sie wollen mehr Erfolg, mehr Ruhm, mehr Beachtung; das ist verständlich. Aber wenn die ehrgeizigen Wünsche sich nicht realisieren lassen, dann führt das auch zwangsläufig zu Enttäuschung, seelischem Schmerz, und es entsteht die Angst. Ehrgeiz, Aggression und Angst hängen zusammen. Ist Ihnen die Angst bewußt geworden?«

»Enttäuschung und Frustration kenne ich. Daß auch Angst eine Rolle spielt, wollte ich wohl nicht sehen. Aber jetzt ist mir bewußt geworden, es ist auch Angst mit im Spiel. Es ist die Angst, zu versagen, nicht gut genug zu schreiben, nicht den Nagel auf den Kopf zu treffen. Ich bin ein guter Beobachter unserer Gesellschaft und der Politik, ich sehe, wie schief die Dinge laufen: Es gibt keine Gerechtigkeit, die Brutalität nimmt zu, der Egoismus, die radikale Ichsucht. Ich sehe den verheerenden Einfluß der elektronischen Medien und wie die Menschen immer abhängiger von dieser Art von Unterhaltung werden.

Ich erkenne auch die Schizophrenie, daß ich einerseits Unterhaltungsliteratur schreibe und andererseits darauf lauere, daß meine Bücher verfilmt werden, damit ich dadurch berühmter werde. Natürlich denke ich dabei auch an die steigenden Honorarabrechnungen.«

»Sie tragen also einen Konflikt in sich: Auf der einen Seite kritisieren Sie die zunehmende Macht der TV-Unterhaltungsindustrie, auf der anderen Seite ist Ihr persönlicher, wirtschaftlicher und psychischer Ehrgeiz damit verknüpft. Sie sind sich dieses Konflikts bewußt. Sie sagten, daß Sie ein guter Beobachter sind. Beobachten Sie sich auch selbst?«

»Ich glaube, ich beobachte vor allem die anderen. Dadurch habe ich eine gute Menschenkenntnis entwickelt.«

»Beobachten Sie sich auch selbst? Ihre Gefühle, nicht nur Ihre Gedanken, also Emotionen wie Ängste, Ehrgeiz, Neid, Eifersucht, Aggression.«

»Sie führen jetzt vor allem die negativen Gefühle auf, warum?«

»Weil es leicht ist, die angenehmen Gefühle wahrzunehmen, wie Liebe, Glück, Freude, Hilfsbereitschaft. Wir wollen nur die wohltuenden Gefühle anerkennen; sie zu erlangen, danach streben wir.

Die anderen Gefühle – Sie nannten sie negativ –, die wollen wir nicht wahrnehmen. Sie sind uns unangenehm; deshalb wird ihnen Widerstand entgegengesetzt. Das Denken sagt, ich soll keine Angst haben oder neidisch sein, ich will nicht eifersüchtig oder aggressiv sein. Wir sind es aber!

Die Wirklichkeit richtet sich nicht nach dem Ideal. Ich möchte nicht Angst, Neid, Eifersucht und Wut empfinden, also wehre ich ab, wenn diese Gefühle auftauchen. Ich weiche meiner Angst, dem Neid, der Eifersucht oder der Aggression aus. Es gibt viele Methoden, dem auszuweichen. Sie können Psychopharmaka nehmen, angstlösende Medikamente, Sie können Alkohol trinken und seine angstlösende euphorisierende Wirkung suchen.«

»Alkohol ist auch mein Problem.«

»Sie können ehrgeizig werden und materielle Statussymbole anhäufen, um Ihren Neid zu beruhigen; Sie können von sozialer Gerechtigkeit reden und sich einer Friedensorganisation oder Religion anschließen, um von Ihrer Aggression abzulenken; Sie können die Geselligkeit suchen, um sich abzulenken, um auf andere Gedanken zu kommen; Sie können auch Bücher schreiben, Bilder malen oder Musik komponieren, um diese Gefühle zu sublimieren; Sie können große Reisen machen oder Sport treiben, um auf andere Gedanken zu kommen, also von Ihren Gefühlen abzulenken. Das alles kann eine Flucht davor sein, die eigenen Gefühle zu beobachten.«

»Es erstaunt mich, wenn Sie sagen, auch Bücherschreiben könne eine Flucht sein. Bitte, ich will es nicht abstreiten; vielleicht haben Sie recht. Ich werde darüber nachdenken.«

»Wir denken jetzt in diesem Moment beide gemeinsam darüber nach. Verschieben Sie es also nicht auf später, wenn es jetzt geschehen kann. Das Verschieben auf später ist auch eine Abwehrhaltung. Ich sagte, beobachten Sie sich selbst, nicht nur die anderen, auch sich selbst, vor allem sich selbst. Fliehen Sie nicht mehr davor.

Wenn Sie Angst haben, dann ist das wichtig für Sie; lassen Sie die Angst hervorkommen, und widmen Sie sich dieser Angst.

Jetzt sind wir wieder bei der Angst vor dem Tod. Diese Angst ist etwas Verständliches, denn der Tod ist eine unumstößliche Tatsache; das menschliche Leben, alles Leben, ist begrenzt. Sie werden sterben, ich werde sterben; das ist gewiß. Aber wir schieben das im Alltag von uns weg; davon wollen wir nichts wissen: Ich kann mir irgendwann später darüber Gedanken machen. Verstehen Sie mich bitte nicht falsch; es ist nichts Morbides, wenn ich jetzt an den Tod denke. Der Tod ist als Möglichkeit immer anwesend. Der Tod sitzt immer mit am Tisch.«

»Ist das nicht zu pessimistisch gedacht?«

»Nein, es ist eine Tatsache, daß wir sterblich sind und jederzeit durch eine Krankheit oder einen Unfall sterben können, nicht erst im Alter durch die zunehmende Vergreisung, wenn die biologische Lebensuhr abläuft. Es ist nicht pessimistisch, sich das vor Augen zu führen, sondern eher optimistisch, denn dieses Bewußtwerden steigert Ihre Intensität für den Augenblick. Sie leben jetzt, und das Leben will jetzt gelebt werden; erfassen Sie es also jetzt voll und ganz, schieben Sie es nicht beiseite. Erkennen Sie sich jetzt, genießen Sie jetzt Ihre Lebendigkeit, freuen Sie sich daran – das ist der positive Aspekt dieser Betrachtung.«

»Warum war ich dann so traurig und fast schon depressiv, als mein Freund starb?«

»Weil Ihr Freund von Ihnen gegangen ist. Sie können nicht mehr mit ihm reden; es ist eine Trennung eingetreten. Er ist nicht mehr auf dieser Welt, er hat Sie zurückgelassen, er fehlt Ihnen. Das ist verständlich: Dieser Verlust macht Sie traurig. Sie trauern nicht um ihn, sondern Sie sind traurig, weil er Ihnen fehlt.«

»Da ist tatsächlich etwas dran. Er fehlt mir; das macht mich traurig und unglücklich. Ich fühle mich einsamer als vorher.«

»Eine Freundschaft – das sollte einmal betrachtet werden – dient auch der Vertreibung der Einsamkeits- und Isolationsgefühle. Der Beruf des Schriftstellers ist eine sehr einsame Beschäftigung. Sie arbeiten ja nicht in einem Team, sondern Sie vollbringen eine Einzelleistung. Sie brauchen deshalb als Gegengewicht zur Autorentätigkeit auch die Gespräche. Ist es so?«

»Ja, das stimmt. Die Gespräche mit meinem Freund waren mir immer sehr wichtig. Er hat mir durch seine Freundschaft, die nicht nur eine Kumpanei war, sondern eine geistige Wahlverwandtschaft, sehr viel gegeben. Ich glaube, ich habe ihm auch viel gegeben. Diese Freundschaft war etwas anderes als die Verbindung zu meiner Frau. Ich konnte mit ihm über meine Buchpläne reden; mit meiner Frau mache ich das nicht. Ich habe mich ihm sehr verbunden gefühlt. Er hat mich angeregt, und diese Anregung fehlt mir jetzt.«

»So hat sich eine Verbundenheit entwickelt, eine Bindung und dadurch auch eine Abhängigkeit. Ich sage nicht, man solle keine Freundschaften haben. Aber die daraus entstandene Bindung und die dann eintretende Abhängigkeit sind das Problem. So kann Freundschaft auch zu einer Flucht werden. Ich sage nicht, daß es bei Ihnen so war, denn das können nur Sie selbst herausfinden.
Es entstand in Ihnen das Gefühl der Einsamkeit und Isolation und, damit verbunden, eine Angst. Man neigt dazu, sich diesen Gefühlen nicht auszusetzen; man wendet den Blick davon ab, indem man einen Freund anruft und mit ihm über Gott und die Welt redet. In dem Moment fühlt man sich nicht allein; das Einsamkeitsgefühl ist verjagt.
Aber man *ist* einsam. Ist es nicht so? Sind Sie nicht getrennt von den anderen, lebt nicht jeder sein Leben, eingesponnen in seinen Sorgen und Problemen? Sie leben mit Ihrer Frau zusammen, aber Sie besprechen mit ihr nicht Ihre Buchpläne. Ihre Frau ist getrennt von

Ihnen und Sie von ihr. Es gibt Berührungspunkte, was den Haushalt anbelangt, die Sexualität, aber jeder geht seine eigenen Wege. Sie glauben Ihre Frau zu kennen, aber kennen Sie sie wirklich? Wissen Sie, was Ihre Frau denkt und fühlt?«

»Es hat sich eine Routine eingespielt; wir sind ein gutes Team.«

»Diese Routine stellt sich sehr schnell ein. Jeder hat seine Aufgaben, und man begegnet sich. Kennen Sie Ihre Frau, kennt sie Sie? Lebt man getrennt voneinander, weil man sich kennt? Oder glaubt man nur sich zu kennen? Vielleicht kennt man sich gar nicht wirklich? Können Sie Ihre Ängste, Ihre Einsamkeit, Ihre Trauer mit Ihrer Frau besprechen? Nimmt sie Anteil daran?«

»Ich möchte das gar nicht mit ihr besprechen. Sie soll nicht den Eindruck haben, daß ich belastet bin; sie soll sich keine Sorgen machen. Ich möchte ihr diese Schwäche nicht zeigen.
Meinem Freund konnte ich sie zeigen, mit ihm konnte ich über solche Empfindungen und Themen reden …«

»Also kennt Ihre Frau Sie nicht. Sie lebt zwar mit Ihnen unter einem Dach, aber sie kennt Sie nicht. Das ist der übliche Ehealltag. Mann und Frau haben sich miteinander zu einer Lebens- und Wirtschaftsgemeinschaft verbunden, aber sie sind sich geistig und seelisch nicht wirklich nah. In der Sexualität kommt man sich zwar körperlich nah, aber nicht seelisch. Doch das ist ein kompliziertes anderes Thema. Man lebt zusammen und ist doch als Individuum getrennt voneinander. Das ist ein elementares und wichtiges Thema.
Sie könnten darüber schreiben. Würde das vielleicht in Ihren neuen Roman passen?«

»Ja, ja … jetzt habe ich spontan eine Vision, daß es passen könnte.«

»Und damit sind wir bei Ihrer Schreibhemmung, die Sie zu Anfang erwähnt haben. Wenn Sie diese Probleme und Konflikte, die Sie selbst betreffen, die Ihnen unter die Haut gehen, aufgreifen, dann sind Sie wieder beteiligt, dann geht es Sie persönlich an, und dann können Sie auch darüber schreiben.«

»Ja, ich habe mich von meinem Thema entfremdet; das fällt mir jetzt auf. Ich war nicht mehr persönlich davon berührt; ich habe ohne innere Anteilnahme geschrieben.
Sie haben die Frage gestellt, ob ich meine Frau wirklich kenne. Ich muß sagen, in vielen Bereichen kenne ich sie nicht wirklich – und sie mich auch nicht. Ich kenne offenbar auch meine Figuren im Roman nicht wirklich, bin entfremdet von ihnen, und das scheint mein Problem zu sein.«

»Also sollten Sie von dem schreiben, was Sie kennen. Zuerst einmal sollten Sie sich selbst kennenlernen. Erforschen Sie sich selbst, und zwar das, was im gegenwärtigen Moment eine Bedeutung für Sie hat: die Trauer über den Verlust des Freundes, Angst vor der Einsamkeit, die Erkenntnis, daß Sie Ihre Frau nicht kennen, die Routine einer Beziehung, die Flucht vor den Gefühlen. Beobachten Sie sich selbst. Die ganze Problematik des Menschseins ist in Ihnen selbst. Wenn Sie sich selbst beobachten, die Emotionen und die Widerstände, dann erleben Sie alles, was für Menschen wichtig ist. Das zu beschreiben ist dann nur noch ein kleiner Schritt.
Da Sie Schriftsteller sind, wissen Sie, was ich meine. Alle menschliche Lust und alles Leid ist in Ihnen selbst; Sie finden es in sich. Wenn Sie sich selbst erforschen und darüber schreiben, ist es authentisch, und die Entfremdung ist aufgelöst. Schreiben Sie über sich, und die Schreibhemmung ist weg.
Ich meine damit nicht, Sie sollten eine Autobiographie schreiben. Sie haben Ihre Romanfiguren und Ihre Handlung; es ist gleichgültig, ob es um einen Kriminalfall oder eine politische Spionagegeschichte oder einen Wirtschaftsbetrug geht, um eine Liebesgeschichte oder ob von all dem etwas hineinspielt. Die Handlung ist eigentlich sekundär; sie hat nur die Bedeutung, eine Oberflächenspannung zu erzeugen, einen roten Faden, an dem alles abläuft. Die

Handlung ist bloß eine Richtschnur. Menschen nur an diesem Handlungsfaden aufzureihen ist uninteressant, und das langweilt Sie als Autor. Die agierenden Menschen sind dann nur Puppen oder Marionetten, die sich gegenseitig fremd sind.

Wenn Sie sich aber selbst beobachten und erforschen, dann bringen Sie das in Ihren Roman hinein. Hauchen Sie den Figuren Ihre persönlichen Gefühle und Empfindungen ein!

Sie lernen sich nun selbst erst richtig kennen, denn vieles in Ihnen kennen Sie nicht, weil Sie bisher davor geflohen sind. Auf diese Weise lernen Sie auch andere besser kennen. Erst wenn man sich selbst wirklich versteht, kann man auch andere verstehen. So bekommen Sie einen lebendigen Bezug zur Wirklichkeit. Und die Wirklichkeit ist Angst vor dem Tod, Trauer, Neid, Aggression, Frustration, Flucht vor uns selbst, Bindung, Abhängigkeit, Vorurteile, Getrenntheit, nicht kennen, was man glaubt zu kennen. Es eröffnet sich ein weites Feld. Während Sie das erforschen und darüber schreiben, verschwindet jeglicher persönliche Ehrgeiz und damit auch Ängste und Aggressionen.«

Er hat das Animalische in mir geweckt

Die Fernsehschauspielerin

Sie rief an und sagte, sie sei in einem Konflikt, der mit Liebe und Partnerschaft zu tun habe. Wir vereinbarten einen Termin.
Als sie vor der Tür steht, geht gerade ein Gewitterregen nieder. Sie entschuldigt sich dafür, daß ihre Haare naß geworden sind, und beginnt sofort das Gespräch ...

»Ich bin in einem Dilemma. Ich komme nicht von zu Hause, sondern aus einem Hotel, weil ich vor dem Konflikt geflohen bin.
Seit fünf Jahren bin ich mit einem Anwalt verheiratet. Wir haben keine Kinder. Vor etwa einem Jahr habe ich mich in einen anderen Mann verliebt. Ich dachte, ich könnte beide lieben, meinen Mann und meinen Freund, jeden auf seine Art. Aber dieses Empfinden hat mich zerrissen.«

»Weiß Ihr Mann von Ihrer Liaison?«

»Er hat es schon länger geahnt und ist vor zwei Monaten durch einen Zufall dahintergekommen.«

»Warum haben Sie es ihm vorher nicht gesagt?«

»Weil ich nicht den Mut dazu hatte und weil ich gespürt habe, daß ich dann Druck bekomme.«

»Wie hat sich Ihr Geliebter verhalten?«

»Er sagte, du mußt dich endlich entscheiden. Ich möchte, daß du zu mir ziehst und dich scheiden läßt.«

»Was haben Sie ihm darauf geantwortet?«

»Ich habe ihm gesagt, daß ich mich auf die Treffen mit ihm immer wahnsinnig freue, aber daß wir uns doch Zeit lassen könnten. Er warf mir daraufhin vor, daß ich beide Männer wolle und egoistisch sei. Ich habe ihm dann vorgeworfen, daß *er* egoistisch sei, weil er mich nicht teilen will. Ich habe ihm gesagt, daß ich mich glücklich fühle, wenn ich mit ihm zusammen sei, daß ich aber auch die Ehe mit meinem Mann nicht missen möchte. Ich habe ihm auch ganz ehrlich gesagt, daß ich beide liebe, jeden auf seine Art. Das hat ihn sehr verletzt, und er hat gesagt, daß ich mir etwas vormachen würde, denn das würde er mir nicht abnehmen, weil unser Verhältnis vor allem leidenschaftlich sexuell wäre, und das wäre die wirkliche Liebe.

Die Beziehung zu meinem Mann ist vor allem geistig. Ich liebe seine Bildung, seine Klarheit und sein Wissen. Mit meinem Mann verreise ich gern, weil er ein wunderbarer Führer ist und sich für Kultur interessiert.«

»Womit beschäftigt sich Ihr Geliebter?«

»Meinen Sie seinen Beruf? Ich habe ihn bei Dreharbeiten zu einer TV-Serie kennengelernt; er ist Kameramann und Fotograf. Er ist ein wunderbar sensibler Fotograf, aber er hat wenig kulturelle Bildung. Er strahlt auf mich eine männliche Unbekümmertheit aus; er ist unkonventionell und sehr locker und lässig.«

»Worin besteht nun das Dilemma oder der Konflikt, weswegen Sie heute zu mir gekommen sind?«

»Ich habe schreckliche Auseinandersetzungen mit meinem Mann hinter mir. Er sagte, ich müsse mich entscheiden, entweder er oder mein Geliebter. Er wurde total jähzornig und hat meine Kleider vor die Tür geworfen. Danach tat ihm das wieder leid, und er weinte. Ich sah ihn leiden – ich hätte nicht gedacht, daß er zu solchen Gefühlen überhaupt fähig ist. Aber das hat mich ihm nicht nähergebracht, im Gegenteil, ich habe mich gefühlt wie eine Fremde, die das alles nur beobachtet; das hat er wohl gespürt, und dann hat er mir gedroht. Er sagte, daß er die Scheidung einreichen würde, wenn ich mich nicht von meinem Geliebten trenne. Er sagte, daß er mich dann mit seinem Haß verfolgen würde und daß er seinen ganzen Einfluß einsetzen würde, um mir zu schaden. Das hat mich sehr erschreckt, weil ich ihm eine solche erpresserische Boshaftigkeit nicht zugetraut hätte. Plötzlich hatte ich Angst vor ihm ... sein wutverzerrtes Gesicht geht mir nicht aus dem Sinn.

Ich habe ihn dann umarmt und getröstet, aber mein Gefühl war nicht dabei.«

Nach einer Pause fährt sie fort: »Ich habe das alles meinem Freund erzählt, und er sagte: Du ziehst aus, und du ziehst zu mir! Ich habe geantwortet, daß ich das nicht kann und auch nicht will. Daraufhin hat er mich rausgeworfen und mich als eine ›Gesellschaftsnutte‹ beschimpft, der es nur um den sozialen Status, die Sicherheit und die Bequemlichkeit ginge. Das hat mich sehr verletzt.

Am Tag danach rief er mich an und sagte, es würde ihm fürchterlich leid tun, er könnte nicht ohne mich leben, wir sollten uns treffen und über alles reden. Das haben wir auch getan, und wir landeten in dieser Nacht wieder in seinem Bett. Die Sexualität mit ihm ist für mich wunderbar; ich habe Sex selten so intensiv genießen können. Aber danach hat er mich wieder beschimpft – er hat geradezu getobt, weil ich mich nicht für ihn entscheiden wollte. Ich wäre für ihn die wichtigste Frau, und er wollte mich ganz haben, ich würde ihn nur mißbrauchen, er würde meinen Mann umbringen, wenn ich mich nicht entscheiden würde.

Das hat mich total erschreckt. Ich habe mich so einsam und unverstanden gefühlt. Deshalb bin ich jetzt nach Köln gefahren, habe mir ein Zimmer in einem Hotel genommen und bin zu Ihnen gekommen. Weder mein Mann weiß, wo ich bin, noch mein Geliebter. Ich will einfach nur Abstand gewinnen und innerlich zur Ruhe kommen. Deshalb sitze ich hier und frage Sie: Was soll ich tun?«

»Was ist zu tun in einer solchen Situation? Ich sage Ihnen nicht, verlassen Sie Ihren Mann, lassen Sie sich scheiden. Ich sage auch nicht, ziehen Sie zu Ihrem Geliebten, auch nicht, beenden Sie das Verhältnis. Es ist und bleibt Ihre Entscheidung; das möchte ich unserem Gespräch vorausschicken. Ich bin keine Schiedsinstanz, die Ihnen sagt, wie Sie sich entscheiden sollen.«

»Ich bin zu Ihnen gekommen, weil Sie das Buch ›Die Liebe‹ geschrieben haben. Ich habe es verschlungen. Ich habe es auch meinem Mann gegeben, aber er hat gesagt: Laß mich bloß mit diesem Psychoquatsch in Ruhe! Ich habe es meinem Freund geschenkt, und der hat gesagt: Der Lauster hat völlig recht, du liebst mich, also solltest du dich endlich für mich entscheiden.«

»So sind die individuellen Reaktionen verschieden; dem einen ist das Buch und das Thema ein Ärgernis, der andere zieht etwas daraus – das, was er für sich im Moment gebrauchen kann. – Lieben Sie Ihren Mann?«

»Ich liebe das Leben mit ihm, aber die Sexualität mit meinem Geliebten gibt mir mehr Emotion.«

»Lieben Sie Ihren Freund?«

»Ich liebe den Körperkontakt zu ihm. Ich erlebe mit ihm eine erotische Anziehung zwischen Mann und Frau, die ich bisher so noch nicht kannte. Ich bin durch ihn sexuell aufgeblüht. Dagegen kommt mir mein Mann im Bett – im Vergleich zu meinem Geliebten – wie eine hölzerne Puppe vor. Mein Freund ist ein emotionsgeladener Mensch, ja, er hat etwas Animalisches, etwas, das mein Mann niemals haben könnte; er ist eben der typische Akademiker, ein Theoretiker, ein Kopfmensch. Nicht, daß mein Geliebter dumm wäre – verstehen Sie das nicht falsch –, er ist sogar sehr klug, aber es ist eine andere Art von Intelligenz: Er ist spontan, kreativ, irgendwie unberechenbar, emotional, sensibel, und er steht dazu.

Ich bin verwirrt, ich liebe das klare logische Denken meines Mannes, aber ich liebe auch die spontane Kreativität. Mein Mann gibt mir Sicherheit, mein Geliebter gibt mir überhaupt keine Sicherheit, aber das Gefühl von Lebendigkeit. Mein Mann ist auch lebendig – ich weiß nicht, wie ich das ausdrücken soll –, aber mein Geliebter hat mehr Energie. Diese Energie ist stärker, und sie berührt meinen Unterleib. Aber wenn mein Orgasmus verebbt, dann sehne ich mich wieder nach der Sicherheit und der Geborgenheit der Lebensgemeinschaft mit meinem Mann.

Ich fühle mich hin und her gerissen zwischen diesen beiden Männern und meinen Gefühlen. Ich möchte mit meinem Mann leben, und ich möchte auf die Emotionen und den Sex mit meinem Geliebten nicht verzichten.

Aber so geht es nicht weiter – dieser Konflikt macht mich fertig. Mein Mann und mein Freund wollen mich jeder für sich haben. Ich denke manchmal, vielleicht bin ich nicht ganz richtig, vielleicht bin ich gespalten, vielleicht brauche ich eine Therapie, oder ich bin geisteskrank, vielleicht schizophren. Wie beurteilen Sie das? Bin ich schizophren?«

»Schizophrenie ist eine Geisteskrankheit, eine Psychose. Ich kann Sie beruhigen: Sie sind nicht schizophren. Sie lernen sich selbst kennen. Das Leben stellt Sie vor Herausforderungen, und Sie lernen daraus, sofern Sie lernen wollen.«

»Deshalb bin ich ja zu Ihnen gekommen. Ich möchte lernen. Entwirren Sie mir den Knoten.«

»Ich bin kein Lehrer im traditionellen Sinn. Ein Lehrer vermittelt Wissen. Wissen ist etwas Sachliches, etwas Totes. Mit Wissen kommen Sie nicht weiter. Sie können Wissen nur speichern, aber das kann ein Computer auch. Alle Bücher von Sigmund Freud – falls Sie sie gelesen hätten; Sie haben Sie wahrscheinlich glücklicherweise nicht gelesen – würden Ihnen in dieser Situation auch nichts nützen. Das ist alles Theorie. Keine Theorie, kein Wissen nützt etwas. Das alles brauchen Sie nicht. Die Herausforderung ist lebendig. Lebendigkeit heißt erleben. Aber wir können nicht wirklich erleben, weil wir voreingenommen sind. Wir haben Vorurteile, Ideale, Normen.

Ich sehe es Ihrer Mimik an – Sie fragen sich, was das denn jetzt bedeuten soll: Vorurteile, Ideale, Normen? Wir sind konditioniert. Sie sehen mich wieder erstaunt an: Was heißt konditioniert? fragt Ihre Physiognomie. Sie haben sich bisher nicht damit befaßt.

Es kommt ein Problem auf Sie zu, das müssen Sie lösen. Sie werden von anderen gedrängt, es zu lösen. Sie sind in einem Dilemma. Ihr Ehemann will dieses, ihr Geliebter will jenes. Sie stehen in der Mitte; es geht um Sie, und Sie wissen nicht, was richtig und was falsch ist. Gibt es ein Richtig und ein Falsch? Ihr Mann hat seine Sicht, Ihr Freund hat eine andere. Sie selbst wissen nicht, welche Sicht richtig ist. Was ist richtig, was ist falsch? Welche Bewertungsnorm gilt? Ist das so einfach? Wer bin ich? Was ist für mich selbst richtig oder falsch?

Weil Sie es nicht wissen, sind Sie hier. Ich soll Ihnen sagen, was für Sie richtig oder falsch ist. Wenn ich Ihnen das sagen würde, wäre das in Ordnung? Bitte gehen Sie dieser Frage nach. Wäre es in Ordnung, wenn ich Ihnen sagen würde, wie Sie sich jetzt entscheiden sollen? Sie haben sich aus dem Konflikt herausgenommen und sind in ein Hotel gezogen, um von allem Abstand zu gewinnen. Abstand, das ist zunächst einmal eine Lösung. Ich nehme Abstand davon, ich bin ich, ich möchte zu mir selbst kommen, es geht um mich. Wo stehe ich? Wo stehen Sie? Das ist die Frage, die Sie sich selbst beantworten müssen.«

»Ich muß aber diese Frage, wo ich selbst in dieser Dreiecksbeziehung stehe, schnell beantworten. Ich fühle mich unter Zeitdruck. Ich möchte das am liebsten heute mit Ihnen herausfinden.«

»Zeitdruck ist der ganzen Angelegenheit nicht dienlich, weil Sie dann ungeduldig werden und Druck auf sich selbst ausüben. Wenn Sie sich selbst so unter Druck setzen, sind Sie geistig und seelisch in einer Anspannung, und dann wird die Lösung zu einem ehrgeizigen Ziel, das Sie schnell erreichen wollen. Durch diesen Ehrgeiz üben Sie Gewalt über sich aus. Ihr Ehemann und Ihr Geliebter setzen Sie unter Druck; beide wenden Gewalt an. Wenn Ihr Ehemann sagt, daß er Sie mit seinem Haß verfolgen will, so ist das seelisch-geistige Gewalt, die Angst erzeugt; und wenn Ihr Freund Sie beschimpft, ist das verbale Gewaltausübung.

Hat Gewalt etwas mit Liebe zu tun? Ich denke nicht, denn Liebe ist eine ganz andere Dimension, in der Gewalt und Angst keinen Platz haben. Die Eifersucht und die Angst vor einer Trennung treiben diese beiden Männer in ihre Reaktionsweisen. Ihre Motive sind ichbezogen, und ihre Liebe zu Ihnen wird durch diese egozentrischen Motive überlagert. Sie wissen sich nicht anders zu helfen als durch Gewaltdrohungen und Erzeugung von Angst; das ist das Problem dieser beiden Männer. Aber darauf will ich jetzt nicht weiter eingehen, denn sie sitzen ja nicht hier.

Jedenfalls verletzt Sie diese Gewalt, und sie macht Ihnen angst. Also bleiben Sie bitte gewaltfrei, üben Sie keinen Druck auf sich selbst aus, indem Sie schnell zu einer Erkenntnis gelangen und eine Lösung von sich fordern und verlangen. Gewalt wird nicht nur von anderen auf uns ausgeübt. Wir selbst tragen den Feind in uns, indem wir über uns Gewalt ausüben, wenn wir nach schnellen Lösungen verlangen. Um die Lösung zu finden, sollten Sie sich von dem Konflikt lösen. Diese Loslösung bringt dann automatisch die Lösung. Kommen Sie also zur Ruhe, und lassen Sie das ehrgeizige Motiv los, denn dieses ehrgeizige Wollen steht Ihnen im Weg. Mit diesem Ehrgeiz sind Sie an den Konflikt gebunden; Sie sehen nur auf den Konflikt und bleiben darin gefangen. Deshalb sage ich, lernen Sie sich selbst kennen, lauschen Sie in sich hinein, werden Sie ruhig, und betrachten Sie sich selbst, Ihre Gefühle, die in Ihnen auftauchen, die Angst, die Verzweiflung, Hoffnungslosigkeit, Verletzlichkeit und Liebe.«

Sie nickt wortlos.

»Es wurde Gewalt auf Sie ausgeübt; das hat Sie verletzt; und diese Verletztheit verwirrt Sie. Das gilt es zu beobachten, nicht davor zu fliehen. Sie wollen handeln, aber Ihre Handlungsfähigkeit ist eingeschränkt, solange Sie nicht klarsehen.

Wir betrachten gemeinsam. Ich vermittle Ihnen kein Wissen. Wenn man nur auf ein Wissen zurückgreifen bräuchte oder nur auf Logik und rationale Regeln und Gesetzmäßigkeiten, wäre es ja einfach. Mit dem Denken ist der Konflikt nicht lösbar. Natürlich brauchen wir auch das Denken, denn wir verständigen uns auf der sprachlichen Ebene. Aber es kommt nicht auf einzelne Worte an, sondern auf das, was hinter den Worten steht; wir fassen es nur in Worte, aber das Eigentliche liegt hinter diesen Worten. Wir reden über Liebe, aber das Wort ›Liebe‹ ist nicht die Liebe, die auf einer psychischen Ebene stattfindet. Um diese Ebene geht es, und diese Ebene erreichen Sie nur, wenn Sie jeden Ehrgeiz loslassen, wenn Sie ruhig werden und entspannt. Jeder Konflikt erzeugt Spannung – und auch den Willen, sich zu entspannen. Der Wille kann jedoch keine Entspannung herbeiführen – im Gegenteil, er schafft neue Spannung. Sie lösen sich jetzt von dem Konflikt, indem Sie nichts mehr erreichen wollen.

Ich weiß, das ist schwer, denn Sie haben sich darauf fixiert, die Spannung lösen zu wollen. Die Spannung aber wird durch diese Fixierung vergrößert. Deshalb lassen Sie alles Wollen und das Setzen eines Zeitlimits. Halten Sie an der Fixierung nicht mehr fest, da dieses Festhalten nur das Gegenteil erzeugt. Sie haben einen Konflikt, und Sie wollen ihn loswerden. Durch den Willen läßt er sich aber nicht abschütteln. Ich hoffe, Sie fühlen, was ich sage. ›Fühlen‹ ist nicht das richtige Wort; ›sehen‹ paßt da schon eher, denn Sie sollten sich selbst überprüfen. Der Wille führt in eine Sackgasse. Auch Rationalität und Logik führen in eine Sackgasse. Wenn Sie diese untauglichen Methoden loslassen, dann werden Sie ruhig.«

»Aber wie geht es danach weiter?«

»Sie können jetzt nicht wissen, was dann geschieht. Wenn Sie zunächst einmal erkennen, daß Sie nicht wissen, wie Sie aus dem Dilemma herauskommen, dann ist erst einmal Ruhe eingetreten. Sie wissen nicht, was Sie tun können, also haben Sie erst einmal Abstand. Aber der ehrgeizige Geist gibt keine Ruhe, er will sich damit nicht zufriedengeben – er kommt so durch die Hintertür wieder ins Spiel. Er triezt Sie auf diese Weise und will Sie wieder aus der Ruhe bringen. Wenn Sie sich darauf einlassen, hat er Sie schnell wieder in dem alten Zustand. Erkennen Sie, wie der Geist Sie wieder fixieren will und aus der Ruhe, aus der Gelöstheit bringt?

Der Geist ist ein Störenfried der Seele und ihrer Emotionen, er will keine Ruhe und Entspannung zulassen – er hat eine ungeheure Macht über uns. Er drängt sich dazwischen und mischt sich immer wieder ein. Er bietet sich als Problemlöser an, aber er kann das Problem nicht lösen; er ist nur gut für eine mathematische Aufgabe oder zur Übersetzung eines Textes vom Französischen ins Englische. Jetzt können wir ihn nicht gebrauchen, denn er kann uns nicht helfen. Es geht um Liebesbeziehungen, um Liebesgefühle und Selbstfindung, Selbsterkenntnis, Menschsein. Dazu kann der Geist nichts beisteuern. Ihm ist Spannung oder Loslösung egal, er weiß nicht, was wichtig ist; er ist nur ein Werkzeug, das wir benutzen, wenn wir es brauchen. Also sollten wir uns nicht von einem Werkzeug tyrannisieren lassen. Sie befreien sich davon, indem sie das Werkzeug beiseite legen. Denn das Werkzeug an sich hilft Ihnen nicht, sondern nur sein richtiger Einsatz. Das Werkzeug spielt sich auf, als wäre es der Herr. Sie sollten jedoch das Werkzeug benutzen, nicht das Werkzeug Sie. Sie gebrauchen demnach den Geist, wenn Sie ihn nötig haben; jetzt aber wird er nicht gebraucht. Es muß Ruhe eintreten.

Sie stehen zwischen zwei Männern, die Sie lieben und die Sie auch lieben. Sie sollen sich entscheiden, sagen diese beiden Männer. Mit welchem Recht wird an Sie die Forderung gestellt, sich zu entscheiden? Sie werden unter Druck gesetzt und manipuliert. Das gilt es zunächst einmal zu erkennen. Dieser Druck hat nichts mit Liebe zu tun, sondern entspringt dem Ehrgeiz und dem Wollen und der ganzen Problematik, die dem zugrunde liegt: Eifersucht, Angst, Besitz-streben, sexuelle Abhängigkeit und so weiter. Wenn Sie das sehen, hilft Ihnen dieses Sehen.

In der Mitte stehen Sie selbst und Ihre Liebe. Sie lieben den einen und den anderen, aber sind verwickelt in das, was Sie dabei bekommen. Der eine gibt Ihnen Sicherheit, der andere sexuelle Erfüllung. Der eine kann Ihnen geben, was der andere offensichtlich nicht kann. Ist Ihnen wichtiger, was Sie selbst geben oder was Sie bekommen? Betrachten Sie das. Geben Sie Liebe, oder wollen Sie sie bekommen? Ihre eigene Liebe ist davon abhängig. Sie achten auf das, was Sie bekommen; es sind zwei Werte: Sicherheit und Sexualität. Ich verkürze jetzt natürlich etwas, um es plastischer zu machen. Ist das Liebe? Ist Liebe nicht jenseits von Sexualität und Sicherheit?«

»Liebe ist Liebe, und etwas zu bekommen ist etwas anderes.«

»Sie haben verstanden. Sicherheit hat etwas mit unserem allgemei-nen Zustand zu tun. Wir haben Ängste und streben nach Sicher-heit. Sexualität hat etwas mit unserem Geschlecht zu tun, mit unse-rer biologischen Konstruktion; wir sind abhängig davon. Liebe aber liegt jenseits von Sicherheit und Sexualität. Beides sind sehr elementare Bereiche, denn weite Teile des Lebens drehen sich um Sicherheit und Sex. Aber beides muß nicht zusammenkommen. Sie können Sicherheit fühlen, haben aber kein sexuelles Verlangen; Sie können sexuell begehren, gewinnen aber keine Sicherheit.«

»Also kommt im Grunde keiner der beiden Männer für mich in Be-tracht. Ich brauche einen Mann, der mir Sicherheit bietet und sexu-elle Erfüllung.«

»Dieser Gedanke kommt natürlich aus dem Verstand, denn er ist eine logische Schlußfolgerung. Es geht aber um Liebe, um diese Di-mension, die nur die Seele erkennt, die dem Verstand jedoch ver-schlossen bleibt. Sicherheit, das wägt der Verstand ab. Sexualität, das erleben Körper und Seele.

Die Liebe zwischen Mann und Frau basiert auf erotischer Anziehung, also auf Sexualität; das ist elementar. Hier herrscht eine biologisch begründete Energie, die uns überflutet. Lebendigkeit geschieht auf dieser Ebene; das ist gar keine Frage.«

Mich interessierte nur ihre
hübsche Verpackung

Der erfolgreiche Medienmann

Der Journalist ist bekannt durch die Printmedien und seine Berichte in diversen Fernsehsendungen. Ich habe seine Kolumnen und Kommentare mit Vergnügen gelesen und gesehen.

Als er vor mir steht, wirkt er sehr lebendig und intelligent. Seine Augen sind klar, hellwach und suchen den Blickkontakt. Er drückt mir sein neuestes Buch in die Hand mit der Bemerkung: »Sie müssen es nicht lesen, stellen Sie es in Ihren Bücherschrank.«

Ich beginne das Gespräch. »Bücher haben einen überdauernden Wert. Artikel verschwinden im Papiermüll, Fernsehbeiträge verschwinden wie ein gelebter Augenblick in der Vergangenheit. Bücher dagegen bleiben, sie werden – von Taschenbüchern abgesehen – nicht einfach achtlos weggeworfen. Bücher begleiten einen Menschen bei Umzügen. Selbst nach dem Ableben des Buchbesitzers werden sie nicht einfach entrümpelt, sondern sie werden weitervererbt. Wenn die Erben damit nichts anfangen können und sie schließlich doch entrümpelt werden, verkauft sie der Entrümpler noch auf dem Flohmarkt. Bücher haben etwas Besonderes, selbst wenn sie nicht gelesen werden.«

»Durch die Videotechnik sind TV-Sendungen ein bißchen wie Bücher geworden, denn die Videoschachteln ähneln in der äußeren Gestaltung Büchern. Aber ein normales Buch wirkt immer wertvoller als eine Kassette. Ich schenke Ihnen deshalb lieber ein Buch. Es wird demnächst auch als CD-ROM erscheinen; aber philosophieren wir nicht über die Medien, dann wäre die Stunde schnell vorbei.

Ich bin heute hier wegen meines großen Liebeskummers, mit dem ich nicht fertig werde.«

»Haben Sie sich gelöst, oder hat Ihre Liebe sich von Ihnen getrennt?«

»Sie hat sich von mir getrennt. Wie Sie aus der Presse vielleicht wissen, habe ich eine spektakuläre Scheidung hinter mir – wegen ihr. Wir haben zwei Jahre zusammengelebt, dann ist sie aus unserer gemeinsamen Wohnung ausgezogen und hat sich ein kleines Appartement genommen. Sie hat sich aus vielen Gründen von mir getrennt, unter anderem auch, weil sie sich in einen anderen Mann verliebt hat. Ich finde es gut, daß sie nicht zu ihm gezogen ist, sondern sich eine eigene Wohnung genommen hat. Sie hat mir gesagt, daß sie erst einmal zu sich selbst finden müsse, bevor sie wieder mit einem Mann zusammenlebt.«

»Ich halte das für eine gute Entscheidung.«

»Mit der Trennung wurde mir erst richtig bewußt, wie sehr ich sie liebe. Ich habe unsere Beziehung als selbstverständlich hingenommen. Das war sicherlich ein Fehler von mir.«

»Wenn man mit einem Partner oder einer Partnerin zusammenlebt, entsteht sehr schnell Routine. Außerdem neigen wir dazu, zu denken, das ist jetzt mein Partner oder meine Partnerin – sie werden zu einem Buch, das man ungelesen in den Schrank stellt. Das Cover hat einen angezogen, der Titel war faszinierend, also hat man sich dafür interessiert, an der Kasse gezahlt, das Vorwort gelesen. Dann stellt man es in den Schrank: mein Buch, ein Symbol, jetzt für ›meine Partnerin‹.«

»Genauso war es. Sie war ein Buch, keine Videokassette; ich korrigiere, ist ein Buch … das ich nicht gelesen habe. Damit sind wir mitten in meinem Problem. Sie hat mich aufgrund ihrer Weiblichkeit sehr angezogen, ich habe sie sexuell begehrt. Wir hatten wundervolle Tage in Asien und in Südamerika. Es war ein oberflächliches Genießen des Covers: Sie genoß meine Popularität und ich ihre optische Attraktivität. Sie wollte mehr von mir wissen, aber ich kann mich schlecht persönlich ganz offenbaren. Ich habe bei ihr nur das Vorwort und das erste Kapitel gelesen. Sie sagte bei unseren Trennungsgesprächen: ›Du hast dich nie wirklich für mich interessiert. Ich hatte nie das Gefühl, daß ich als Mensch in meinem Inneren gemeint war. Dich interessierte nur, wie ich gekleidet war. Es interessierten dich meine Brüste, aber nicht meine Gefühle und Gedanken.‹

Ich war also am Cover interessiert, am Titel, aber nicht am Buch selbst. – Ich bin selbstkritisch, wie Sie sehen.«

»Und Sie wollen nun das Rad wieder zurückdrehen und sie wieder für sich gewinnen; sie wollen jetzt das Buch lesen. Aber damit verlassen wir auch die Analogie. Ein Mensch hat zwar ein Cover, aber er ist kein Buch, das man aus dem Schrank ziehen kann, wann man will. Wenn sich der Mensch entzieht, sich trennt, dann ist er nicht mehr bereit – so ist es meist, es gibt natürlich auch Ausnahmen –, sich demjenigen, der in ihm lesen will, zu öffnen. Sie wollen sie wiederhaben, um in ihr zu lesen. Sie will das jetzt nicht mehr. Ist das richtig?«

»Ja. Sie will nichts mehr von mir. Sie sagt, sie hätte mich geliebt, aber sie würde mich nicht mehr lieben; sie sagt, daß ich nicht versuchen sollte, an die frühere Liebe zu appellieren, denn es wäre vorbei. Das macht mich sehr unglücklich. Ich denke oft an die vergangenen schönen Stunden, die wir gemeinsam hatten. In der Rückerinnerung werden sie natürlich besonders schön. Ich weiß, daß ich mich in dieser Nostalgie von der Realität entferne.«

»Wir erleben eine besonders schöne Situation. Es kann eine Liebesnacht sein, ein Sonnenuntergang, ein sportlicher Erfolg, eine künstlerische Entfaltung, ein intensives Gespräch, ein sexueller Reiz –

und wir wollen das dann wiederholen; das ist verständlich und erscheint natürlich. ›Laß uns noch einmal dies und das ...‹ – diese Stimmung, jene Situation, dieses Gefühl, jenes besondere Empfinden von Schönheit, Sinn, Liebe, Sex et cetera.

Jede besondere Situation mit ihren besonderen Gefühlen ist aber einmalig – sie läßt sich nicht wiederholen. ›Du steigst niemals in den gleichen Fluß‹, sagt Heraklit. Nichts ist wirklich wiederholbar. Wäre Wiederholung denn erstrebenswert? Sie hatten in dieser Partnerschaft die Wiederholung und die Routine. Aber das hat nicht genügt, denn ein Lebewesen ist lebendig. Was bedeutet Lebendigkeit? Dieser Frage müssen wir intensiv nachgehen, um Erkenntnis zu gewinnen. Ich frage Sie deshalb, was ist für Sie Lebendigkeit?«

Er denkt einen Moment lang nach. »Es ist das, was im Moment geschieht. Wenn ich von einem Ganoven, der meine Brieftasche klauen will, angegriffen werde, muß ich spontan darauf reagieren. Wenn ich mit meinem Boot auf einem Fluß in den Stromschnellen treibe, muß ich auf die Felsbrocken und Stromschnellen reagieren. Das ist Lebendigkeit. Wenn ich eine Frau sehe, die mich sexuell anzieht, müßte ich darauf auch sofort spontan reagieren ... aber das traue ich mich oft nicht – sie könnte mich ja vielleicht ablehnen und zurückweisen.«

»Jetzt sind wir aber vom Liebeskummer ganz weit abgekommen – und doch auch wiederum nicht. Wir sind mittendrin im Strudel der Lebendigkeit. Sie will mich nicht; jetzt wache ich auf. Ich will sie, aber ich traue mich nicht; jetzt wache ich auf. Lebendigkeit heißt Wachheit; es ist das Wesen der Lebendigkeit, hellwach zu sein. Diesen Gedanken weiterzuverfolgen bringt uns auf eine ganz andere Ebene, denn wir verlassen damit alles Bisherige, das Bekannte, das Übliche, die Normen, die Regeln, die Tradition, jede konservative Haltung. Wir betreten eine Dimension, die uns beunruhigt, die wir nicht exakt und ungeniert, unprogrammiert, ungehemmt anschauen wollen. Es geschieht jetzt; das ist Lebendigkeit. Aber wir trauen uns nicht; so ist es doch. Wir haben keinen Mut, keine Freiheit, wirklich lebendig zu leben; das ist unser Problem, nicht nur Ihres. Es ist das Problem der Menschen um Sie herum, auch mein Problem. Es ist das Urproblem aller Menschen, egal, ob sie schwarz, weiß, rot, braun oder gelb sind in ihrer Hautfarbe. Was dieses Problem betrifft, sind alle gleich. Wie wir aber damit umgehen, das unterscheidet uns. Wirklich lebendig zu leben, aus innerer Freiheit heraus, darauf kommt es an.

Sie haben Ihre Partnerin verloren, und plötzlich fällt Ihnen auf, daß Sie sich mit ihr als Person nicht beschäftigt haben; sie war Ihr Besitz, sie gehörte zum Inventar – sie wollte aber als Person, als Individuum ernst genommen werden.«

»Das sehe ich ein. Ich habe ihr das auch zugestanden, aber sie meinte, es wäre jetzt zu spät, ihre Liebe wäre erkaltet und es wäre ein neuer Mann, eine neue Liebe in ihr Leben getreten. Gibt es eine Möglichkeit, sie zurückzugewinnen?«

»Bestimmt haben Sie bereits einiges versucht. Was zum Beispiel?«

»Ich habe ihr Briefe geschrieben und darin die schönen Stunden geschildert, die nicht einfach so vorbei sein können.«

»Das nimmt sie sicherlich mit Genugtuung zur Kenntnis, aber es hat keine Wirkung.«

»Das hat sie mir tatsächlich nicht wieder nähergebracht. Außerdem habe ich ihr Blumen schicken lassen.«

»Wie hat sie darauf reagiert?«

»Sie sagte, daß sie sich freut, aber es wäre besser gewesen, wenn es früher solche Aufmerksamkeiten gegeben hätte; jetzt wäre es zu spät, jetzt könnte sie sich nicht mehr so freuen, wie sie sich früher gefreut hätte. Ich habe ihr ein Liebesgedicht von Hermann Hesse geschickt, weil sie Lyrik liebt, aber es hat auch nichts bewirkt.«

»Liebe hat mit Achtsamkeit und Aufmerksamkeit zu tun, denn Liebe ist eine besonders intensive Form der Lebendigkeit. Achtsamkeit ist außerdem der Ausdruck von Respektierung des anderen. Da erotische Liebe ein Begehren ist, stellt sich diese Aufmerksamkeit ganz von selbst ein. Mit erotischem Begehren meine ich mehr als sexuelle Anziehung – es gehören neben dem Körper auch der Geist und die Seele hinzu. Wenn die Psyche nicht zu ihrem Recht kommt, dann ziehen sich die Emotionen zurück. Sie hat ihre Emotionen zurückgenommen. Selbst wenn Sie jetzt noch einmal mit ihr sexuell zusammengekommen wären, würde sich daran sehr wahrscheinlich nichts ändern.«

»Wir waren noch mal in einem Restaurant essen, um über alles zu sprechen. Ich wollte sie anschließend mit zu mir nehmen. Aber sie sagte: ›Selbst wenn wir jetzt zusammen im Bett landen würden, so würde es nichts daran ändern, daß die Liebe vorbei ist.‹ Ich habe sie dann nicht weiter gedrängt.«

»Das war richtig, denn Ihre Enttäuschung wäre dann noch größer geworden.«

»Liebeskummer ist ein scheußliches Gefühl. Es ist eine Mischung aus Schuldgefühlen, Ängsten, Vorwürfen, Eifersucht auf ihren Neuen, Erinnerungen, Gedanken, Plänen, Strategien, es ist Hoffnungslosigkeit und Trauer – und dann wieder ein Aufbäumen, das Rad doch noch herumzudrehen.
Außerdem habe ich Selbstbewußtseinsprobleme bekommen; ich fühle mich abgewertet und in die Ecke gestellt. Ich weiß, daß ich Fehler gemacht habe, aber dann denke ich, daß man doch auch Fehler machen darf, ohne daß die Liebe zu Ende gehen muß. Warum war ihre Liebe nicht stark genug? Bin ich vielleicht nicht gut genug und brach deshalb ihre Liebe so schnell in sich zusammen?
Ich habe in meinem Bekanntenkreis verschiedene Beziehungen beobachtet: Da nahmen sich die Männer alle Freiheiten und Frechhei-

ten heraus. Sie gingen fremd auf Teufel komm raus, sie benahmen sich wie die Paschas, und trotzdem hingen die Frauen an ihnen und trugen ihnen noch die Zeitungen hinterher. – Warum konnte ich sie nicht auch so faszinieren?«

»Nun kenne ich diese Beziehungen, von denen Sie erzählen, nicht, deshalb kann ich dazu nur etwas Allgemeines sagen. Meist hat das nicht viel mit Liebe zu tun, sondern mit Dominanz und Unterwerfung und Anpassung. Jede Beziehung hat ihren individuellen Charakter, und es gibt neurotische Verstrickungen. Eine auf die Verhaltensmuster des Mannes konditionierte Frau findet dieses Verhalten sicherlich auch lieblos, aber sie hat eine besondere Abhängigkeit von der Dominanz und Autorität eines Mannes; mit einem toleranten und einfühlsamen Mann könnte eine so konditionierte Frau wenig anfangen, denn ein solcher Mann wäre für sie kein ›richtiger Mann‹. Bitte verstehen Sie mich jetzt nicht falsch – ich beschreibe nur und heiße es nicht gut. Diese Männer, die ihr Selbstbewußtsein mit einer ihnen so treu ergebenen Partnerin stärken, wählen sich mit unbewußtem Gespür die Frauen aus, die schon so konditioniert sind. Eine selbständige, geistig und emotional freie Frau, die Eigenständigkeit und Authentizität besitzt, würden sie gar nicht erst umwerben.
Bei Ihnen liegt der Fall anders. Sie sind ein sehr komplizierter und differenzierter Mensch. Sie sind zwar sehr ehrgeizig, aber auch sehr sensibel und verletzlich. Ihre Geliebte ist einfühlsam und sensibel. Insofern sind Sie beide liebesfähiger, also offener und freier. Anpassung liegt weder Ihnen noch ihr. Sie wollen beide geliebt werden, und zwar mit allen Ecken und Kanten. Ihre Geliebte hat eben mehr Interesse Ihrerseits an ihrer Person erwartet.«

»Das habe ich ihr jetzt doch signalisiert. Warum kann denn die Liebe nicht wiederbelebt werden?«

»Die Liebe ereignet sich spontan, sie ist immer neu, niemals alt; also müßte sie sich in Sie neu verlieben; das aber ist nicht so einfach. – Wenn ich ein Patentrezept wüßte, dann wäre ich der gefragteste Psychologe der Welt. Dieses Rezept könnte mich steinreich machen.«

»Es gibt also praktisch keine Methode, um sie zurückzugewinnen?«

»Nein, jedenfalls keine einfache Methode mit sofortiger Wirkung. Und nur eine solche Methode ist bei den meisten gefragt.
Es gibt aber einen anderen Weg. Das ist der richtige Weg, aber der ist nicht gefragt: Sie müssen als erstes Ihre Bindung zu ihr loslassen. Lassen Sie sie los, lassen Sie sie frei; Sie haben auch keinerlei Recht dazu, sie festzuhalten. Die Liebe ist davon unabhängig. Sie lieben sie; dagegen können Sie nichts unternehmen. Alles, was Sie dagegen tun, ist Verdrängung und Ablenkung. Wenn Sie dazu stehen, daß Sie sie lieben, aber sie als Person gänzlich loslassen, dann werden Sie auch selbst frei. Sie üben dann keinen Druck mehr auf sie aus, sie schicken keine Blumen mehr und keine Gedichte. Nerven Sie sie auch nicht mit Telefonaten und mit Einladungen. Das alles ist Druck. Jeder Druck erzeugt Gegendruck. Sie erreichen also mit diesen Aktivitäten genau das Gegenteil davon, was Sie eigentlich erreichen wollen. Ist Ihnen das bewußt geworden?«

»Ja, es ist im Grunde töricht, etwas zu tun, was das Gegenteil bewirkt.«

»Und trotzdem reagieren die meisten Menschen in dieser Situation so. Sie werden hektisch und überaktiv, erzeugen Druck und betreiben damit die Trennung um so mehr. Keinen Druck auszuüben ist aber nicht die Gewähr dafür, daß der andere zurückkommt. Nur die Wahrscheinlichkeit ist etwas größer.
Wer sich vom anderen trennt, will die Distanz, möchte sich selbst sammeln und neu beginnen. Wenn Sie sie loslassen, kann Freundschaft entstehen. Solange Sie lieben und sexuelles Begehren eine Rolle spielt, ist Ihnen Freundschaft nicht genug; Sie wollen nicht nur Freundschaft, sondern mehr. Das kann oder will der andere

nicht mehr geben. Er könnte das erst wieder, wenn er sich neu in Sie verliebt, aber darüber haben Sie keine Macht.«

»Was kann ich tun, damit sie sich neu in mich verliebt?«

»Sie loslassen, sie ernst nehmen, ihr Freundschaft und Verständnis entgegenbringen, Toleranz zeigen und das eigene Selbstwertgefühl bewahren. Die Liebe ist ein Geschenk, das der andere uns gibt. Es besteht keine Verpflichtung zu diesem Geschenk. Wenn Sie das verstanden haben, werden Sie innerlich ruhig. Sie können nichts mit dem Willen herbeizwingen. Liebe und Zwang – oder auch Liebe und Angst – vertragen sich nicht.«

»Das klingt so abstrakt. Ich möchte etwas dafür tun, um sie wiederzubekommen.«

»Sie können sonst nichts Konkretes tun. Wenn Sie loslassen, hat das Auswirkungen. Die Trennung und ihre Beziehung werden dadurch entkrampft, und sie faßt wieder Vertrauen zu Ihnen. Das aber ist kein Patentrezept dafür, daß sie sich wieder in Sie verlieben wird. Es muß jedenfalls Zeit vergehen, denn sie hat einen neuen Geliebten. Sie brauchen also Geduld. Wenn Sie wirklich losgelassen haben, fällt Ihnen das nicht mehr so schwer. Sie warten ab, bis diese neue Liebe eventuell zu einer Trennung führt; dann wird sie mit Ihnen ihre neuen Beziehungsprobleme besprechen. Es kann viel Zeit vergehen; vielleicht haben Sie sich bis dahin in eine andere Frau verliebt, und Ihre Liebesgefühle zu ihr sind weg. Dann wird sie sich vielleicht in Sie neu verlieben, aber Sie können damit nichts mehr anfangen; dann wird Ihnen lästig sein, was jetzt ihr lästig ist. Wenn Sie das erkennen, dann sehen Sie die Komik, die darin liegt, und auch das Tragische.
Es ist ein spannendes Thema, denn jeder muß da durch. Es gibt kaum einen Menschen, dem Liebeskummer erspart bleibt. Wenn wir daran wachsen und zu Erkenntnissen gelangen, ist es gut. Wenn wir dagegen ankämpfen, nicht loslassen können, dann vertiefen wir

den Schmerz noch mehr und machen nicht nur uns selbst, sondern auch andere unglücklich.

Wenn wir daran wachsen, dann können wir Positives bewirken, und für uns selbst gewinnen wir eine neue Dimension hinzu. Das wird übrigens auch von anderen bemerkt. Wir wirken ernster und gleichzeitig auch heiterer. Die Liebe erhält dadurch keinen Makel; wir gehen in Zukunft mit ihr behutsamer um, und das ist gut so. Aber eine Garantie für eine Konstanz gibt es dennoch nicht.

Wir meinen immer, das Leben könnte doch irgendwie durch einen Trick überlistet werden. Ich verstehe dieses Denken, denn ich werde täglich damit in der Praxis konfrontiert. Es ist alles viel komplizierter und am Schluß des Erkenntnisvorganges doch wieder ganz einfach. Es ist so einfach: Lassen Sie los, üben Sie keinen Druck aus. Genießen Sie das Geschenk, solange es Ihnen geschenkt wird, und leiten Sie daraus keine Rechte ab. Seien Sie aufmerksam und voller Achtsamkeit, damit Sie das Richtige tun, damit Sie selbst sich an ihrer Liebe erfreuen können. Es ist wirklich so einfach, aber im Alltag sehr schwer umzusetzen. Wir sind eben anders programmiert, und das macht es so kompliziert.«

Mit fünfundvierzig sexuell erwacht

*Die international
bekannte Wissenschaftlerin*

Die Professorin fliegt aus dem Ausland nach Köln ein. Wir haben am Spätnachmittag ein zweistündiges Gespräch vereinbart. Sie will am selben Abend wieder zurückfliegen.
Sie begrüßt mich mit vielen Komplimenten. Auf den ersten Blick wirkt sie sehr energiegeladen und dominant.

»Ich bin heute zu Ihnen gekommen, weil ich etliche Bücher von Ihnen gelesen habe und weil ich mir von unserem Gespräch Anregungen erwarte, wie ich mein Leben weiterhin gestalten kann. Ich bin jetzt fünfundvierzig Jahre alt und habe beruflich fast alles erreicht, was eine Frau in der Wissenschaft erreichen kann. Ich war fünfzehn Jahre verheiratet und bin seit drei Jahren geschieden. Ich bin Wissenschaftlerin mit ganzem Herzen. Mein Ex-Mann ist Professor auf einem anderen Fachgebiet; ihm liegt die Lehre am Herzen, mir geht es um die Forschung. Ich bin sehr rational eingestellt; mein Mann ist eher emotional orientiert. Ich konnte aber mit seiner Emotionalität wenig anfangen ... vielleicht lagen darin letztlich unsere Probleme.«

»Haben Sie Kinder aus dieser Ehe?« frage ich.

»Nein, wir haben keine Kinder. Ich hatte nie einen Kinderwunsch. Das ist für eine Frau vielleicht ungewöhnlich. Mein Mann wollte aber auch keine Kinder. Aber das ist nicht das Thema. Es ist ganz klar. Als Frau eines Professors mit ein oder zwei Kindern hätte ich meine eigene Entfaltung als Forscherin zurückstellen müssen. Das wollte ich nicht. Mittlerweile stellt sich für mich die Frage altersmäßig nicht mehr. Ich bereue es auch nicht.

Aber jetzt sind wir etwas abgekommen von der Thematik, weswegen ich hier bin. Übrigens, ich finde es völlig in Ordnung, daß Frauen Kinder gebären wollen. Ich wollte das für mich nicht, denn mir waren, wie gesagt, andere Dinge wichtig. Ich wollte in meinen Forschungen weiterkommen. Die Wissenschaft hat mich fasziniert. Es war der Gedanke, die Wissenschaft zu bereichern und mir selbst dabei auch einen Namen zu schaffen.«

»Das haben Sie erreicht. Sie haben einen Namen in der Wissenschaft und in der Presse.«

»Ich habe es geschafft; das ist richtig. Ich habe den wissenschaftlichen Ruf meines Mannes überflügelt. Aber das war nicht der Grund unserer Scheidung. Mein Mann hat die Scheidung eingereicht, weil er mit einer Studentin eine Liebesbeziehung begonnen hat, in der er seine sexuelle Erfüllung gefunden zu haben glaubte. In unserer Ehe war die Sexualität nicht sehr beglückend; das muß ich zugestehen.

Ich habe in die Scheidung eingewilligt, denn ich habe ihn nicht mehr geliebt, vielleicht habe ich ihn sogar nie geliebt. Ich glaube heute, daß wir uns auf geistiger Ebene gefunden haben. Wir hatten ähnliche kulturelle Interessen, aber wir haben uns nicht geliebt.

Aber das ist nicht das Thema, das ich ansprechen will. Es geht um folgendes: Ich bin ein rationaler Mensch, das weiß ich. Ich war immer schon intellektbetont. Im Gymnasium gehörte ich zur Spitzengruppe und auf der Uni auch. Ich hatte immer ein klares und scharfes Denken. Rationalität war mir sehr wichtig und hat mir Freude gemacht; ich hatte mehr Spaß an einem scharfsinnig formulierten Gedanken als an einer sportlichen Leistung, einer künstlerischen Darbietung oder an einer erotischen Eskapade. Ich habe das Denken überbetont; das ist mir heute klar. Auch durch Ihre Bücher ist mir bewußt geworden, daß neben der Rationalität die Emotionalität eine große Bedeutung hat. Sie haben über die Liebe und die

Sensitivität geschrieben; das kann ich nachvollziehen, aber ich habe es bisher nicht erlebt.

Nun ist ein um einige Jahre jüngerer Mann in mein Leben getreten, ein Fotojournalist, der für internationale Magazine arbeitet. Der hat meine gesamte Person durcheinandergewürfelt. Ich habe mich in ihn verliebt. Er liebt mich auch; daran zweifle ich nicht. Wir haben aber große Probleme miteinander.

Ich bin heute hier wegen dieses Partnerschaftsproblems. Aber ich bin auch hier, um ein psychophilosophisches Problem mit Ihnen zu besprechen, nämlich die Frage ›Ratio und Emotionalität‹. Mein Geliebter steht voll zur Emotionalität, und ich bin dadurch sexuell erst erwacht, ich habe die Verbindung zu meiner Sexualität gefunden. Was mich jedoch brüskiert und frustriert, ist seine Abwertung der Rationalität. Er behauptet, der Verstand wäre sekundär und die Gefühle wären primär. Er wertet alles Rationale als Dummheit ab, ja, als Dummheit!

Es kränkt mich ungemein, wenn er mich als dumm bezeichnet. Auf der anderen Seite hat er neue sexuelle Gefühle in mir geweckt, und ich finde das sehr schön. Ich gebe zu, daß mir das bisher gefehlt hat. Diese Leidenschaft und diese sexuellen Abenteuer, die ich mit ihm erlebe, sind für mich Neuland. Das ist eine Bereicherung, aber ich kann nicht akzeptieren, daß meine Rationalität, die natürlich bestimmend für mein bisheriges Leben war, als Dummheit abgewertet wird. Ich halte mich für klug, und er bezeichnet mich als dumm. Diese Spannung geht durch unsere Beziehung. Ich habe mit ihm schon nächtelang diskutiert, aber es ändert sich nichts. Er bezeichnet meine Einstellung als dumm. Weil ich ihn liebe, tut mir das sehr weh. Dieses Problem möchte ich mit Ihnen besprechen. Sie sind doch ein Intellektueller und schätzen die Emotionalität sehr hoch ein – können Sie mir diese feinen Unterschiede vielleicht klarmachen? Es ist mir sehr wichtig, das zu verstehen, denn ich möchte meinen Geliebten verstehen, möchte mich selbst verstehen und mich nicht über Dinge streiten, die es nicht wert sind, darüber zu streiten.

Ich finde es einfach lächerlich, darüber zu streiten, daß Rationalität dumm wäre. Er verletzt mich mit dieser Einstellung. Warum tut er das? Ich sage zu ihm ja auch nicht, daß Emotionalität dumm wäre. – Ich komme mir vor wie eine Pubertierende, wenn ich jetzt vor Ihnen sitze und solche Fragen stelle.

Was halten Sie von diesen Fragen? Bitte nehmen Sie mich ernst, und diskutieren Sie mit mir darüber. Ich kann mit niemandem sonst darüber reden. Meine Kolleginnen und Kollegen leben in festen Beziehungen; sie haben ihren Rahmen gefunden. Das Thema Verstand und Gefühle ist für sie kein wirklich ernsthaftes Thema. Wer in der Rationalität aufgeht, hält es für das Gelbe vom Ei. Wer darin nicht aufgeht, gehört in unseren Kreisen nicht dazu. Als ich mein Problem einmal angesprochen habe, gegenüber einem Physiker, einem großen Geist und innovativen Denker, sagte er: ›Wer dich als dumm bezeichnet, ist selbst dumm. Was ein Dummer sagt, ist dumm und wird nicht intelligent. Du siehst in ihn mehr hinein, also meinst du, hinter der Dummheit würde sich Klugheit verbergen. Das ist der Trick der Dummen, mit dem sie die Klugen immer wieder verblüffen können!‹

Aber damit kann ich nichts anfangen. Das verschafft mir keine Klarheit.«

»Sie haben in der Tat ein sehr schwieriges und kompliziertes Thema angesprochen. Es sind viele Fragen aufgetaucht. Deshalb sollten wir versuchen, sie jetzt in unserem Gespräch gemeinsam zu beantworten. Bitte sehen Sie mich nicht als eine Autorität an, die Ihnen Fragen beantwortet, und Sie übernehmen die Antworten deshalb als richtig. Das hätte wenig Sinn, denn es würden in Gesprächen mit anderen Wissenschaftlern wieder Zweifel aufkommen und Sie erneut verunsichern.

Ich möchte deshalb, daß Sie jetzt aufmerksam zuhören und innerlich nachvollziehen, was ich sage. Wenn Sie Einwände haben, dann unterbrechen Sie mich sofort, denn diese Einwände müssen besprochen werden, bevor ich weitergehe. Ich möchte Sie unterwegs nicht ›verlieren‹, denn dann hätten Sie zwar zugehört, hätten vielleicht oberflächlich zugestimmt, aber es wären letztendlich nur Worte übrig.

Sie haben sich einen Notizblock hingelegt und lauschen erwartungsvoll – wie in einer Vorlesung an der Uni: Bitte machen Sie sich keine Notizen, denn das behindert den lebendigen Prozeß des Verstehens. Ich vermittle Ihnen kein Wissen wie in einer Vorlesung, sondern versuche, Einsicht und Erkenntnis anzuregen. Durch das Aufschreiben von Sätzen oder Stichworten wären Sie zu sehr abgelenkt, um lebendig zu erfassen.«

»Sie schreiben doch Bücher. Da legen Sie doch auch in schriftlicher Form etwas nieder.«

»Das ist richtig. Ein Buch ist ein ganz eigenständiges Medium. Es hat einerseits die Aufgabe, Wissen zu vermitteln, aber auch Impulse für eigenes Denken und Fühlen zu geben. Wir führen jetzt ein lebendiges Gespräch und lassen deshalb alle Bücher, auch meine, außen vor. Es ist besser, ein Gespräch zu führen, als ein Buch zu lesen; das wertet ein Buch nicht ab. Es gibt verschiedene Buchtypen, wie Sie wissen: das wissenschaftliche Fachbuch, voll von Wissen und Informationen; das Sachbuch, das Wissen dem Normalbürger verständlich vermitteln will; den Erlebnisbericht; den Roman; das poetische Werk, das Stimmungen und Emotionen mit einbezieht. Unser Gespräch ist nicht mit einem dieser Buchtypen vergleichbar, denn zwischen uns findet Kommunikation statt.
Nun sind wir etwas vom Thema abgekommen, denn das Thema ist Rationalität und Emotionalität und deren Unterschiede.
Unsere Schulen und Universitäten vermitteln vor allem Wissensstoff, der vom Lernenden ins Gedächtnis aufgenommen wird, damit bei einer Prüfung dieses Wissen rekapituliert werden kann. Sie lernen etwas, um es in einer Prüfung vorweisen zu können. Um das zu können, benötigen Sie vor allem während des Lernens die Fähigkeit zur Konzentration, und ein gutes Gedächtnis ist der halbe, nein, sind drei Viertel des Prüfungserfolgs. Nachdem Sie erfolgreich Ihre Prüfung abgelegt haben und Sie den akademischen Grad, das Diplom oder den Doktortitel mit einer entsprechenden Note ausgehändigt bekommen, haben Sie Ihr Ziel erreicht. Sie haben Wissen

gespeichert! Wenn Sie eine gute Note erhalten, also ›gut‹ oder ›sehr gut‹, dann halten Sie sich für intelligent. Ich sage, Sie waren konzentriert, diszipliniert, und Sie haben ein gutes Gedächtnis, aber deshalb sind Sie noch lange nicht wirklich intelligent.

Es geht jetzt um die Definition von Intelligenz. Intelligenz ist ein sehr schwieriges und differenziertes Thema. Sie wissen, daß es Intelligenztests gibt, die den IQ messen. Ich weiß nicht, ob Sie schon einmal einen solchen Test gemacht haben.«

»Habe ich. Beim IST habe ich einen IQ von einhundertfünfunddreißig erzielt.«

»Das bedeutet, daß Ihre Testintelligenz – bitte, wohlgemerkt, nach Art dieses Testes – weit über dem Durchschnitt liegt. Das ist aber kein Wunder bei Ihrer Schulausbildung, die Sie mit Ihren besonderen Fähigkeiten – Konzentration, Disziplin, Gedächtnis – erfolgreich durchlaufen haben. Sie haben das geschult und trainiert, was man für einen Intelligenztest braucht. Deshalb ist ein IQ-Test wiederum ein systemgebundenes Instrument. Ich habe selbst einen IQ-Test zur Selbstdurchführung und Selbstauswertung als Buch herausgebracht. Ich weiß also genau, wovon ich rede: Es wird die praktikable, die im Ausbildungssystem geforderte Intelligenz getestet. Es ist natürlich gut, hier positive Werte zu erzielen. Nichts anderes sagt ein IQ-Test aus, denn er ist durch die Testanforderungen genau definiert. Aber davon völlig unabhängig gibt es eine Intelligenz, die mit keinem traditionellen IQ-Test erfaßt werden kann. Und das ist das Thema, das Sie beschäftigt.

Es existieren besondere Formen der Intelligenz, die nicht mit einem Test gemessen werden können. Welche intelligenten Formen meine ich? Es gibt ein Einfühlungsvermögen in andere Menschen, ihre Motive und Reaktionen; wir bezeichnen das als soziale Intelligenz. Es gibt eine künstlerische Kreativität, die Innovationen erzeugt; ich nenne das jetzt einmal künstlerische Intelligenz. Es existiert eine Intuition, die aus der Verbindung von Ratio und Emotionalität kreative Leistungen erzeugt, die Neugestaltungen oder Neuschöpfungen sind; sagen wir also schöpferische Intelligenz. Dann gibt es den Begriff der Genialität. Genial ist jemand, der bekanntes Wissen und neue Erkenntnisse so zusammenfassen kann, daß daraus ein neuer Gedanke mit einem neuen Denksystem entsteht.

Aber lassen wir das jetzt mit der Genialität, das ist nun wirklich viel zu schwierig. Sie haben auch nicht nach Genialität gefragt.«

»Es geht mir, wie gesagt, mehr um das Thema Rationalität und Emotionalität.«

»Die Rationalität steht hoch im Kurs – und damit auch die Intelligenz. Der Verstand hat eine ungeheure Machtposition erreicht und besitzt ein hohes Ansehen. Wer in dieser Zivilisation etwas werden will, versucht das über die Ausbildung seiner Ratio. Die Emotionalität dagegen hat schlechte Karten, denn sie wird im Vergleich zur Rationalität abgewertet als romantisch, gefühlsduselnd, unscharf und unpräzise. Das ist die Situation: Der Verstand wird emporgehoben in allerhöchste Höhen, und die Emotionalität gilt als Refugium der Dummen. Es ist absurd, daß es soweit kommen konnte. Und es ist sehr schwierig, Ihnen das jetzt zu erläutern.

Sie stehen auf der Seite der Rationalität, ich stehe auf der Seite der Emotionalität, aber bitte, ohne die Ratio abzuwerten, und ich versuche Ihnen jetzt eine neue Sichtweise zu offenbaren, eine Betrachtung, die nicht mehr von den Kategorien dumm und intelligent ausgeht. Wir betreten eine Dimension, die Ihnen unbekannt ist. Wenn ich darüber spreche, wird es schwierig. Deshalb ist es wichtig, daß Sie voll dabei sind, nicht konzentriert auf einzelne Worte, wie Sie es gewohnt sind, sondern aufmerksam und hellwach, einfach nur präsent mit allen Sinnen.

Ich werte die Rationalität keinesfalls ab. Aber was ist die Ausbildung der Ratio, des Denkens, die Förderung der Intelligenz? Es handelt sich um das Training eines Werkzeugs. Das logische Denken, die Schärfung der Intelligenz, das Ansammeln von Wissen – das ist absolut wichtig (und überhaupt keine Frage), um ein gutes Werkzeug zur Verfügung zu haben. Auch unsere Hand, die mit ihren fünf Fingern zum Greifen, Fassen, Festhalten et cetera ausgeprägt ist, ist ein solches Werkzeug. Sagen wir, die Hand dient für praktische Dinge, der Verstand für die theoretischen Dinge. Wenn Sie über einen Fluß eine Brücke bauen wollen, dann müssen Sie viele Kenntnisse einsetzen, unter anderem auch statische Berechnungen durchführen, damit die Brücke ein bestimmtes Gewicht tragen kann und nicht zusammenbricht. Dafür ist eine entsprechende Ratio das richtige Werkzeug. Es wäre töricht, das abzuwerten und die Brücke nach Gefühl zu bauen. Die Ratio ist ein Werkzeug, mehr nicht. Sie zu überschätzen – und dazu neigen die meisten Akademiker, Wissenschaftler und Intellektuellen – führt dazu, daß alles unter dem Aspekt der Ratio gesehen und die Emotionalität abgewertet wird. Die Emotionalität abzuwerten heißt aber, die Seele abzuwerten – und das ist töricht! Nur das möchte ich Ihnen vor Augen führen.

Die Wissenschaft von der menschlichen Seele ist die Psychologie. Nur leider wird diese Wissenschaft von anderen Disziplinen abgewertet – von den Physikern, den Chemikern, den Biologen, den Medizinern, auch von den Juristen und Betriebswirtschaftlern. Die Psychologie gilt nicht als vollwertige Wissenschaft, weil ihr Forschungsgebiet nicht so leicht zählbar und meßbar ist. Die Liebe etwa, als psychisches Phänomen, entzieht sich einer exakten Meßbarkeit und Umsetzung in Zahlenwerte. Das Werkzeug Ratio kann die Liebe nicht konkret packen. Und schon rümpfen die Physiker die Nase über das Wissenschaftsgebiet Psychologie. Deshalb sage ich oft: Intelligenz schützt nicht vor Dummheit.

Die Liebe entfaltet sich nicht auf der rationalen Ebene des Denkens, und sie entzieht sich deshalb als Forschungsgegenstand den üblichen naturwissenschaftlichen Methoden. Aber ist nicht gerade das besonders interessant? Wir betreten den Bereich der Seele. Schon allein davor haben viele Naturwissenschaftler einen Horror.«

»Das stimmt. Wenn ich in Diskussionen das Wort Seele gebrauche, dann beobachte ich, wie sich die Stirnen kräuseln und ein leichter Unwille aufkommt.«

»Das Wort ›Seele‹ ist mit vielen negativen Assoziationen behaftet, wie zum Beispiel weich, nebulös, sentimental, romantisch, gefühlsduselig, unrealistisch, schwärmerisch, unpräzise, wolkenhaft, spleenig, krankhaft. So ist mir neulich folgendes passiert: Ich sagte zu jemandem: ›Das belastet meine Seele‹, und die unwirsche Reaktion war: ›Du immer mit dem Wort ›Seele‹, was soll das, andere haben auch eine Seele.‹ Das Wort ›Seele‹ scheint eine Abwehrreaktion hervorzurufen, es entsteht ein Widerstand, wenn die Worte ›Seele‹, ›Psyche‹ oder ›psychisch‹ auftauchen. ›Andere haben auch eine Seele‹, war die Reaktion. Aber das hatte ich gar nicht in Zweifel gezogen. Die Abwehr geschieht einfach spontan, ohne jeden logischen Zusammenhang. Seelisches ist ein Tabuthema. Da andere auch eine Seele haben, soll vielleicht das Ansprechen dieser Dimension als banal hingestellt werden. Es ist aber überhaupt nicht banal, sich mit der Emotionalität und dem Seelischen zu befassen. Wenn Liebeskummer entstanden ist, dann wachen die hartgesottensten Rationalen, die Ratio-Anbeter und nüchternen Materialisten und Realisten plötzlich auf. Sie entdecken, daß ihnen in die tiefste Seele hinein etwas schrecklich weh tut. Sie haben Trennungsängste, Selbstwertprobleme, Schlafstörungen und machen sich über die Psyche des anderen plötzlich Gedanken. Auf einmal wird Psychologie wichtig, aber nicht um das eigene Seelenleben oder das des anderen zu verstehen, sondern um eine Strategie zu finden, einen anderen Menschen, der sich trennen will, der sich ›entliebt‹ hat, wieder zurückzugewinnen.

Unter solchen Voraussetzungen kann man als Therapeut wenig vermitteln. Das Problem liegt viel tiefer und hätte viel früher in Betrachtung gezogen werden müssen. Wir haben Emotionen und eine seelische Dimension lange bevor es zu Problemen kommt. Die Emotionalität – sie ist das Psychische – ist eine Dimension, die, völlig unabhängig von der Rationalität, schon immer existiert hat und weiter existieren wird.

Diese Dimension liegt aber nicht im Trend. Man will wenig davon wissen. Erst wenn etwas passiert, was damit zu tun hat, ergibt sich die Frage: ›Wie komme ich da raus? Sage mir, wie ich das Problem löse.‹

Die Ratio scheint so viel verlockender: Leistung steht im Vordergrund, Gefühle haben wir sozusagen nur nebenbei. Das ist natürlich ein fataler Trugschluß. Ich sage, die Emotionalität steht im Vordergrund; sie ist die Basis unseres Lebens. Natürlich rächt es sich eines Tages, wenn der Schmerz kommt, wenn ich davon nie etwas wissen wollte, wenn ich immer die Stirn in Falten gelegt habe, wenn über Gefühle gesprochen wurde. Wie soll ich Gefühle verstehen, sie in mir annehmen können, wenn ich sie im Grunde immer verurteilt habe? Emotionalität – und das sage ich jetzt besonders deutlich – ist die elementare Basis unseres Seins, sie ist das Wichtigste überhaupt. Die Ratio ist nur Beiwerk, Werkzeug, wie unsere Hand mit den fünf Fingern. Der Verstand wird maßlos überschätzt – auf Kosten der Seele. Ich drehe den Spieß jetzt einmal um und behaupte: Die Emotionalität ist das Wichtigste, sie zählt, sie gilt es zu erforschen und zu kultivieren, sie sollte im Zentrum stehen.«

»Sie sagen das. Aber glaubt Ihnen das jemand?«

»Die meisten glauben das nicht. Wenn aber der seelische Schmerz sie peinigt, die somatischen Symptome sie ängstigen, dann soll ich als Psychologe schnell Abhilfe schaffen. Dann muß ich ganz von vorne anfangen und bewußtmachen, wie wichtig die Seele ist. Ich durchbreche die Abwehr gegen das Wort Seele. Man muß dann Geschichten erzählen, Beispiele und Gleichnisse, wie einem Kind, damit staunend mit offenen Augen und Ohren gelauscht wird. Es sitzen hier gestandene Wissenschaftler, Politiker und Professoren, erfolgreich in ihrem Fachgebiet, aber sie sind, seelisch gesehen, Analphabeten. Sie haben alles gelernt über das, was für ihren Beruf wichtig ist, aber sie wissen nichts über Gefühle, das Lebendigsein, die Freiheit, die Schönheit der Natur, die Struktur ihrer Emotionen. Die Ratio endet an diesem Punkt. Sie können alle viel denken; sie denken, denken und denken, aber dieses Denken dreht sich im Kreis. Sie haben nur gelernt zu denken. Sie haben nichts gelernt darüber, wie Gefühle in die Tiefe gehen können; sie haben oft sogar panische Angst davor. Aus purer Angst werden die Emotionen abgewertet und geleugnet.«

Analphabet in der Liebe

Der Professor

Er ist durch zahlreiche Buchveröffentlichungen bekannt und genießt als Naturwissenschaftler einen hervorragenden Ruf.
An dem vereinbarten Gesprächstermin steht aber kein Stubenhokker vor mir, auch kein vertrockneter Bücherwurm, sondern ein selbstbewußter, attraktiver Mann, sportlich und braungebrannt, mit offenem, gelassenem Gesichtsausdruck. Er begrüßt mich mit einem einnehmenden Lächeln.

Er beginnt. »Meine Frau hat sich nach vierzehn Ehejahren von mir getrennt, weil sie sich in einen anderen Mann verliebt hat. Sie ist vor zweieinhalb Monaten ausgezogen. Ich bin dann für drei Wochen in den Süden in Urlaub gefahren – deshalb bin ich so braun. Ich brauchte Erholung und wollte auf andere Gedanken kommen.
Während der Urlaubstage habe ich über alles nachgedacht, über diese Trennung, über mein bisheriges Leben, über meine Situation und über meine Zukunft. Ich habe Bilanz gezogen, und dabei sind viele Gefühle und Gedanken aufgetaucht.«

»Am Telefon sprachen Sie von Liebeskummer. Wie kommen Sie damit zurecht?«

»Ja, ich habe das Wort ›Liebeskummer‹ gebraucht, aber das trifft es wohl nicht. Ich habe meine Frau nämlich gar nicht mehr geliebt. Alles war schon lange zur Gewohnheit geworden. Wir hatten eine Freundschaft, eine Lebens- und Wirtschaftsgemeinschaft. Sie erledigte ihren Part und ich den meinen. Der Zusammenbruch dieser Gewohnheit tut mir weh, aber das ist wohl kein Liebeskummer.«

»Gewohnheit und Routine geben uns eine gewisse Sicherheit. Nun besteht diese Routine nicht mehr; darauf stellen Sie sich jetzt ein.«

»Ich frage mich manchmal, ob ich überhaupt liebesfähig bin. Ich frage mich auch, ob ich noch mal heiraten soll.«

»Haben Sie im Moment eine Beziehung zu einer Frau?«

»Ich habe einige Bekannte, gute Freundschaften, aber keine Liebesbeziehung. Ich hatte in der Vergangenheit keine Zeit dazu. Ich war mit meiner Arbeit verheiratet, die mir sehr wichtig ist. Ich möchte jetzt wieder zu einer Frau Kontakt aufnehmen, aber nicht unbedingt heiraten. Ich denke, daß die Ehe und das Eheleben die Routine fördern und daß dadurch die Liebe einschläft. Darüber habe ich mir im Urlaub auch Gedanken gemacht. – Wie denken Sie darüber?«

»Wenn man verheiratet ist und jeder Partner seine Aufgaben wahrnimmt, sieht man in dem Menschen, mit dem man zusammenlebt, das Bild, das man sich von ihm gemacht hat.«

»Das stimmt; es ist ein Bild. Ich hatte eine solche Vorstellung von meiner Frau, und sie hatte eine Vorstellung von mir, ein Psychogramm. Wir haben mit diesem Psychogramm zusammengelebt und nicht mehr mit einem lebendigen Menschen. Ich habe meine Frau deshalb nicht immer wieder mit neuen Augen gesehen, und so wurde sie mir langweilig – und ich ihr wohl auch.«

»Als Ihre Frau Ihnen eröffnete, daß sie einen Geliebten hat und ausziehen will, da sind Sie aufgewacht.«

»So kann man es bezeichnen; ich bin, was unsere Partnerschaft anlangt, aufgewacht. Plötzlich sah ich sie mit neuen Augen; sie war wieder ein Mensch und gehörte nicht mehr bloß zum Inventar meines Lebens. Aber da wurde mir auch bewußt, daß die Liebe erloschen war. Ich habe nur zaghaft versucht, sie umzustimmen, bei mir zu bleiben, weil mir die Kraft der Liebe fehlte.

Alles in allem finde ich es gut, daß sie mich verlassen hat. Und dennoch trage ich seitdem eine grenzenlose Melancholie und Traurigkeit mit mir herum ... ich habe irgendwie das Gefühl, versagt zu haben. Ich fühle mich schuldig, weil ich sie nicht genug geliebt habe, und frage mich, was ich falsch gemacht habe und ob ich das in Zukunft möglicherweise wieder falsch mache. Ich frage mich, warum mir mein Beruf wichtiger war als der lebendige Mensch an meiner Seite. Ich frage mich, ob ich mein Leben richtig gelebt habe oder ob ich vielleicht falsche Werte gesetzt habe. Ich frage mich, ob mein Denken richtig ist und ob ich überhaupt liebesfähig bin, ob ich in eine falsche Richtung gehe, ob ich wirklich intelligent bin oder ob es noch eine andere Art von Intelligenz gibt, von der ich wenig weiß, die ich aber ahne.«

»Das sind viele Fragen; welche sollen wir uns zuerst vornehmen?«

»Vielleicht die Frage der Intelligenz. Ich habe in einem Ihrer Bücher gelesen, daß Sie nicht viel vom Denken halten. Das hat mich sehr betroffen gemacht, weil ich sehr viel vom Denken halte. Ich habe mein ganzes Leben nur mit dem Denken verbracht – oder sagen wir: mit der Rationalität – und die Emotionalität als zweitrangig angesehen.«

»Ich habe geschrieben, daß das Denken nur ein Werkzeug ist und mehr nicht.«

»Ja, ich habe genau gelesen. Sie sagten, daß Sie das Denken nicht verteufeln wollen, daß es eine Berechtigung hat, wenn man es braucht, zum Beispiel im Bereich der Forschung, der wissenschaftlichen Arbeit und dafür, um Probleme im Alltag zu lösen. Das habe ich schon richtig verstanden, Sie wollen die Fortschritte der Naturwissenschaften nicht abwerten. Ich bin Wissenschaftler aus voller Überzeugung; deshalb habe ich mein Denken perfektioniert.«

»Sie haben sicher ein hervorragendes Gedächtnis und wissen über Ihr Fachgebiet fast alles.«

»Ich habe Wissen gespeichert, obwohl es der Computer heute besser kann. Aber Wissen und Gedächtnis sind auch im Computerzeitalter das wichtigste für einen Wissenschaftler.«

»Neben Ihrem Beruf als Wissenschaftler sind Sie allerdings auch ein Mensch.«

»Ich glaube, jetzt kommen wir zum entscheidenden Punkt. Ich war ein einseitiger Mensch, denn ich habe meine Seele vernachlässigt; das ist mir erst jetzt im Süden deutlich geworden, obwohl ich es immer geahnt habe.«

»Der Mensch ist eine Ganzheit, die ich nur für die sprachliche Verständigung in drei Teile gliedere: Körper, Seele und Geist. Jeder der drei Bereiche hat seine Bedeutung für unser Menschsein. Sie haben Ihren Körper gesund erhalten als Basis für den Bereich Geist. Die Rationalität hatte für Sie absolute Priorität, wobei der seelische Bereich – und dazu gehören die Emotionen – für Sie von untergeordneter Bedeutung war, vielleicht sogar störend.«

»Das ist richtig, Gefühle habe ich als störend empfunden. Es zählte nur der scharfe logische Gedanke und die rationale Welt. Gefühle habe ich als Sentimentalität abgelehnt, nicht als Schwäche – verstehen Sie mich nicht falsch –, aber als nicht förderlich, als störend eben. Gefühle waren für mich Ablenkung von der Konzentration. Geistige Konzentration und Disziplin waren mir überaus wichtig.«

»Konzentration richtet die Aufmerksamkeit auf einen Punkt; sie formiert die Gedanken. Das ist eine Technik, um wissenschaftlich zu arbeiten. Sie betonen einen Teil und blenden alles andere als störend aus. Das mag für die Arbeit sinnvoll sein, aber wir sollten uns dessen bewußt sein: Jetzt fokussiere ich. Und in einem anderen Moment lebe ich; also lasse ich alle Emotionen und Sinneseindrücke zu. Jetzt bin ich rational und danach wieder emotional.«

»Und das konnte ich nicht mehr so sehen; ich war nur noch rational und habe die Emotionalität in mir verurteilt.«

»Sehen Sie, Sie haben die Emotionalität verurteilt und wollten sie verbannen. Ich habe die Rationalität nicht verurteilt und möchte sie nicht verbannen; in diesem Punkt werde ich oft mißverstanden. Ich habe immer wieder betont, daß die Gefühle neben dem Verstand zu unserer Ganzheit dazugehören.
Wir leben aber in einer rationalen Welt, die die rationalen Werte, die Intelligenz, überbetont. Von dieser Ratio-Intelligenz unabhängig existiert eine weitere Intelligenz, eine umfassendere Intelligenz, die alles mit einbezieht und nichts abspaltet und ausklammert.«

»Darauf wollte ich zu sprechen kommen. Was ist das für eine Intelligenz, von der ich offensichtlich nichts weiß, die ich aber kennenlernen möchte? Das hat etwas mit Bewußtsein zu tun und mit dem Unbewußten. Das Unbewußte ist wirksam, auch wenn ich nichts davon wissen will; das ist mir jetzt klargeworden. Ich möchte meine Intelligenz erweitern, denn ich habe bisher immer, wie Sie sagen, fokussiert, also verengt.«

»Erwarten Sie sich davon einen weiteren Karriereschub? Wollen Sie darüber mehr wissen, um es als Werkzeug für Ihre Arbeit einzusetzen, oder wollen Sie sich als Mensch entfalten? Wenn Sie nur Ihr Instrument des Denkens schärfen wollen, dann sehen Sie die Dinge aus Ehrgeiz einseitig, und Sie können das Ganze nicht erfassen. Das Ganze zu erfassen bedeutet eine Aufgeschlossenheit, eine Öffnung, in der der Ehrgeiz von Ihnen abfällt. Wenn Sie nur ein ehrgeiziges Ziel erreichen wollen, dann können Sie das, worüber wir reden sollten, nicht vollständig erfassen. Dann wären Sie mit einer Absicht blockiert, dann könnten Sie nicht vorurteilslos betrachten, dann wollten Sie nur das hören, was Ihnen beruflich nutzt, dann sind Sie wieder einseitig.«

»Das sehe ich ein. Ich hätte dann das Motiv, noch erfolgreicher zu werden. Wir unterhalten uns breiter angelegt, und das will ich auch. Es geht mir nicht. um die Schärfung meines Instruments Ratio, denn ich will auch die Emotionalität und das mir Unbewußte oder das bisher Verdrängte mit einbeziehen. Ich will mehr über mich selbst erfahren; das ist mir wichtig geworden. Ich habe erkannt, daß ich mich als Mensch nicht kenne und auch die Gesellschaft nicht kenne, die anderen Menschen, die in dieser Gesellschaft leben. Ich habe nur meinen kleinen Ausschnitt gesehen. Ich bin Spitze in meinem Fachgebiet und ansonsten ein Analphabet.
Bitte, Sie sehen, ich bin bereit, Kritik an mir zu üben, und ich spüre, daß ich ein Defizit habe; ich will lernen. So offen habe ich das noch niemandem gegenüber ausgedrückt. Es ist mir bewußt geworden, daß ich Defizite habe, die von meinen Erfolgen als Wissenschaftler nicht kompensiert werden können. Ich will mich öffnen.«

»Tun Sie sich keinen Zwang an. Entweder Sie öffnen sich, oder Sie öffnen sich nicht, oder Sie wollen sich öffnen. Wenn Sie sich vornehmen, sich zu öffnen, dann sind Sie noch nicht offen; es ist nur ein Vorsatz.«

Er schweigt einen Moment und sagt dann ernst: »Ich bin offen.«

»Gut, wofür sind Sie offen?«

»Ich stelle mich in Frage.«

»Stellen Sie alles in Frage, oder stellen Sie nur einen Teil in Frage? Dann nennen Sie den Teil.«

»Ich stelle alles in Frage, das Instrument Rationalität, die Seele und den Körper.«

»Wenn wir alles in Frage stellen, also alles öffnen und sagen, wir wissen zwar davon einiges, aber wir wissen im Grunde nichts – denn sonst würden wir nicht in Frage stellen –, dann entsteht eine reine Basis, ein leerer Tisch, von dem aus wir diskutieren können.«

»Wischen Sie alles vom Tisch. Fangen wir bei Null an. Es ist mir im Blick auf das Meer und auf die Wolken am Horizont klargeworden: Ich muß bei Null anfangen. Deshalb bin ich zu Ihnen gekommen. Oder überfordere ich Sie damit? Ich sage, ich möchte alles vom Tisch wischen, und überlasse Ihnen das Gespräch; das ist vielleicht unfair. Was sollen Sie davon halten und damit anfangen?«

»Sie schieben mir damit nichts zu. Der Tisch ist leergefegt, und nichts ist übriggeblieben, an dem wir uns festhalten können. Wissen Sie, was das bedeutet? Es ist die absolute Freiheit – und die macht den meisten Menschen angst.«

»Ich kenne diese Angst; ich habe sie gefühlt. Aber dennoch möchte ich mich ihr stellen. Wir sind bei Null. Was ist zu tun? Was können Sie mir jetzt geben?«

»Ich finde es schön, daß Sie mich nicht danach fragen, wie Sie die Angst beseitigen können, denn diese Frage nach Ratschlägen und Tips wäre völlig verkehrt. Sie fragen, was jetzt zu tun wäre; das liegt nahe an einem Wunsch nach einer Methode. Sie sind zu mir gekommen, damit ich Ihnen etwas geben soll; Sie warten darauf, daß Sie etwas empfangen. Das sollte aber kein passives Empfangen sein: Ich gebe, und Sie empfangen. Sie bleiben gefordert. Es ist Arbeit für mich und für Sie; wir arbeiten gemeinsam an der Thematik Standort Null.
Was bedeutet es, alles vom Tisch zu wischen und mit einer Tabula rasa weiterzuleben? Wir lassen die Vergangenheit fallen; damit fan-

gen wir an. Das Leben bleibt nicht stehen, wenn wir alles vom Tisch wischen. Die Vergangenheit wird als etwas Totes begriffen.

Folgen Sie mir noch? – Die Vergangenheit ist tot, sie ist verschwunden. Können Sie sie von sich abfallen lassen, total? Darauf kommt es an: Die Vergangenheit ist tot, sie hat keine Bedeutung mehr für das Jetzt. Aus der Vergangenheit heraus aber projizieren wir unsere Wünsche auf die Zukunft. Wenn Sie die Vergangenheit als tot anerkennen, dann hat sie keinen Einfluß mehr auf Ihre Zukunft. Das ist eine sehr schwierige Sache. Ich weiß nicht, ob Sie das wirklich verstehen können.«

»Ich ahne, was Sie meinen könnten. Ich möchte Sie aber nicht unterbrechen. Bitte führen Sie Ihren Gedanken fort.«

»Die Vergangenheit, das, was wir erlebt haben, ist das Bekannte. Dieses Erlebte ist geprägt von unserer Konditionierung, und das speichern wir ab im Gedächtnis. Ich bewahre es auf, denn ich meine, ich könnte es nochmals gebrauchen. So speichern wir die Vergangenheit und wollen sie in die Gegenwart mit einbeziehen. Ich spreche jetzt nicht von technischem Wissen, das man abrufen können muß, sondern von psychischen Erfahrungen. Deshalb – merken Sie auf, es wird jetzt schwierig: Darf ich von der Vergangenheit, wohlgemerkt im seelischen Bereich, frei werden? Im beruflichen und wissenschaftlichen Bereich halten Sie daran fest; am besten geben Sie es in einen Datenspeicher, um frei zu sein. Das ist der wirkliche Fortschritt: Der Datenspeicher übernimmt etwas auf Diskette, und Sie sind frei; das betrifft Ihren Beruf als Wissenschaftler.

Wir lösen uns aber jetzt von Ihrem Beruf, denn Sie und ich sind unabhängig von unserem Beruf, lebendige Menschen. Bedeutet das nicht, daß unser Geist als Individuum – völlig unabhängig von beruflich relevantem Wissen – frei sein sollte? Sollte nicht der Geist dann rein und klar sein, also entleert von allen Inhalten? Ich stelle Ihnen diese Frage, damit Sie sie für sich beantworten. Jetzt direkt möchte ich keine verbale Antwort von Ihnen.

Verstehen Sie, was das bedeutet? Sie kommen zu mir, damit ich Ihnen etwas gebe. Statt einer Antwort gebe ich Ihnen eine Frage, die Sie für sich selbst beantworten sollen. Ist nicht in dieser entscheidenden Frage eine ungeheure Energie enthalten? – Ich hoffe, Sie verstehen mich richtig. Ich gebe die Frage an Sie, und Sie beantworten sie für sich selbst. Durch unser Gespräch gebe ich Ihnen den Impuls, die Antwort selbst zu finden. Wenn Sie das verstehen, können wir fortfahren.«

»Ich suche nach der Antwort in mir selbst. Sie haben mich animiert dazu, aber fahren Sie fort.«

»Was sind die Inhalte, die wir in uns speichern, was bedeuten sie für die Gegenwart? Bitte denken Sie darüber in Ruhe nach. Warum sammeln wir das an? Wir wollen unserem Leben eine Bedeutung geben, durch Wissenschaft, Kunst, Erfolg, Statussymbole. Wir wollen als Individuum, sofern wir es überhaupt geschafft haben, in dieser in Rollen einteilenden Gesellschaft ein einzigartiges Individuum sein, eine einzigartige Position einnehmen. Wir wollen Individuen sein und sind doch geprägt von den Idealen. Wenn alle Ideale verschwinden beim Status Null, was bleibt dann noch übrig? Wo stehen wir dann? Wenn Sie das Ideal verfolgen – und ich denke, es ist Ihr Ideal, gewaltfrei zu sein –, wo stehen Sie dann in einer gewalttätigen Welt?
Das ist eine Frage, die Sie sich und wir uns gemeinsam in diesem Gespräch stellen müssen. Ist nicht Gewalt eine Anpassung an eine gewalttätige Gesellschaft? Die anderen sind gewalttätig, also muß ich auch Gewalt anwenden. Ist das nicht das Hauptproblem? Ich mache reinen Tisch und will bei Null anfangen, aber die anderen üben weiterhin Gewalt auf mich aus. Wie kann ich mich von diesen Energien, die auf mich pausenlos einwirken, lösen? Wie geht das? Sagen Sie mir, mit welchen psychologischen Tricks das geht – ist das nicht Ihre unausgesprochene Frage? Ich will Ihnen nichts in den Mund legen. Was ist Ihre Frage?«

»Meine Frage ist wirklich: Wie kann ich mich von dem allem lösen?«

»Sich von dieser Gesellschaft zu lösen geschieht durch eine tiefgehende Selbsterkenntnis. Nun fragen Sie, wie Sie diese tiefe Selbsterkenntnis erlangen könnten. Ich verstehe diese Frage, denn Sie sind hierhergekommen, um mich das zu fragen. Ich antworte Ihnen: Sie müssen in Ihre eigene Tiefe gehen. Wie geht man aber dorthin? Das wissen Sie nicht, denn Sie sind diesen Weg nie gegangen. Wie sollten Sie es also wissen? Sie denken über all das nach, aber Nachdenken hat Ihnen nichts gebracht. Wir drehen uns mit unseren Gedanken im Kreis. Also, was können Sie tun?

Lassen Sie es geschehen. Es ist offensichtlich so, also schauen wir dem zu, was geschieht. Sie denken, und Ihre Gedanken drehen sich um viele Achsen. Es denkt in Ihnen, aber sind das Sie? Gehen Sie diesen Gedanken nach, verfolgen Sie sie, und Sie entdecken, daß es neben demjenigen, der das denkt, noch einen gibt, der das beobachtet. Das ist jetzt ein ganz wichtiger Punkt. Es ist in Ihnen einer, der denkt, und einer, der das beobachtet, was der denkt. Das, bitte, ist keine Schizophrenie, keine Gespaltenheit der Persönlichkeit, also kein psychiatrisches Krankheitssymptom. Es ist völlig normal: Ich denke, und ich beobachte, was ich denke. Das ist sehr wichtig, das unterscheiden zu können. Die meisten Menschen haben übrigens keine Ahnung davon. Sie meinen, daß sie denken und beobachten und daß das eine Einheit wäre. Man muß es bewußtmachen, aber wer hat schon Zeit und Muße dafür? Aber Sie wollen sich die Muße nehmen, denn sonst wären Sie nicht hier. Sie wollen tiefer schauen, also müssen wir jetzt in die Tiefe gehen, in diese Tiefe voll hineingehen – und dann alles vom Tisch wischen, um frei zu werden. Darauf kommt es an.

Dann fallen wir auch nicht mehr in die Fallen der modernen Welt hinein. Es ist in Ordnung, wenn Sie in die Fallen hineintappen. Sie beobachten es, Sie verschwenden danach keine Zeit mehr damit, etwas zu bedauern.

Wir bedauern nichts, was geschieht, und wir glorifizieren nichts.

Was geschieht, soll ohne Vergangenheit geschehen. Alles, was in Gegenwart auf uns zukommt, ist neu. Aber wir fühlen nicht, was neu ist, da wir mit Erfahrung darangehen – mit Erfahrung gießen wir das Grau der Vergangenheit darüber. Ich sage aber, daß die Schlacken und Schrecken der Vergangenheit, auch die Lust und das Vergnügen, in den Mülleimer geworfen werden sollen.

Ich würde Sie gerne mitnehmen, auf einem Boot auf einem Fluß, und wir fahren gemeinsam dem Flußlauf nach, dem Abend entgegen. So könnten wir alles erleben, was ich mit Worten sagen will. Das ist leider nur schwer verbal auszudrücken, sondern muß erfühlt werden. Das Denken würden wir dann hinter uns lassen, wir würden schauen und lauschen – und elementar handeln, wenn es die Situation erfordert. Dann bestünde Tabula rasa, absolute Freiheit und Intelligenz des Geistes und des Gefühls. Es wäre gegenwärtig, worum es geht. So aber reden wir nur darüber: Sie stellen Fragen, und ich antworte; Sie hören zu, und Ihr Inneres argumentiert dagegen. Unsere Gesprächssituation ist deshalb schwieriger als eine lebendige Situation. Wir tauschen Worte aus, aber Worte sind nicht das Leben. Wenn ich Ihnen sage: Stellen Sie sich vor, daß eine attraktive Frau vor Ihnen steht, und Sie reagieren erotisch darauf, dann ist das etwas völlig anderes, als wenn diese Frau tatsächlich leibhaftig jetzt vor Ihnen stehen würde und wenn Sie sich selbst dabei beobachten könnten, wie Sie darauf reagieren. Das wäre Realität. Aber wir reden nur davon, wie es wäre, wenn es Realität wäre.«

»Ja, das stimmt, ich verstehe, was Sie meinen. Ich habe kürzlich im Süden, als ich am Meer saß, diese Leere gespürt, aber ich habe sie mit Trauer über die Vergangenheit und Angst vor der Zukunft gefüllt. Das war falsch. Es ist die Gegenwart, die zählt, nicht die Vergangenheit und nicht die Zukunft – nur der momentane Augenblick ist wichtig.«

»Haben wir wirklich alles vom Tisch gewischt, dann ist das, was dann danach passiert, völlig neu, frisch, unbekannt, lebendig und frei.«

Gibt es ein Leben nach dem Tod?

Die Millionenerbin

Nahezu jeder kennt sie. Erstaunlicherweise fragte sie mich dennoch am Telefon bei der Terminvereinbarung, ob mir ihr Name bekannt sei. Sie sagte, daß sie mit mir reden wolle, nicht weil sie sich psychisch krank oder gestört fühle, sondern weil sie Fragen hätte, die sie in letzter Zeit mehr und mehr beschäftigten.

Bei der Begrüßung blicke ich erstaunt in junge, lebendige Augen, die überhaupt nicht traurig wirken. Bei sehr vermögenden Menschen sind mir oft alte, traurige Augen aufgefallen.

Ich beginne das Gespräch mit der Bemerkung: »Sie wirken sehr offen und flexibel, und ich bin deshalb gespannt darauf zu erfahren, warum Sie heute zu mir gekommen sind.«

»Ich bin in einer sehr konservativen Familie groß geworden und habe sozusagen mit der Muttermilch eingesogen, daß wir, durch unsere Tradition, zu einer besonderen Elite gehören. Man hat mich mein Leben lang auf die Aufgabe vorbereitet, das vorhandene Vermögen wertzuschätzen, zu bewahren, es möglichst später zu vermehren, am besten durch eine geschickte Heirat. Weil ich ein Mädchen war, sah man meine Funktion für die Familie in der Heirat und nicht im Management. Ich habe deshalb Germanistik und Kunstgeschichte studiert und nicht Jura, Betriebswirtschaft oder Naturwissenschaften.

Durch die Wechselfälle des Lebens ist es aber nun dazu gekommen, daß ich Alleinerbin und Verwalterin eines großen Vermögens bin. Da gibt es viele Probleme. Aber deswegen komme ich nicht zu Ihnen, denn dafür habe ich gute Berater – ich hoffe, daß sie gut sind, denn es kommen mir manchmal Zweifel –, aber auch das ist nicht unser Thema. Ich habe einige Ihrer Bücher gelesen und glaube deshalb, daß Sie mir etwas zu meinen Fragen sagen können.«

»Fragen Sie.«

»Es geht mir um das Leben. Das klingt natürlich sehr allgemein. Da ich mich mit Literatur und Kunst befaßt habe und keine Wirtschaftswissenschaftlerin oder Technikerin bin, verstehen Sie vielleicht, in welche Richtung meine Fragen gehen.«

»Fragen Sie bitte ganz konkret.«

»Ich bin auf der Suche ... ich bin auf dem Weg der Selbsterkenntnis. Ich möchte mich selbst näher kennenlernen und suche nach dem Sinn meines Lebens, denn in materiellen Dingen liegt dieser Sinn ganz sicher nicht, da spreche ich kompetent aus Erfahrung.«

»Sie wollen sagen, daß Sie alles haben, was die heutige Konsumwelt bietet, nämlich Haus, Auto, Telefax, Video, Ferienhaus, vielleicht ein Schiff in einem Mittelmeerhafen oder gar ein eigenes Flugzeug.«

»Ja, das habe ich alles.«

»Wie sieht es mit der Partnerschaft aus?«

»Auch das ist nicht mein Thema. Ich möchte über mich selbst sprechen. Es geht nur um mich, nicht um einen Partner.«

»Sind Sie verheiratet?«

»Ich bin glücklich geschieden und habe keine Kinder. Partnerschaftsprobleme habe ich keine, denn ›Männer umschwirren mich wie Motten das Licht, und wenn sie verbrennen, dafür kann ich nicht‹ – wenn ich das so ironisch zitieren darf, damit Sie es verstehen.«

»Warum formulieren Sie es ironisch und nicht sachlich?«

»Ich bin immer ironisch, wenn ich verletzt bin. Ich bin überhaupt hellwach, sensibel und sehr verletzbar. Man denkt vielleicht, wer ein großes Vermögen besitzt – Geld soll ja angeblich beruhigen –, der sei weniger verletzbar. Das ist, jedenfalls was mich betrifft, nicht der Fall. Ich möchte aber mit Ihnen nicht über irgendwelche Partnerschaftsprobleme reden, denn es geht mir um mich selbst.

Ich neige zu allen Abwehrmechanismen, die Sie in Ihren Büchern beschrieben haben; zur Identifizierung, zur Verdrängung; ich projiziere auch; ich beobachte an mir psychosomatische Symptome, ich sublimiere, neige zur Reaktionsbildung, vermeide und rationalisiere; ich betäube mich, schirme mich ab und spiele ein Rollenspiel; ich panzere meine Gefühle ab. Das ist mir alles bewußt geworden, und ich habe mich damit beschäftigt. Fast alle Abwehrmechanismen, die Sie beschrieben haben, treffen auf mich zu, und ich habe mich bemüht, da herauszukommen.

Ich möchte ein ehrliches und wahrhaftiges Leben führen, und ich frage Sie deshalb allgemein: Ist das überhaupt möglich?«

»Es ist möglich.«

»Und wie?«

»Indem Sie alle diese Abwehrmechanismen, die Sie erwähnt haben, erkennen – und, weil sie falsch sind, fallenlassen. Fragen Sie mich aber jetzt nicht, wie man das macht. Sie lassen sie fallen, weil Sie selbst erkennen. Also nicht ich sage Ihnen, das ist falsch und jenes – Sie sollten es deshalb fallenlassen. Sie selbst erkennen das Falsche als falsch und lassen es deshalb fallen, wie man einen heißen Gegenstand, an dem man sich die Finger verbrennen würde, wenn man ihn festhielte, einfach fallen läßt. Die Erkenntnis von richtig und falsch sagt Ihnen, was Sie zu tun haben. Das Richtige bewahren Sie; das Falsche lassen Sie fallen.«

»Das klingt ziemlich einfach, aber woher weiß ich, ob ich eine Erkenntnis habe?«

»Sie müssen es nicht irgendwoher wissen, denn Sie fühlen es. Es muß Ihnen niemand sagen, daß dieser Stein, den Sie anfassen, heiß ist. Sie erleben es direkt, indem Sie ihn anfassen.«

»Ich verstehe. Ich sollte es selbst erfahren; keiner kann mir diese Erfahrung vermitteln. Es sagt vielleicht jemand, du verbrennst dir daran die Finger, aber ich erfahre es erst, wenn ich es selbst anfasse.«

»Ja, wir können nicht aus dem schöpfen, was man uns als Wissen vermittelt hat; wir müssen damit auch unsere persönlichen Erfahrungen machen. Ich denke, Sie wollen mit mir aber nicht auf einer theoretischen Ebene reden.
Sie haben Fragen, Sie wollen etwas von mir wissen, ich soll Ihnen zu ganz speziellen Dingen etwas sagen, Sie suchen nach einer Antwort.«

»Das ist richtig, ich suche nicht nur nach *einer* Antwort, sondern nach vielen Antworten. Ich möchte beispielsweise von Ihnen wissen, ob es ein Leben nach dem Tod gibt.«

»Warum wollen Sie das überhaupt wissen?«

»Weil es mich interessiert und weil es mir wichtig ist.«

»Gut, es ist Ihnen wichtig. Aber kann ich darauf eine Antwort geben, die Sie wirklich befriedigt? Warum fragen Sie sich nicht selbst? Warum soll Ihnen ein anderer eine Antwort geben? Ein anderer wäre zum Beispiel ein Seelsorger. Welcher Religionsgemeinschaft gehören Sie an?«

»Ich bin katholisch.«

»Haben Sie Ihren Priester danach gefragt?«

»Ich muß ihn nicht fragen, denn ich kenne seine Antwort.«

»Warum fragen Sie mich?«

»Ihre Antwort kenne ich nicht.«

»Ist meine Antwort für Sie wichtig?«

»Sie ist für mich wichtig, denn sonst wäre ich heute nicht hier.«

»Bin ich für Sie eine Art Autorität? Offenbar ja, aber das ist falsch. Ich bin Psychologe und kein Theologe. Ich befasse mich mit der irdischen Seele in ihrer Profanität; die Theologie befaßt sich mit der transzendenten Seele, nach dem Zerfall der Materie. Was kann ich Ihnen sagen, wenn ich auf der Basis der Materie argumentiere und Sie sich aber für Transzendenz interessieren? Sie sind zu mir gekommen, weil Ihnen die Antworten der Theologen nicht genügen, und nun wollen Sie von mir eine Antwort, die Ihnen, vielleicht, genügen könnte – so hoffen Sie.«

»Das könnte schon sein.«

»Ich gebe Ihnen eine Antwort und weiche nicht aus: Begeben Sie sich in die Realität, und schauen Sie ohne Umschweife und ohne Abwehrmechanismen auf das, was wirklich geschieht. Schauen Sie direkt und ohne alle Umschweife, geradlinig, schonungslos, also frei und ohne Vorurteile – und damit sind wir beim springenden Punkt angelangt.«

»Kann ich denn erkennen, ob es ein Leben nach dem Tod gibt?«

»Sie werden vor allem feststellen, daß es ein Leben vor dem Tod gibt, und auf dieses kommt es an. Ich verweise Sie auf die Realität, weil sie wichtiger ist als die Frage nach einer ›Welt‹ jenseits davon. Aus einer Raupe, die Blätter frißt, entwickelt sich, nachdem sie sich in einem Kokon eingesponnen hat, ein Schmetterling, der die Flügel ausbreitet und von Blüte zu Blüte fliegt. Die Raupe fragt nicht: Was kommt danach? Werde ich einmal fliegen oder nicht? Sie muß erst mal ganz Raupe sein, sich dann voll und ganz verpuppen, um in die neue Lebensform als Schmetterling hineinzureifen. Die Raupe muß erst ganz Raupe sein, um eines Tages, wenn sie nicht gefressen wurde, ganz Schmetterling sein zu können. Sie weiß nichts über ihre spätere Existenz und macht sich darüber keine Gedanken.«

»Die Raupe hat kein Gehirn wie wir Menschen. Deshalb hinkt Ihr Beispiel. Wir können uns Gedanken machen.«

»Ja, die Raupe hat es einfacher; sie braucht sich keine Gedanken zu machen. Wir Menschen haben das in der Tierwelt höchstentwik- kelte Gehirn; deshalb machen wir uns viele Gedanken. Das meinen Sie wohl. Das Gehirn des Menschen ermöglicht ihm ein Denken, das über tierische Denkfähigkeit, auch die der Affen, die uns biolo- gisch am nächsten stehen, weit hinausgeht. Diese Denkfähigkeit hat Vorteile, weil wir dadurch ein besonderes Werkzeug besitzen. Betrachten wir die Denkfähigkeit: Damit kann man eine Brücke über einen Fluß bauen und ein vierziggeschossiges Hochhaus, ohne daß es einstürzt; dafür ist das Denken gut. Unsere Denkfähigkeit stößt aber an Grenzen, weniger im technischen Bereich – wie die Computerentwicklung zeigt – als im psychischen Bereich. Die Frage nach dem Sinn des Lebens, der Schöpfung und einem Weiter- leben nach dem Tod ist mit unserer Denkfähigkeit nicht beantwort- bar. Jedenfalls eines steht wohl fest: Ein Schmetterling werden Sie nicht. Durch den körperlichen Tod scheint alles zu Ende zu sein: Der Körper wird in der Erde bestattet, oder er wird verbrannt, und es bleibt Asche übrig, die in einer Urne aufbewahrt wird. Die Raupe lebt im Schmetterling biologisch weiter, bis der Schmetterling bei

Frostanbruch im Oktober stirbt. Die gestorbene Materie geht in der anderen Materie auf, dem Erdboden und den Wurzeln der Pflanzen. Der Schmetterling hat sich darüber keine Gedanken gemacht, weil er das wegen mangelnder Gehirnkapazität auch gar nicht gekonnt hätte.

Wir aber machen uns Gedanken. Und ich sage immer wieder: Denkbar ist alles. Wir können uns ausdenken, wie wir nach dem Tod der lebendigen Materie, wenn wir also nicht mehr belebt sind, eine Metamorphose erleben und wie wir eingehen als Seele und Geist in einen Himmel oder eine Hölle oder wiedergeboren werden in einer neuen körperlichen Gestalt – Reinkarnation, das ist der Glaube der Hindus.

Unser Gehirn besitzt die Fähigkeit der Phantasie; es kann sich etwas vorstellen und Visionen erzeugen. So entsteht eine Religion, die fordert, daß Sie daran glauben. Da wir es nicht wissen, sollen wir glauben. Sie können sich auch vorstellen, daß Ihre Seele den Körper verläßt und auf einem anderen Planeten, in ein anderes Lebewesen eintritt. Ich kenne zwar keine Religion, die so etwas behauptet, aber es wäre durchaus denkbar, und man könnte aus diesem Gedanken ein religiöses Dogma machen. Sie könnten auch, wenn Ihr Körper gestorben ist, eine Schwingung werden, die in Kontakt tritt mit anderen Menschen und diese Menschen über ihr Gehirn beeinflußt, zum Guten wie zum Bösen. Es ist vorstellbar, und auch daraus könnte man eine Religion machen. Sie sollen dann, wenn Sie Mitglied in dieser Religionsgemeinschaft werden, daran glauben.«

»Worauf wollen Sie hinaus, was wollen Sie damit sagen?«

»Was denken Sie selbst darüber? Was könnte ich Ihnen, Ihrer Meinung nach, damit sagen?«

»Daß sich Religionen aus dem Denken entwickeln und deshalb Gedankenkonstruktionen sind, also nichts Konkretes und nichts Beweisbares vertreten.«

»Ist es nicht so?«

»Warum vertreten dann aber Religionen, wenn es so ist, einen alleinseligmachenden Anspruch? Warum soll man sich einer Religion bedingungslos anschließen?«

»Wer sagt, daß man das soll? Die jeweilige Religion sagt das: Du sollst das und jenes glauben, damit du zu uns gehörst. Glaube, gehorche, übernehme; wir sind die Autorität. Du kannst ein Teil von uns sein, wenn du diese Autorität bedingungslos annimmst. Ist es nicht so?«

»Es ist so. Aber ist das dann richtig, kann ich mich so selbst finden? Wenn ich etwas glauben soll, was nicht beweisbar ist, ordne ich mich unter. Warum machen wir das eigentlich?«

»Weil wir Sicherheit suchen in der Gemeinschaft. Wir fügen uns ein in einen Glauben, um uns geborgen zu fühlen.«

»Ist das denn nicht verständlich?«

»Verständlich ja, wir suchen Sicherheit; das können Sie überall auf der Welt beobachten. Die Menschen suchen Sicherheit in ihren Religionen; sie versuchen so, der Isolation des Alleinseins zu entkommen. Das eigene Nachdenken und Beobachten endet dann. Das scheint uns zu beruhigen, denn die Frage, die Sie gestellt haben – eine sehr wichtige und elementare Frage –, scheint dann von Theologen, Priestern, Autoritäten beantwortet zu sein, und wir gliedern uns ein, passen uns an, unterwerfen uns.

Aber ist dadurch Ihre eigentliche Frage beantwortet, wirklich beantwortet? Wir bekommen eine Antwort geliefert, die wir glauben, und wir hören vielleicht auf zu fragen. Aber sind Sie damit zufrieden? Ich denke nicht. Schließen Sie sich einem religiösen Glauben an, und Sie finden ein bißchen oberflächliche Ruhe.

Aber Sie fragen weiter – Sie meine ich jetzt –, Sie fragen weiter und wollen mehr wissen. Sie denken, ich könnte Ihnen mehr sagen als Theologen und Priester, weil ich Psychologe, Seelenforscher, bin, Sie denken, ich hätte vielleicht ein Spezialwissen, das andere nicht haben, denn Sie sind skeptisch.«

»Das ist sehr treffend. Ich denke, Sie könnten mir vielleicht mehr darüber sagen, denn ich weiß, daß jede Religion in ihrem Dogma erstarrt ist und nur ungern andere Denk- und Sichtweisen zuläßt.«

»Deshalb fragen Sie mich, ob es ein Leben nach dem Tod gibt und wie dieses Leben aussieht. Ich aber bin eine Raupe und weiß nichts über das Leben eines Schmetterlings. Darüber kann ich Ihnen nichts sagen, denn ich habe es nicht erlebt. Ich kann Ihnen nur sagen: Denkbar ist alles, aber es gibt davon unabhängig eine Realität – sie ist nicht denkbar, sie ist konkret. Dieser klare Sachverhalt wurde stark verwischt durch die neuen Medien: Hier ist Realität, dort Phantasie, die die Realität vortäuscht. So wird man verwirrt und kann nicht mehr richtig unterscheiden zwischen Phantasie und Wirklichkeit. Es zählt aber nur die Realität, nicht die Vision, die ein Hirngespinst ist.

Sie können sich über die Liebe viele Gedanken machen und in der Phantasie durchspielen, wie schön es sein könnte, zu lieben und geliebt zu werden. Das sind alles Lichtspiele und Schatten an der Wand. Es gibt nur eine wirkliche Liebe, und die ist jenseits von Gedanken, Ideen und Idealen. Sie ist konkret. Wir müssen also unterscheiden, was konkret und was gedanklich ist, und alles voneinander scharf trennen. Sie sehen, die Frage nach dem Jenseits führt uns zurück zum Diesseitigen.«

Unser Sohn haßt und blamiert uns

Die Frau des Professors

Es gehe um ihren Sohn, sagte sie mir am Telefon, er sei »völlig aus der Art geschlagen«. Als ich vorschlug, daß auch der Vater mitkommen solle, wehrte sie ab: Ihr Mann sei zu beschäftigt – und außerdem läge die Erziehung ja bei ihr.

Als sie zu mir kommt, ist es ein sonniger kalter Januartag; draußen liegt Schnee. Sie ist sehr freundlich und betont höflich. Obwohl ich gesagt habe: »Bitte, setzen Sie sich«, fragt sie: »Darf ich mich setzen?«

»Ich freue mich, daß Sie heute zu mir gekommen sind. Es geht um Ihren Sohn, sagten Sie. Ist er ein Einzelkind?«

»Ja, wir haben nur den Michael; er ist jetzt fünfzehn. Ich hatte einige Fehlgeburten und eine Tochter, die mit acht Monaten gestorben ist.«

»Ihr Mann ist ein erfolgreicher Chemiker und Physiker.«

»Ja, wie Sie wissen, ist er in seinem Beruf sehr kreativ; er hat viele Patente angemeldet, die von der Industrie vermarktet werden. Deshalb geht es uns wirtschaftlich gut, sehr gut. Mein Mann lebt nur für seinen Beruf. Ich sage immer, er ist mit seinem Beruf verheiratet. Aber das akzeptiere ich; ich leide nicht darunter, daß er wenig Zeit hat. Auch zu Hause sitzt er meist an seinem Schreibtisch und liest Fachzeitschriften oder bereitet Vorträge vor.«

»Ich nehme an, Sie sind nicht mehr berufstätig. Welchen Beruf haben Sie erlernt?«

»Ich habe meinen Mann in der Uni-Mensa kennengelernt. Ich habe mein Lehrerexamen gemacht und war auch zwei Jahre im Schuldienst tätig. Dann kam Michael, und ich habe meinen Beruf aufgegeben, weil ich mich der Erziehung widmen wollte. Mein Mann machte Karriere, und deshalb mußte ich aus wirtschaftlichen Gründen nicht mehr berufstätig sein. Wir wollten das also beide, und ich habe es nicht bereut, nur für meinen Mann und Michael da zu sein. Ich bin jetzt zweiundvierzig und könnte versuchen, wieder in meinen Beruf zurückzugehen. Aber ich will das nicht, denn mein Mann braucht eine geordnete Häuslichkeit, und Michael braucht mich auch …
Damit sind wir beim Thema, weswegen ich heute hier bin. Ich hätte nie gedacht, daß ich wegen Michael einmal einen Psychologen aufsuchen müßte. Er hat uns bis vor drei Jahren keine Probleme gemacht. Er war gut in der Schule, war ein glückliches Kind, hatte seine Hobbys und seine Spielkameraden. Seit drei Jahren also, mit Beginn der Pubertät, wurde er schwieriger.«

»Was ist der Hauptgrund, weswegen Sie den Termin mit mir gemacht haben?«

»Er kommt mit seinem Vater nicht mehr zurecht, auch nicht mehr mit mir. Er schließt sich in sein Zimmer ein und will keinen Kontakt mehr mit uns. Er ist immer nur gereizt und aggressiv; er gibt freche und patzige Antworten. Wir können ihn nicht mehr bei Einladungen in unserem Haus mit dazusetzen oder ihn auf Einladungen zu Geschäftsfreunden meines Mannes mitnehmen. Er verhält sich dermaßen rebellisch und frech, daß die Anwesenden konsterniert sind. Die Frau eines Geschäftsfreundes rief mich an und sagte: ›Ihr Sohn ist dermaßen patzig, daß ich mich frage, warum Sie ihn nicht zu gutem Benehmen erzogen haben. Sie sind doch gelernte Lehrerin; können Sie Ihrem Sohn denn nicht beibringen, was man sagt und was nicht? Er hat überhaupt keinen Respekt. Wir können Sie, solange sich Ihr Sohn so verhält, nicht mehr einladen.‹«

»Hat die Frau Ihres Geschäftsfreundes recht, oder übertreibt sie?«

»Sie hat völlig recht. Er tritt in jedes Fettnäpfchen, in das man überhaupt treten kann. Er ist intelligent; das ist gar keine Frage, das bestätigen mir seine Lehrer, die sich auch über sein Benehmen beklagen. Die Lehrermeinung ist: ›Er ist intelligent, aber ständig gereizt, aufbrausend, aggressiv, frech, unverschämt, respektlos.‹ Natürlich wissen die Lehrer, daß er in der Pubertät ist, aber sie sagen, daß er unabhängig von der Pubertät, die vieles entschuldigen könne, in seiner Protesthaltung weitaus auffälliger wäre als andere Pubertierende. Ich war deshalb mit ihm beim Arzt und habe seine Schilddrüse untersuchen lassen und beim Neurologen, um seine Gehirnwerte zu messen, durch ein Enzephalogramm.«

»Was sagte der Neurologe zum Befund und Ihrer Schilderung?«

»Das Enzephalogramm war ohne Befund; auch die Schilddrüse, die Hormone sind okay. Die Mediziner können mir keinen Rat geben. Sie sagten, daß das altersmäßig bedingt sei. Natürlich habe ich als Pädagogin auf der Uni seinerzeit vor zwanzig Jahren einiges über die Pubertät gelernt.
Aber ich frage mich jetzt, ob es nur die Pubertät ist oder ob wir einen Erziehungsfehler gemacht haben. In der Pubertät kenne ich mich aus: Der Heranwachsende wird geschlechtsreif und muß sich selbst finden.«

»Man sagt das so leicht hin, er wird geschlechtsreif, biologisch-medizinisch gesehen. Weiß man aber auch, was damit verbunden ist? Haben Sie Michael eher autoritär oder antiautoritär erzogen?«

»Darüber streite ich mit meinem Mann seit Jahren; er vertritt die Meinung, Erziehung müsse autoritär sein, und ich bin der Meinung, sie sollte es nicht sein, sondern freiheitlich, also auf die Bedürfnisse bezogen – ich weiß nicht, wie ich es anders ausdrücken soll. Ich habe immer versucht, einen Ausgleich zu schaffen zwischen Unterdrückung und Selbstbestimmung. Mein Mann sagte immer, ich sollte strenger mit dem Jungen sein, also ihm sagen, wo es langgeht. Ich habe aber stets versucht, seine Bedürfnisse mit einzubeziehen, seine Wünsche und seine Pläne. Ich habe versucht, ihm immer eine gute Ratgeberin zu sein. Mein Mann hat mich deswegen kritisiert: ›Du solltest ihm seine Grenzen zeigen: So geht es, und so geht es nicht; das darfst du, und das darfst du nicht.‹«

»Wer hat ›gesiegt‹ in dieser Gegensätzlichkeit der Meinungen?«

»Am Tag habe ich gesiegt, am späten Abend, wenn mein Mann nach Hause kam, siegte er. Mein Mann ist ein Patriarch; das muß ich einfach so ausdrücken; er ist autoritär. Ich bin nicht autoritär, aber vielleicht auch nicht strikt antiautoritär. Vielleicht gibt es in unserer Erziehung keine Mitte; möglicherweise ist das das Problem ... Ich weiß es nicht.
Deshalb bin ich ja heute bei Ihnen. Sagen Sie mir, was richtig und was falsch ist. Hätten wir ihn autoritärer erziehen sollen, wie mein Mann das fordert, oder mit weniger Zwang, so wie ich das will?«

»Ihr Sohn befindet sich in der Pubertät. Sie wissen, was das bedeutet. Das ist ein entscheidender Lebensabschnitt. Man kommt als Mensch als ein völlig unbeschriebenes Blatt auf die Welt. Die Einflüsse des Elternhauses und der Gesellschaft wirken nun prägend auf den Geist ein. Die Phase der Kindheit dient der Ausreifung des körperlichen Wachstums bis zum Eintritt in die Geschlechtsreife, die wir den Beginn der Pubertät nennen. Die Kindheit ist die Zeit, in der wir die Welt mit unseren Sinnen entdecken. Der kindliche Mensch ist noch unbeholfen, ungewandt; er bedarf des Schutzes und ordnet sich unter. Die Welt der Kindheit wird behütet vom Elternhaus. Kind zu sein heißt, einen besonderen Schutz zu genießen. Man sagt: ›Er/Sie ist ja noch ein

Kind‹ – und damit wird vieles entschuldigt. Mit Eintritt der Pubertät verlassen wir die Kindheit. Das Verlassen der Kindheit und der Eintritt in die Pubertät sind seltsame Vorgänge; für die einen ist das problematischer, für die anderen weniger schwierig. Wie hat sich Ihr Sohn verändert?«

»Er hatte eine schöne Kindheit, und – so sehe ich es jedenfalls – er war ein glückliches Kind. Jetzt empfinde ich ihn als unglücklichen, spannungsgeladenen Heranwachsenden. Als Kind hat er uns glücklich gemacht; wir waren mit ihm zufrieden. Jetzt sind wir nicht mit ihm glücklich – und er mit uns auch nicht. Alles, was vorher war, ist in sich zusammengebrochen. Die Pubertät war mir in der pädagogischen Psychologie bekannt, aber daß dann solche Probleme auf einen zukommen können, das wußte ich nicht. Ich bin völlig aus der Bahn geworfen, und mein Mann macht mir große Vorwürfe. Er stellt meine ganze Erziehung in Frage und sagt, ich hätte Michael von Anfang an autoritärer erziehen sollen, denn das wäre nun das Ergebnis. Ist die Pubertät ein Ergebnis, oder ist sie eine völlig neue Herausforderung?«

»Ich meine, sie ist eine neue Herausforderung, weil sich durch die zwangsläufige körperliche Entwicklung etwas Neues ergibt. Da Körper, Geist und Seele eine Einheit sind, ergibt sich auch Neues für Seele und Geist. Die Pubertät ist eine Metamorphose aus dem Stadium, ein Jugendlicher zu sein, auf dem Weg, ein Erwachsener zu werden. Rein körperlich machen wir den Übergang aus der Kindheit zum Jugendlichen an dem Begriff ›Pubertät‹ fest. Für den Übergang vom Jugendlichen zum Erwachsenen gibt es keine ähnliche Bezeichnung.
Die Pubertät ist ein körperlicher Einschnitt. Damit sind körperliche Veränderungen verbunden: Das Mädchen hat erstmalig die Menstruation, die Brüste vergrößern sich. Der Junge hat seine erste Ejakulation, die Stimme wird tiefer, sein Körper wächst und wird männlicher. Was geschieht aber in dieser Zeit mit Seele und Geist? Wir werden zwar geschlechtsreif – das Mädchen kann Kinder gebä-

ren, der Junge kann sie zeugen. Aber sind wir damit erwachsen geworden? Wir sind es nicht. Ein fünfzehnjähriger Junge mag ein vierzehnjähriges Mädchen schwängern, sie bekommen das Kind, aber sie sind deswegen ja nicht erwachsen. Was heißt es also, erwachsen zu werden?

Sie haben einen Jungen erzogen, Sie haben ihn in seiner Kindheit begleitet; jetzt durchleben Sie mit ihm seine Pubertät; und danach können Sie ihm dabei helfen, erwachsen zu werden.

Gibt es nur die Pubertät? Wir kennen nur diesen Begriff. Danach folgt die Phase des Erwachsenwerdens, die berufliche Ausbildung, das Studium, der Eintritt in die Berufs- und Geschäftswelt. Mit achtzehn Jahren gilt man in unserer Gesellschaft als volljährig. Ist man deshalb erwachsen? Ist man dann eine eigenständige Persönlichkeit?«

»Nein, das ist man nicht. Es gehört viel mehr dazu.«

»Dieses ›viel mehr‹ kommt also danach. Wir haben dafür kein Wort. Man durchläuft Krisen und Erfahrungen; das sind solche Begriffe. Wann erfolgt der Übertritt, ein Erwachsener zu werden? Mit fünfundzwanzig, mit dreißig, mit vierzig oder mit fünfzig? Ab fünfundvierzig beginnt bereits die Bewußtwerdung des Alterns, der Körper altert biologisch natürlich bereits viel früher.

Aber wann werden wir erwachsen? Was bedeutet es, erwachsen zu sein? Gibt es eine zweite oder dritte Pubertät?«

»Davon ist mir nichts bekannt.«

»Sie kennen keinen solchen Begriff; es gibt kein Wort dafür. Aber dessenungeachtet gibt es diesen Vorgang.

Der Übergang von der Kindheit in die Jugendzeit ist ein besonders schwieriger Prozeß, denn man wird aus der Kindheit hinausgeworfen, aus einer Welt, die in sich rund war, die in Ordnung schien. Wir werden später, wenn wir wirklich erwachsen werden, zwischen dreißig und vierzig, nochmals durchgeschüttelt – ich nenne das die zweite Geburt der Selbstwerdung. Aber nun sind wir etwas vom Thema abgekommen.«

»Ich fand es trotzdem interessant. Sie sehen offenbar in diesen Lebenskrisen die Chance für einen Neubeginn, für eine Umwandlung. In der Pubertät geschehen vor allem enorme körperliche und seelische Veränderungen und später eher seelisch-geistige Veränderungen.«

»Das ist richtig. Ihr Sohn befindet sich in einem Wandlungsprozeß, der mit fünfzehn noch nicht abgeschlossen ist. Das Verlassen der Kindheit ist schmerzlich, zumal, wenn sie glücklich verlaufen ist. Nun zur Autorität: Soll man autoritär oder antiautoritär erziehen? Der Begriff antiautoritär ist ja, wie Sie wissen, durch die pädagogischen Konzepte der siebziger Jahre, die wir heute sehr kritisch sehen, belastet. Sprechen wir deshalb nicht von antiautoritär, sondern von autoritätsfreier oder nicht unterdrückender Erziehung. Natürlich müssen Erwachsene Kindern und Jugendlichen deutlich sagen, was gefährlich für sie ist und was nicht; das heißt aber nicht, daß man allgemein diktatorisch bestimmt – und das Kind hat zu gehorchen. Jeder Jugendliche sucht Orientierung; das erkennen Sie an den Fragen, die gestellt werden. Dafür ist natürlich Zeit erforderlich, das geduldige, von Liebe getragene Gespräch. Diese Zeit scheint Ihr Ehemann nicht zu haben; deshalb bestimmt er patriarchalisch, wenn nicht gar diktatorisch, und dagegen rebelliert Ihr Sohn.«

»Ich habe oft den Eindruck, er macht und sagt bewußt das Gegenteil von dem, was man von ihm erwartet.«

»Jeder Pubertierende möchte selbst erforschen, was hinter der Welt der Konformität verborgen ist; er möchte das Gegenteil erfahren. Kinder in religiösen Familien gebärden sich deshalb atheistisch, Kinder aus intellektuellen Familien suchen die Emotionalität. Wenn Ordnung das Maß aller Dinge war, versuchen sie das Chaos auszuprobieren; wenn der Vater ein chaotischer Alkoholiker ist, wollen sie sich disziplinieren und Ordnung schaffen. Ich sage immer, am pubertierenden Jugendlichen können Eltern sich selbst studieren.«

»Ich habe aber immer versucht, die autoritäre Art meines Mannes auszugleichen.«

»Das spielt keine Rolle, denn Ihr Michael orientiert sich an seinem Vater. Er selbst ist männlich, also ist der Vater für ihn das männliche Vorbild. Hätten Sie eine Tochter, dann wären Sie als Mutter das weibliche Vorbild oder Antibild. Anpassung und Rebellion – das sind die zwei Extreme, die Pendelpole. Wie können Sie Ihren Jungen also durch die Pubertät begleiten – das ist doch wohl Ihre Frage?«

»Ja, das ist das Problem auf den Punkt gebracht.«

»Sind wir auf dieses Problem wirklich vorbereitet? Wir sind es nicht, denn wir haben uns damit als Eltern meist nicht befaßt, auch nicht als akademisch gebildete Eltern. Sie haben sogar Pädagogik studiert, Kinderpsychologie, Jugendpsychologie, Lernpsychologie.«

»Deshalb habe ich ja so ein schlechtes Gewissen, weil es mir nicht gelingt, Michael zu steuern und ihn in seiner Entwicklung zu lenken. Ich habe versagt, und ich weiß einfach nicht mehr, wie ich mich verhalten soll!«

»Deshalb soll ich Ihnen sagen, wie Sie sich jetzt verhalten können. Sie erwarten Tips von mir, wie Sie Michael wieder in den Griff bekommen können.«

»Das ist richtig. Ich möchte wissen, was ich tun kann.«

»Lieben Sie Ihren Sohn?«

»Ich habe ihn immer geliebt, aber jetzt ärgere ich mich über ihn ...
im Moment überwiegt der Ärger.«

»Ich verstehe. Sie ärgern sich, weil er sich in einer Art und Weise
verhält, die Ihnen nicht gefällt. Deshalb nehmen Sie Ihre Liebe
etwas zurück, oder sie wird von Ärger überlagert.

Warum ärgert man sich, wenn der andere sich nicht so verhält, wie
man es sich wünscht? Es sollte anders sein, aber die Tatsachen sind,
wie sie sind. Er rebelliert. Das Gegenmodell, das er ausprobiert, hat
mit der Welt der Eltern, wie ich sagte, viel zu tun. Musische Eltern
ärgern sich, wenn ihr Kind amusisch ist; religiöse Eltern ärgern sich,
wenn sich ihr Kind atheistisch verhält; intellektuelle Eltern ärgern
sich, wenn das Kind Bücher meidet und emotional ist; fleißige
Eltern ärgern sich über den Müßiggang und die Faulheit; ängstlich-
vorsichtige und verlogene Eltern ärgern sich über die direkten,
schonungslos wahrheitsbezogenen Aussagen ihres Kindes – man
ärgert sich über das Gegenmodell. Die Eltern sind nationalistisch
und rassistisch eingestellt, und die Tochter heiratet gerade deswegen einen Ausländer mit anderer Hautfarbe.

Wir provozieren als Eltern meist das Gegenteil dessen, was wir
durch Erziehung erreichen wollen. Es läuft natürlich nicht immer
so ab, denn Kinder passen sich manchmal ja auch an, um den Eltern
zu gefallen. Beides ist aber falsch, die Anpassung und die Rebellion,
denn beides hat nichts mit echter Selbstentfaltung zu tun.

Erziehung von Kindern ist eine sehr schwierige Sache. In den meisten Fällen geht sie schief – die Unterordnung ist eine Schieflage und
die Rebellion auch. Wir sollten Partner der Kinder und Jugendlichen sein; dafür müssen wir offen sein für alles, wirklich alles,
denn das Leben ist eine große, gewaltige, unausschöpfliche Energie.
Die meisten Menschen sind jedoch nicht offen; sie schließen dieses
oder jenes aus. Folglich streben unsere Kinder gerade danach. Sind
die Eltern friedliebend, werden die Kinder gewalttätig. Sind die Eltern gehemmt, wollen die Kinder ungehemmt sein. Sind die Eltern
rational, wollen die Kinder emotional sein.

Sie sind erfolgreich, geradezu perfekt, sie sind diplomatisch, gebildet, ein Vorbild in der Gesellschaft, also will Ihr Sohn Michael das Gegenteil ausprobieren: Er ist undiplomatisch, wie Sie sagten, er ist frech, aggressiv, gereizt. Er könnte noch viel weiter gehen in seinem rebellischen Pendelschwung. Er könnte sich nicht mehr waschen, die Haare nicht mehr kämmen, das Tabu der aggressiven Aufsässigkeit durch unflätige Bemerkungen noch mehr verletzen. Er könnte ein ganz extremer Rebell werden, Drogen nehmen, kriminell werden – aus Protest gegen die Ehrwürdigkeit des Elternhauses. Es könnte also noch viel schlimmer kommen, wenn beide Elternteile autoritär wären. Sie fangen ja einiges gegenüber dem Vater ab. Lassen Sie sich daher von Ihrem Mann nicht zu einer autoritäreren Haltung verführen, denn Sie würden das Gegenteil erreichen.

Wir müssen uns aber fragen: Wohin erziehen wir unsere Kinder? Was geschieht da? Wie soll man sich verhalten? Lieben wir unser Kind? Lieben wir es, wenn wir es in die Leistungsgesellschaft stürzen? Ist Förderung des Konkurrenzdenkens Liebe? Erziehen wir den Sohn zur Liebe oder zur Leistung? Erziehen wir ihn zur Anpassung – und wenn ja, welches Anpassungsmodell liegt vor? Wollen wir, daß er erfolgreich wird in dieser Welt? Warum soll er das und unter welchen Voraussetzungen? Wollen wir, daß er glücklich wird? Was verstehen wir unter Glück? Was können wir unseren Kindern geben? Geben wir ihnen durch unser Vorbild wirklich ein Vorbild? Was ist also Erziehung? Erziehen wir aus Liebe oder aus berechnendem Kalkül? Was ist unser Welt- und Menschenbild? Diese Fragen stellen wir uns nicht, denn es sind keine echten Fragen – die Antwort steht ja schon fest. Wenn die Antwort, die in uns verfestigt ist, falsch ist, dann kann auch die Erziehung nur falsch laufen.

Wollen Sie sich diese Fragen selbst stellen, oder halten Sie das für müßig, weil die Antwort in Ihnen bereits verfestigt ist?«

»Ich halte diese Fragen für sinnvoll, aber bei meinem Mann, fürchte ich, stehen die Antworten bereits fest. Deshalb kann man mit ihm nicht darüber diskutieren. Der Michael soll so funktionieren, wie mein Mann sich das vorstellt. Wenn er nicht so funktioniert, dann gibt er ihm die Schuld dafür und natürlich auch mir, weil ich unseren Sohn richtig, das heißt nach seinen Vorstellungen, nicht nach meinen, erziehen sollte.«

»Er schiebt also die Verantwortung auf Sie ab und ist nicht dazu bereit, seine eigene Person, sein Verhalten mit einzubeziehen. Ihr Sohn reagiert ja nur auf diese Konstellation im Elternhaus. Auch ein Rückzug des Vaters aus der Erziehung und gelegentliches autoritäres Bestimmen ist Erziehung mit Auswirkungen. Diese autoritäre Erziehung ist nicht von Liebe getragen. Ich möchte damit nicht sagen, daß Ihr Mann nicht lautstark betonen würde, daß er seinen Sohn liebt. Aber liebt er ihn wirklich? Hat er nicht ein vorgefertigtes Bild von seinem Sohn, wie er ihn sich wünscht, wie er funktionieren soll? Das spürt Michael, und es mißfällt ihm, einem Bild zu entsprechen.
Jetzt erwacht seine Individualität, und er möchte als Individuum ernst genommen, angenommen werden. Er vermißt also von seiten des Vaters Einfühlungsvermögen. – Welche Hobbys und Interessen hat Ihr Sohn?«

»Er interessiert sich für Kunst und Malerei, und er beschäftigt sich stundenlang mit seinem PC. Das mit der bildenden Kunst versteht mein Mann nicht, das Interesse für den Computer dagegen unterstützt er. Da fällt schon mal ein anerkennendes Wort wie: ›Das ist sinnvoll, ohne Computer wird in Zukunft nichts mehr laufen, damit kann man sich nicht früh genug befassen.‹« Sie ahmt den Tonfall ihres Mannes nach.

»Es steht also der Nützlichkeitsaspekt im Vordergrund.«

»Mein Mann ist als Naturwissenschaftler sehr nüchtern und realitätsbezogen.«

»Hat Ihr Sohn einen Bezug zur Natur, haben Sie bemerkt, daß er für die Schönheiten der Natur Interesse zeigt?«

»Nein, eigentlich nicht. Die Pflanzen in unserem Garten sind ihm gleichgültig. Wir haben auch einen Teich im Garten. Ich setze mich manchmal davor und beobachte das Leben am Wasser, die Libellen, die Wasserläufer und die Pflanzen, die Seerosenblätter; das gibt mir sehr viel. Aber Michael interessiert sich dafür überhaupt nicht. Ich weiß nicht, warum, aber es scheint ihm nichts zu geben. Für Romantik dieser Art hat er offenbar keinen Sinn, während er vor seinem PC-Bildschirm stundenlang sitzen kann.«

»Sie gebrauchen das Wort ›Romantik‹. Ist es wirklich romantisch, am Teich zu sitzen und die Natur zu beobachten?«

»Mein Mann sagt etwas verächtlich, das wäre Naturschwärmerei.«

»Die Schönheit einer Wiese im Abendlicht, der Blick auf die Uferböschung eines Baches, der Wald im Herbst, die blühenden Bäume im Frühling, der Duft in der Luft, die Schönheit eines Schmetterlings im Hochsommer – das mit allen Sinnen zu erleben, ist das romantische Schwärmerei? Ihr Sohn soll sich mit seinem PC befassen, aber bedeutet denn, das eine zu tun, notwendigerweise, das andere zu lassen?
Dem Computer gehört die Zukunft; das ist gar keine Frage. Der Monitor wird noch eine viel größere Bedeutung erlangen. Ich habe mich mit einem Spezialisten darüber unterhalten. Er sagte mir, daß in einigen Jahren der Computer das Zentrum jeder Wohnung sein wird, auf einem großen, flachen, an der Wand installierten Bildschirm, mit Tastatur, Telefon, Fax, Scanner und Internet. Davor wird sich in Zukunft alles abspielen: Wir werden dort TV-Programme abrufen, Telefonate führen, Bankgeschäfte und Einkäufe abwickeln; wir werden dort die Musik-Clips abrufen, die wir hören möchten, Lexikadaten, Kochrezepte, Gesundheitstips. Das Zentrum in unserer Wohnung wird der Bildschirm sein. Wir brauchen eigentlich keine Fenster mehr zum Garten; das wird uninteressant, denn der Bildschirm ist das Fenster zur Welt. Wir tippen eine Codenummer ein und erhalten einen Herbstwald auf dem Schirm;

wir tippen einen anderen Code und starten zu einem Rundflug über unsere Stadt oder einem Tiefflug über Deutschland – vom Bodensee bis nach Flensburg – oder einem Flug rund um die Welt! So wird es kommen. Unser Gehirn wird mit Tönen und Bildern in bisher unvorstellbarer Weise verwöhnt werden. Die ganze Welt wird abrufbar sein, jede Sehenswürdigkeit, die wir haben wollen, sogar live, wenn die Kameras überall installiert werden.

Es scheint ein großer Fortschritt zu sein, das alles zu Hause auf dem Monitor zu erleben. Aber ist es wirklich ein Fortschritt? Die elektronisch vermittelte Welt mag live sein, aber sie ist dennoch nicht authentisch. Wir sind dabei anwesend und doch nicht wirklich dabei. Sie werden mit einer Codenummer Pornographie jeder Art auf den Bildschirm bringen können. Aber ist das Sex? Oder gar Liebe? Sie können sich daran satt sehen, aber haben Sie dann Sex erlebt? Sie können sich live das Bild und den Ton vom Markusplatz in Venedig auf den Schirm holen, aber haben Sie dann Venedig erlebt?«

»Was wollen Sie damit sagen?«

»Das alles wird kommen. Insofern hat Ihr Mann recht, daß es sinnvoll ist, wenn sich Ihr Sohn mit dem PC befaßt; denn jeder, der in Zukunft damit nicht umgehen kann, gilt als Analphabet. Wenn wir aber die Liebe zur Natur verlieren, die konkrete Liebe zur Schönheit an einem Teich, wenn wir nicht mehr durch den Herbstwald in Muße und Meditation wandern, die Gerüche erleben und den Pilz am Wegrand behutsam berühren, das fallende Blatt zärtlich in die Hand nehmen oder sanft die Rinde des Baumes streicheln – was soll dann aus uns Menschen werden?

Das hat nichts mit Romantik zu tun. Unsere Liebesfähigkeit wird verkümmern, das Einfühlungsvermögen in die konkrete Wirklichkeit; all das wird als altmodisch und rückständig gelten. Wir werden glauben, fortschrittlich zu sein, aber wir werden unglücklich sein. Als Psychologe kann man nur davor warnen. Die Liebe, in der die Sensitivität und die Meditation des Erlebens zum Ausdruck kommen – sie wird mehr und mehr verkümmern und schließlich sterben. Deshalb stimmt es mich traurig, wenn Ihr Mann schon heute sagt, Sie wären ›romantisch‹, nur weil Sie am Teich sitzen. Wenn wir aber morgen unsere Umwelt nicht mehr mit allen Sinnen lieben – was soll dann aus unserer Umwelt werden? Wir werden sie nicht mehr achten, weil wir uns von ihr völlig entfremden. Das elektronisch erzeugte Bild scheint live, es ist aber nicht wirklich live. Love und live, das ›o‹ oder das ›i‹ – nur ein Buchstabe, aber von großer Bedeutung. Wir werden für live halten, was nicht lebendig ist, und wir verlieren deshalb die Liebe (love). Die Schäden an unserer Seele, die wir damit heraufbeschwören, werden gewaltig sein. Wir entfremden uns auch von uns selbst. Der Bildschirm wird uns alles bieten können, aber wir werden neurotisch sein, lieblos, depressiv und destruktiv.«

»Sie wollen mir sagen, ich sollte mit Michael über diese Dinge reden.«

»Lieben Sie ihn, und begleiten Sie ihn weiter, ohne Druck und Zwang zur Anpassung. Das wäre Erziehung aus Mitgefühl.«

Meine Geliebte ist schwanger

Der katholische Würdenträger

Heute sagte sich ein hochrangiger Vertreter der katholischen Kirche an. Er hat sich auserbeten, daß eine Viertelstunde vor und nach seinem Erscheinen niemand anderes bestellt sein darf, und er möchte von mir persönlich sofort ins Sprechzimmer geführt werden.

Pünktlich um siebzehn Uhr steht er vor der Tür, nicht in Amtskleidung, sondern in Zivil. Er lächelt mich freundlich und reserviert an, setzt sich und beginnt das Gespräch, ohne sich den Raum anzusehen oder einen Blick auf die Aquarelle an den Wänden zu werfen, wie das viele meiner Klienten tun. Er möchte keinen Kaffee und auch kein Wasser.

»Ich bin heute zu Ihnen gekommen, weil ich mich mit Ihnen unterhalten möchte und Fragen stellen will. Außerdem war ich neugierig darauf, Sie als Mensch vor mir zu haben. Ich habe Ihr Buch *Die Liebe* gelesen, obwohl mich populärpsychologische Literatur ansonsten nicht interessiert.

Ich weiß, daß Sie keiner Religion angehören, aber das soll in unserem Gespräch auch keine Rolle spielen. Ich komme zu Ihnen, weil Sie Psychologe sind und kein Psychoanalytiker. Ich suche keine Psychoanalyse, denn ich habe eine sehr kritische Einstellung gegenüber der Lehre von Sigmund Freud.« Er macht eine Pause und schaut mich mit klaren, offenen Augen unverwandt an.

Ich halte seinem Blick stand und antworte. »Ich gehöre keiner Religion und keiner Partei an. Ich bin kein Freudianer und auch kein Vertreter irgendeiner bestimmten psychotherapeutischen Richtung.

Warum sind Sie heute zu mir gekommen? Was möchten Sie mit mir besprechen?«

»Ich möchte Sie kennenlernen, das sagte ich schon. Ich möchte ein Gespräch führen, aber nicht als Patient. Ich fühle mich keineswegs krank, ich bin kerngesund. Aber ich möchte mit Ihnen über Liebe und Sexualität sprechen, weil ich davon betroffen bin.«

»Über die Liebe wissen Sie sicher sehr viel – sie spielt ja eine große Rolle im Christentum. Über Sexualität dagegen wissen Sie nur etwas aus Büchern oder aus dem Beichtstuhl, da Sie sich dem Zölibat verpflichtet haben.«

»Die Liebe ist ein wichtiger Bestandteil der Lehre Jesu. Ich habe mich dem Zölibat gerne verpflichtet, weil meine Aufgabe, den Menschen zu dienen, volle Konzentration erfordert. Ich darf als Vertreter der Lehre Jesu nicht eingebunden sein in Probleme der erotischen Liebe zwischen Mann und Frau. Deshalb stehe ich mit jeder Faser meines Herzens auch zur Autorität unseres Papstes. Ich möchte aber mit Ihnen nicht über die Aufhebung des Zölibats diskutieren. Sie sind dagegen, das spüre ich sofort, aber darüber möchte ich keine Argumente von Ihnen hören.
Die Sexualität ist in mein Leben getreten. Das ist das Thema. Ich habe eine wundervolle Frau kennengelernt, eine verheiratete Frau, die mich mit ihrer Intensität überrascht hat. Meine Liebe zu ihr hat diese Frau sehr beglückt; wir führen wunderbare Gespräche. Sie ist gläubig und steht voll zur Lehre. Sie hat großes Vertrauen in mich gesetzt. Wir sind uns geistig und seelisch so nah gekommen, daß dieses Nahsein auch zur Annäherung unserer Körper geführt hat. Sie hat sich in mich verliebt und mir deshalb auch ihren Körper gegeben. Sie hat in mir sexuelle Gefühle geweckt, die ich bisher in dieser Art nicht kannte.
Wir hatten sexuellen Kontakt, und nun ist sie schwanger. Deshalb bin ich heute hier.
Natürlich wird sie das Kind bekommen. Es ist also kein Thema,

was jetzt noch zu verhüten oder zu unternehmen sein könnte. Ich werde alles regeln, was zu regeln ist. Es wird für sie und das Kind gesorgt sein.

Was ich von Ihnen wissen möchte ist, wie ich, psychologisch gesehen, von der Sexualität wieder wegkomme. Sie haben sicherlich Erfahrung auf diesem Gebiet. Sagen Sie mir: Was kann ich tun, um meine erotischen Gefühle abzubauen? Bestimmt haben Sie auch schon Homosexuelle beraten, wie sie von ihrer Homosexualität Abstand gewinnen und wieder ein normales heterosexuelles Leben führen können.«

»Ich muß Sie enttäuschen. Es waren zwar auch Homosexuelle bei mir, die von ihrer Neigung befreit werden wollten, aber das ist nicht möglich. Wenn Männer sich sexuell von Männern angezogen fühlen und Frauen von Frauen – warum sollte man das therapieren? Ich sehe keinen Sinn darin. Wenn ein Mann die sexuellen Merkmale eines Mannes faszinierend findet, dann sollte er das ausleben. Er schadet niemanden damit. Wenn man davon ausgeht, daß Sexualität nur praktiziert werden darf, um Kinder zu zeugen, dann frage ich mich, warum? Üblicherweise werden Mann und Frau voneinander angezogen. Wenn nun jemand sich physisch und psychisch als Mann von einem Mann angezogen fühlt, sehe ich darin kein Problem. Zum Problem wird es allerdings, wenn er das selbst verurteilt und deshalb darunter zu leiden beginnt.

Sie fühlen sich als Mann von einer Frau angezogen. Wo ist das Problem? Es ist die natürlichste Sache der Zoologie oder Biologie. Ihr Kirchenleute habt daraus ein Problem gemacht, und zwar mit der Normierung des Zölibats. Ich kann nicht die natürliche Biologie aus der Welt schaffen!«

»Sie können mir also keinen Rat geben, wie ich von meinen sexuellen Empfindungen loskomme? Ich möchte mich davon lösen. Ich möchte frei werden davon. Ich dachte, Sie könnten mir aufgrund Ihrer Erfahrung eine Methode empfehlen, wie ich frei werden kann.«

»Wir sind abhängig von vielem, wovon wir frei werden können. Die Menschen sind abhängig von Anerkennung, von Sicherheit und Status, sie sind abhängig davon, was in der Gesellschaft anerkannt wird und was nicht. Sie sind abhängig von Normen und Regeln. Sie sind abhängig vom Werturteil der Autoritäten. Wir sind in Abhängigkeiten hineingeboren und wachsen mit Abhängigkeiten auf. Wir werden konditioniert. Sie wissen, was Konditionierung bedeutet?«

Er nickt und wirkt betroffen.

»Ich sage Ihnen: Wir sind abhängig und angepaßt. Wir lassen es zu, weiter konditioniert zu werden. Wir sind diesem Konditionierungsprozeß ausgeliefert. Es geht darum, das zu beenden. Alle Neurosen basieren auf Konditionierungen. Wir werden psychisch krank, weil wir falsch konditioniert werden.
Bei der Sexualität ist das anders. Sie ist keine Konditionierung, sondern eine biologische Naturgegebenheit. Sie ist einprogrammiert in alle Lebewesen, weil sie der Erhaltung der Art und der Evolution dient.
Sie allerdings wurden darauf konditioniert, sexuelle Signale, die völlig natürlich sind, zu unterdrücken oder geistig zu sublimieren. Nun hat sich die sexuelle Energie aber ihre Bahn gebrochen. Das ist aus meiner Sicht gut so. Ihre Sichtweise verurteilt das. Warum? Warum wollen Sie sich gegen die Entfaltung der Lebendigkeit wenden? Weil es als Regel so verordnet wurde! Weil Sie sich dem Dogma der Kirche verpflichtet haben. Die Ratio will es so. Wir sind aber nicht nur Verstandeswesen, sondern wir haben einen Körper mit Sexualorganen, und wir besitzen eine Seele mit Emotionen. Kann man das verleugnen? Es hat keinen Sinn, denn das macht krank. Wenn das Leben an oberster Stelle steht – und das betont der ›unfehlbare‹ Papst –, dann sollte es das gesunde Leben sein und nicht das kranke.«

»Das ist wohl richtig«, entgegnet er und schüttelt verwirrt den Kopf. Mimik und Gestik spiegeln ein inneres Gewitter.

»Ich möchte dieses Thema auf Jesus selbst zurückführen. Der Theologieprofessor Hubert Mynarek hat ein Buch veröffentlicht mit dem Titel *Jesus und die Frauen*. Aufgrund seiner Bibelstudien kommt er zu dem Ergebnis, daß Jesus Maria Magdalena, die Witwe eines Großgrundbesitzers, geliebt hat. Die Amtskirche versucht diese Liebe zu leugnen. Außerdem liebte Johanna Jesus; sie soll die Exfrau des Finanzministers von Herodes gewesen sein. Warum wollen wir so tun, als wäre Jesus als Mann ein asexuelles Wesen gewesen? Was ist dagegen einzuwenden, wenn er mit Maria Magdalena und Johanna Sex hatte? Was ist falsch daran oder verkehrt oder komisch? Im Gegenteil, ein Jesus, der Frauen liebte und den die Frauen liebten, ist doch um so sympathischer. Wir Menschen sind so.

Gut, er war nach der Kirchenlehre Gottes Sohn, den Gott auf die Erde geschickt hat, um die Menschen zu erlösen. Warum sollte Gott Vater ihm verwehrt haben, auf seinem Erdentrip Frauen zu lieben? Es gibt eine biologische Ordnung. Gott hat diese Welt schließlich so geschaffen.

Das klingt sehr einfach. Aber ich bin überzeugt, so einfach ist es auch. Die Amtskirche hat es kompliziert. Wenn die Kirche verlangt, daß ihre Priester und Missionare Frauen als asexuelle Wesen anzusehen haben, dann ist das ihr Problem. Die Kirche kann die Biologie oder Zoologie jedoch nicht aus der Welt schaffen. Auch ein Diener der Kirche ist ein Mann. Das ist völlig normal. Wie soll ich das aus der Welt schaffen können?

Es gibt keine Tricks und keine Tips. Es tut mir leid, ich kann Ihnen nicht helfen. Schließlich hat Gott – und Sie glauben ja an Gott – diese Verhältnisse der Geschlechter so geschaffen. Er hat Jesus als Menschen auf die Welt geschickt, nicht als Übermenschen. Gottes Sohn ist am Kreuz gestorben. Auch da gab es keine ›Ausnahmeregelung‹; er ist unter Schmerzen am Kreuz gestorben. Warum sollte es in seiner Existenz als Mann eine Ausnahmeregelung geben? Er war sicherlich ein anziehender Mann. Warum waren Frauen um ihn wie Magdalena und Johanna? Warum sollte er eine Art Asexualität leben? Welchen Sinn sollte das haben? Es stünde im Widerspruch zum gesamten Leben, und die Kirche hält das Leben doch sehr hoch. Ich meine, die Kirche hält es im Punkt Schwangerschaftsverhütung sehr hoch; meiner Meinung übertreibt sie dabei. Das mußte ich jetzt einfach einmal loswerden.«

»Lassen wir diese Thematik doch bitte beiseite. Ich wollte mit Ihnen – das habe ich schon zu Anfang gesagt – keine theologischen Fragen erörtern. Es geht mir einzig und allein darum, wie ich das Abschweifen meiner Gedanken zur Sexualität eindämmen kann. Ich möchte völlig frei davon werden.«

»Ich sagte Ihnen schon, daß die Sexualität und ihre Entfaltung zum Menschsein dazugehört. Es gibt die verschiedensten Methoden, wie versucht wird, davon loszukommen. Aber alle diese Versuche sind erfolglos. Es handelt sich entweder um Ablenkung, um Verdrängung oder um Sublimierung – alles Abwehrmechanismen. Es soll weggeschoben oder unterdrückt werden. Wenn Sie aber etwas Physisches oder Psychisches mit solchen Methoden abschütteln wollen, dann können Sie noch so sehr dagegen kämpfen – es kommt verstärkt wieder. Sie wenden Energie auf, um eine andere Energie, nämlich die sexuelle Energie, zu bekämpfen. So entsteht ein Konflikt in Ihnen. Sie erreichen dadurch nur, daß die sexuelle Energie um so mächtiger wird und um so stärker drängt.
Wir können nur frei werden, wenn wir keinen Widerstand entgegensetzen. Ich möchte ein Beispiel gebrauchen: Wenn draußen die Straße mit Preßlufthämmern aufgestemmt wird, dann verursacht das natürlich Lärm. Wenn ich mich innerlich dagegen wehre, dann quält mich der Lärm nur um so heftiger. Verurteile ich den Geräuschpegel aber nicht, sondern nehme ihn innerlich als unvermeidbar an, dann kann ich dabei in Ruhe Zeitung lesen oder Briefe schreiben. Ich kämpfe nicht gegen den Lärm an, also kämpft er auch nicht gegen mich. Ich denke, das ist ein plastisches und verständliches Beispiel. Ähnlich ist es mit der Sexualität: Wenn Sie sie verurteilen und nicht anerkennen wollen, also gegen sie kämpfen, dann richtet sich diese Energie gegen Sie selbst. So können Sie

niemals frei werden. Sie sollten Ihre eigene Sexualität anerkennen, dann können Sie besser damit leben. Sie werden dadurch nicht frei davon, aber Sie verschwenden nicht mehr soviel Reibungsenergie. Es ist wie mit dem Lärm: Er ist dadurch nicht weg, aber er quält Sie nicht mehr. Von der Sexualität kann ich Sie nicht befreien, denn sie ist eine natürliche Gegebenheit. Wenn Sie nicht dagegen kämpfen, dann bleibt Ihnen die Qual erspart, und Sie können konzentriert lesen, schreiben oder sonst etwas tun.«

»Kann man diese sexuelle Energie denn nicht gänzlich abstellen, so daß sie sich einfach auflöst? Der Lärm auf der Straße ist absehbar, und spätestens um siebzehn Uhr macht der Bautrupp Feierabend. Die Sexualität bleibt jedoch bestehen. Hier hinkt also Ihr Beispiel.«

»Jedes Beispiel ist eben nur ein Vergleich mit etwas anderem, das nicht voll die Problematik abdeckt. Der Lärm ist ein Beispiel dafür, wie etwas unerträglich wird, wenn man dagegen ankämpft. Ein normaler Mann, um es einmal so zu bezeichnen, spürt seine sexuellen Wünsche und Sehnsüchte. Er versucht sie in die Tat umzusetzen und ist nach dem erreichten Orgasmus befriedigt. Er hat also Ruhe – der Bautrupp ist nach Hause gegangen, um es humorvoll zu sagen. Die Sexualität kommt jedoch wieder; sie begleitet uns durch unser ganzes Leben. Viele haben Wünsche, die sie noch nicht befriedigen konnten; sie suchen weiter danach. – Nun ja, das führt uns hier zu weit ab.
Fest steht: Sie haben sich auf die Regeln Ihrer Kirche eingelassen. Sie müssen sie befolgen, denn sonst verlieren Sie Ihre Sicherheit.«

»Das ist richtig. Ich habe seit einigen Monaten Schweißausbrüche und führe das auf Angst zurück. Ich habe Ängste, die ich nicht mehr in den Griff bekomme.«

»Das ist normal. Die Sexualität bedroht Ihre Sicherheit. Die meisten Menschen streben nach Sicherheit; also haben sie Angst. Verdrängen Sie diese Angst bitte nicht, erleben Sie sie, denn Sie können etwas daraus lernen. Wir sollten nicht die Angst bekämpfen, denn sie ist nur ein Symptom. Die Ursache liegt in dem Streben nach Sicherheit. Sobald wir die Sicherheit aufgeben – und die Unsicherheit annehmen –, hört die Angst auf. Wir können also frei werden von Angst, wenn wir frei werden von jeglichem Streben nach Sicherheit.«

»Der Mensch sucht aber Sicherheit. Deshalb haben wir die Religion, weil sie uns die Geborgenheit in Gott vermittelt. Gott liebt uns, und er ist ein verzeihender Gott.«

»Gott ja, aber nicht die Kirche. Sie geht mit harten Strafen gegen die vor, die eine Meinung äußern, die von Dogmen abweicht. Denken Sie an Eugen Drewermann. Ihm wurde erst die kirchliche Lehrerlaubnis und dann 1992 das Priesteramt entzogen. Er hat sich der Unsicherheit gestellt. Das ist Freiheit, so stellt man sich der Angst. Ich denke, daß auch er Stunden der Angst durchlebt hat.«

»Nochmals: Bitte keine Diskussion über theologische Fragen. Ich möchte frei werden von der Sexualität und auch von der Angst. Ich kann mich nicht auf das Gebiet der Unsicherheit begeben.«

»Doch, das können Sie. Sie können innerlich frei werden, nur für sich selbst. Sie können erkennen, daß es Sicherheit nicht gibt. Sie ist ein Wunschtraum, eine Illusion. Nichts ist sicher, nichts bleibt, wie es ist. Sie altern, Sie werden vielleicht krank, Sie werden eines Tages sterben. Es gibt keine Sicherheit. Der Papst wird eines Tages sterben. Ein neuer Papst – ich drücke es einmal so aus – wird vielleicht moderner sein und wird das Zölibat aufheben. Das ist durchaus denkbar. Aber darauf können Sie nicht warten, denn Sie leben jetzt. Wenn Sie geistig und seelisch frei werden von jeglicher Sicherheit, dann sind Sie frei, dann bekommt der heutige Tag für Sie eine völlig neue Qualität. Auch wenn die meisten Menschen an etwas gebunden sind – an ihr Haus, an ihren Job, an ihr Hobby, an ihre politische Überzeugung, an ihre Familie, an Meinungen und Wertvorstellungen –, so kann sich jeder von all dem befreien. Das ist so, denn es ist eine Tatsache. Dann löst sich alle Sicherheit auf, wird alles unsicher – sie sind auf dem realistischen Weg. Alles ändert sich, manchmal langsam und kaum wahrnehmbar, manchmal sehr schnell, etwa dann, wenn etwas Unvorhergesehenes geschieht, ein Unglück beispielsweise, ein Attentat …

Wenn Sie die Unsicherheit annehmen und sich nicht dagegen wehren, sind Sie innerlich frei. Dann haben Sie losgelassen. Sie sind aktiv, aber ohne Ehrgeiz. Dadurch verschwindet die Sexualität nicht, aber sie verliert an Energie, weil Sie sie nicht mehr unterdrücken und bekämpfen. Einen anderen Rat kann ich Ihnen nicht geben. Es gibt keinen einfachen Trick, mit dem man das Leben überlisten könnte.«

»Ich werde darüber nachdenken, was Sie gesagt haben. Es sind jedenfalls interessante Gedanken.«

»Es ist eigentlich keine Sache des Nachdenkens. Es gehört allerdings Mut dazu, sich damit zu befassen. Finden Sie heraus, was passiert, wenn Sie Ihre Emotionen unterdrücken und dagegen kämpfen oder wenn Sie sie zulassen. Finden Sie heraus, was Streben nach Sicherheit verursacht und was die Erkenntnis der Unsicherheit bewirkt. Sie können es fühlen. Wenn Sie spüren, wie die Angst zurückweicht, dann sind Sie auf dem richtigen Weg. Fürchten Sie sich nicht vor der Sexualität. Auch sie bietet übrigens keine Sicherheit; sie ist nur eine Konstante, die uns nicht von der Seite weicht. Gott hat uns Menschen so geschaffen. Wenn er die Sexualität für falsch gehalten hätte, dann hätte er uns anders strukturieren können. Er hat uns auch mit der Unsicherheit konfrontiert. Und wir versuchen, das mit allen möglichen Tricks außer Kraft zu setzen, um dennoch Sicherheit zu erlangen. Der Preis, den wir dafür bezahlen, ist die Angst. Selbst Jesus hatte keine Sicherheit, vor dem Kreuz bewahrt zu werden.«

Sex und Liebe auf Raten

Die bekannte Ärztin

Sie hatte mit mir einen Termin am Mittwochnachmittag vereinbart, weil dann ihre Praxis geschlossen ist. Am Telefon machte sie einen ziemlich niedergeschlagenen Eindruck.

Als sie dann vor mir steht, bin ich überrascht von ihrer selbstbewußten, sportlichen und energievollen Ausstrahlung. Ich schätze sie auf etwa Anfang Vierzig. Sie schaut sich erst einmal die Bilder an den Wänden an und sagt schließlich: »Das haben Sie gemalt, nehme ich an.« – »Ja«, antworte ich, »es sind Aquarelle; ein paar von ihnen sind auch für meine Buchumschläge verwendet worden.« Sie setzt sich und blickt mich offen und direkt an.

»Ich habe ein Partnerschaftsproblem und möchte Ihre Meinung dazu hören. Ich war sieben Jahre verheiratet; wir haben keine Kinder. Vor drei Jahren wurde ich geschieden und lernte kurz darauf meinen jetzigen Partner kennen.

Ich bezeichne mich selbst als gebildet und intellektuell. Der Mann, in den ich mich verliebt habe, ist Inhaber mehrerer Diskotheken. Ich habe ihn in einer seiner Diskos durch eine Freundin kennengelernt. Ich war fasziniert von seinem Charme und seinem männlichen Aussehen. Er ist braungebrannt, sportlich, groß und dunkelhaarig, kurz gesagt, er hatte auf mich eine ungeheure erotische Ausstrahlung. Wir haben uns ineinander verliebt – es hat richtig geknallt.«

»Darf ich Sie kurz unterbrechen? Welchen Beruf hat Ihr Ex-Mann? Und was ist er für ein Mensch?«

»Er ist Jurist in einer Anwaltssozietät. Er kommt aus gutem Elternhaus und hat sich den Ansprüchen und Forderungen seiner Familie in jeder Weise angepaßt. Alle Bekannten sagten damals: ›Ihr seid die perfekte Verbindung, du Ärztin, er Jurist, ihr paßt wunderbar zusammen, ihr seid das ideale Paar.‹ Das habe ich in den ersten Jahren unserer Ehe auch geglaubt.«

»Woran ist diese Ehe gescheitert?«

»Ich glaube an unserer beiderseitigen beruflichen Anspannung. Er hat zuviel gearbeitet, danach noch Tennis gespielt, und ich habe meine Praxis als Internistin aufgebaut. Außerdem habe ich den Haushalt geführt, immerhin ein großes Einfamilienhaus mit einem weitläufigen Garten, den ich zusammen mit einem Gärtner umgestaltet habe. Mein Mann und ich, wir waren wohl beide überfordert. Wir waren oft total erschöpft, und schließlich haben wir überhaupt nicht mehr miteinander geschlafen. Er hat im Tennisclub eine Liebschaft angefangen und es mir natürlich verschwiegen. Von guten Bekannten bekam ich dann einen Tip, sprach ihn darauf an, und so ist es dann zum Eklat gekommen.
Er hat sich mir gegenüber sehr großzügig verhalten. Er ist aus unserem Haus ausgezogen und hat es mir übertragen. Unterhalt bekomme ich natürlich nicht, weil ich ja selbständig bin und gut verdiene. Es hat mir damals sehr weh getan, wie schnell er auf das Haus verzichtet hat und zu seiner Geliebten gezogen ist. Er hat sie inzwischen geheiratet.«

»Haben Sie Ihren Ex-Mann geliebt?«

»Ich glaube schon, daß ich ihn geliebt habe. Aber ich fühle mich im nachhinein von ihm nicht geliebt. Er hat mir zwar großzügig das Haus überschrieben, aber ich denke, es ging ihm nur darum: schnell weg, weg, weg. Das hat mich tief verletzt. Meine Freundinnen sagen, ich solle froh sein, daß die Scheidung so problemlos über die

Bühne ging. Nun ja, ich lebe jetzt in einem schönen Haus und könnte eigentlich zufrieden sein.«

»Sie sind es aber nicht.«

»Nein, ich bin nicht zufrieden ... auch weil ich in dieser Partnerschaft drinstecke. Ich habe mich in Claudio verliebt.«

»Ist er Italiener?«

»Nein, er heißt eigentlich Klaus, aber alle nennen ihn Claudio, und er will auch so genannt werden. Ich habe mich total in ihn verliebt, Hals über Kopf, mit voller Energie.«

»Diese Liebe ist für Sie sexuell erfüllend, nehme ich an.«

»Unsere Beziehung stand von Anfang an unter dem Vorzeichen Sex. Meine Sexualität als Frau ist durch ihn erst richtig geweckt worden. Ich habe mit ihm eine körperliche Leidenschaft erfahren, die ich in dieser Form mit meinem Ex-Mann über sieben Jahre so nie erlebt habe. Das hat mich natürlich sehr beglückt.«

»In welcher Form hat sich dann ein Problem eingestellt? Wenn es kein Problem gäbe, säßen Sie ja nicht hier.«

»Ja, auf diesen Punkt muß ich jetzt kommen. Claudio hat mir seine Liebe geschworen und ich meine Liebe zu ihm. Ich war glücklich. Er ist dann zu mir ins Haus gezogen. Da ist aber noch eine Freundin, die ein Kind von ihm hat, einen Sohn, mit der er, bevor wir uns kennenlernten, in einer Eigentumswohnung zusammenlebte.
Nach vier Monaten hat er seine Koffer gepackt und ist wieder in diese Eigentumswohnung zu seiner Freundin gezogen. Er sagte, daß er seinen Sohn liebe und daß er deshalb zurückmüsse. Ich war wie vor den Kopf geschlagen – ich lebte und arbeitete wie in Trance. Nach drei Wochen hat er mich angerufen, wir sind zusammen es-

sen gegangen und anschließend in meinem Haus in meinem, in unserem Bett gelandet. Danach ist er wieder bei mir eingezogen.

Es begann wieder eine herrliche Zeit, in der ich richtig aufgeblüht bin. Aber nach drei Monaten packte er wieder die Koffer und zog zurück zu seiner Freundin, und für mich brach wieder die Welt zusammen. Er sagte, sein Sohn sei krank und er müsse bei ihm sein, denn er liebe seinen Sohn.

Verstehen Sie mich bitte recht, ich habe nichts dagegen, daß er seinen Sohn liebt, aber ich verstehe nicht, warum er dann bei mir auszieht!

Schreckliche Wochen, er ruft wieder an, wir treffen uns, er landet bei mir im Bett, wir sinken uns in die Arme, er versichert mir, daß er nur mich liebe, und zieht dann wieder bei mir ein. Nach fünf Monaten bekommt seine Freundin eine Grippe – und er packt wieder die Koffer und zieht bei mir aus.

Er macht das ohne Ankündigung; ich finde dann immer einen Zettel: ›Liebste, ich bin ausgezogen, bitte verzeih mir, ich liebe Dich.‹ Jedesmal weicht mir der Boden unter den Füßen, und ich falle in ein tiefes Loch. So geht das hin und her, er zieht wieder bei mir ein und zieht wieder aus, wie jetzt vor ein paar Tagen.

Ich halte das nicht mehr aus, und deshalb bin ich heute hier. Ich bin mit meinen Nerven völlig am Ende. Natürlich habe ich Psychopharmaka genommen, um mich zu beruhigen. Ich habe hart gearbeitet, um mich abzulenken. Ich bin auf Veranstaltungen gegangen, um zu vergessen. Ich bin acht Tage nach Venedig in Urlaub geflogen, um Abstand zu gewinnen. Aber ich liebe ihn, ich denke an ihn, ich schlafe mit Gedanken an ihn ein und wache damit auf. So kann es nicht weitergehen; ich gehe daran zugrunde. Diese Liebe macht mich krank und kaputt – das kann doch nicht der Sinn der Liebe sein.

Bitte helfen Sie mir da heraus. Ich setze auf unser heutiges Gespräch große Hoffnungen. Die Liebe ist doch eigentlich eine wunderbare und schöne Sache – ich habe das alles in vollen Zügen genossen und möchte keine Stunde davon missen. Aber was geht in mir vor, daß es mich andererseits auch so unglücklich macht, mich so in Verzweiflung, Angst und Abhängigkeit stürzt? Das Glück, das ich mit ihm empfinde, ist schön, aber der Preis, den ich offensichtlich dafür zahle, dieser Preis erscheint mir zu hoch. Warum muß ich für die glücklichen Stunden so leiden? Es kann doch nicht sein, daß Liebe Leiden ist … oder ist Liebe Leiden?«

»Eine intensive erotische Liebe wird als Leidenschaft bezeichnet. Sie wissen doch sicherlich, daß Liebe und Leiden in der Literatur ein und dasselbe Thema darstellen. Aber wir führen ja kein Gespräch über Literatur, sondern über die Probleme des Menschseins. Ich werde den Konflikt, in dem Sie sich befinden, nun ansprechen, und Sie hören mir aufmerksam zu. Ich spreche über die Liebe – kennen Sie mein Buch *Die Liebe*?«

»Ich habe das Buch gelesen, und deshalb bin ich zu Ihnen gekommen. Dieses Buch hat mich sehr berührt. Ich habe mich darin wiedergefunden, aber nicht genau mein Problem erkannt. Ich habe mir gesagt, wenn ich mit Ihnen persönlich spreche, kommen wir vielleicht auf den Punkt, der mich betrifft.«

»Die Liebe ist von großer Bedeutung für unser Leben. Wir wollen lieben und geliebt werden. Wir haben Absichten und Ideen, wir sind ehrgeizig, wir sind egoistisch: Ich liebe, ich will geliebt werden. Ich gebe dir meinen Körper, den du liebst, und du gibst mir deinen Körper, den ich liebe. Wir lieben uns, und es ist schön, wir haben einen Orgasmus, wir streicheln uns danach, versichern uns gegenseitig unsere Liebe; das bleibt uns im Gedächtnis, das halten wir fest. Morgen soll es wieder so sein und übermorgen auch. Wir wollen das fortsetzen; das ist verständlich. Wir schließen von der Vergangenheit auf die Gegenwart und die Zukunft. Wir halten uns daran fest, fixieren uns darauf; so läuft es doch ab. Wir fixieren uns. Heute war es schön, also wollen wir das morgen wieder haben; wir wollen es in Besitz nehmen.«

»Kann man das nicht? Ist denn dieser Wunsch verkehrt?«

»Der Wunsch ist verständlich und gilt als normal. Wir wünschen das offensichtlich alle. Sie haben sich bestimmt mit Ihren Freundinnen darüber unterhalten, und die denken genauso; sie wollen das auch. Ist es nicht so?«

»Doch, und sie sagen auch, es sollte aus einer Liebe eine dauerhafte Beziehung werden, und wenn sie das nicht wird, dann ist das nicht in Ordnung, und es sei verständlich, daß ich darunter leide. Sehen Sie das denn anders?«

»Wenn wir ein Problem haben, in einem Konflikt leben, dann neigen wir dazu, andere um Rat zu fragen, eine gute Freundin, einen guten Bekannten, jemanden, der vielleicht viel Lebenserfahrung besitzt. Wenn Sie katholisch oder evangelisch sind, fragen Sie eventuell auch einen Priester. Ein anderer soll uns sagen, wie er das sieht, welche Meinung er dazu hat, und er soll uns einen Rat geben. Diesen Rat nehmen wir entweder an oder lehnen ihn ab.
Ich betone immer wieder, daß wir uns selbst betrachten sollten, um durch Selbsterforschung die Antwort oder die Lösung zu finden. Ich meine das nicht so lapidar nach dem Motto: Hilf dir selbst, sonst hilft dir keiner. Man kann sich nicht immer selbst helfen. Wenn Ihr Wasserhahn verstopft ist, dann brauchen Sie einen Klempner, der das entsprechende Werkzeug besitzt. Im technischen Bereich ist Hilfe eines anderen sinnvoll, aber im psychologischen Bereich ist das anders.«

»Sie sind doch aber Psychologe, also ein Fachmann. Deshalb bin ich ja zu Ihnen gekommen.«

»Ich habe die Hilfe im psychologischen Bereich von Personen, die keine Psychologen sind, gemeint. Ich sehe meine Aufgabe auch nicht darin, Ihnen einen Rat zu geben – etwa in dem Sinne, daß ich sage: Trennen Sie sich von Claudio, und suchen Sie sich einen anderen Freund. Oder: Trennen Sie sich nicht von ihm, nehmen Sie

seinen Wankelmut in Kauf. Beide Ratschläge wären sehr oberflächliche Ratschläge.

Ich möchte vielmehr, daß Sie den gesamten Zusammenhang sehen
und sich dabei selbst kennenlernen, um aus Erkenntnis und Bewußtheit heraus selbst entscheiden zu können. Wenn ich Ihnen
sage, was Sie tun sollen, hilft Ihnen das nicht wirklich, weil Sie nur
dem folgen, was Ihnen ein anderer sagt, an dessen Autorität Sie
glauben. Sie würden damit aber nur etwas befolgen, was nicht Ihrem Innersten entspricht. Sie wären dann manipuliert und nicht
eigenständig. Ich möchte Sie zur Eigenständigkeit hinführen, und
deshalb müssen wir über die Dinge sprechen, die Ihrem Konflikt
zugrunde liegen.

Sie lieben Claudio und wollen, daß er bei Ihnen wohnt. Das ist Ihr
Wunsch. Warum können Sie nicht ertragen, daß er zurück zu seinem Kind geht oder zu seiner Freundin? Sie wollen ihn für sich
allein haben: Er ist *mein* Geliebter, er lebt in *meinem* Haus, er ist
meine Beziehung.«

»Ist das nicht normal?«

»Es ist normal, im Sinne von üblich, weil andere Frauen in Ihrer
Lage ähnlich denken und handeln würden. Sie haben ein Bild in
sich eingespeichert von Liebe und Partnerschaft: Wenn man sich
liebt, dann will man zusammen wohnen, unter einem Dach, in
einem Bett, dann will man den anderen besitzen und von ihm
besessen werden. Die Stunden sexueller Erfüllung in der Vergangenheit waren so wunderschön, also will man sie wiederholen; man
möchte den Menschen haben, der einem das verschafft hat; er soll
es einem weiter geben, in der Gegenwart und auch in der Zukunft;
man möchte also Sicherheit.

Nun ist es aber so – und das gilt es zu erkennen –, daß es keine
Sicherheit gibt. Ich verstehe das Streben nach Sicherheit, aber wir
sollten uns – im psychischen Bereich – vor Augen führen, daß es in
der Beziehung zweier Menschen Sicherheit nicht geben kann und
nicht geben wird. Ehen werden geschlossen unter der Vorausset-

zung, daß man durch diesen Vertragsschluß Sicherheit erlangt. Aber es gibt diese Sicherheit offensichtlich nicht. In den Großstädten wird jede zweite Ehe geschieden, und die restlichen fünfzig Prozent der Ehepaare machen sich gegenseitig das Leben schwer, weil sie sich nicht mehr lieben, deshalb voneinander enttäuscht sind und sich dafür ärgern und bestrafen.

Wir haben falsche Vorstellungen von der Liebe, falsche Definitionen, die uns beeinflussen. Wir glauben zu wissen, was Liebe ist, aber in Wirklichkeit wissen wir es nicht. Mit unserem Wissen von Liebe gehen wir an unsere Beziehung heran, und wenn es in der Realität anders abläuft, dann sind wir enttäuscht, weil es nicht ist, wie es sein sollte. Wir müssen erkennen, daß das ganze Leben nicht so verläuft, wie es sollte – die Realität ist offenbar widerspenstig. Also setzen wir dem Widerstand entgegen. Wenn es nicht so ist, wie es sein sollte, dann kämpfen wir darum, daß es so werden soll. Wir wenden Tricks an – das sind alltagspsychologische Tricks – und führen Gespräche, etwa nach dem Motto: Wir sollten uns einmal aussprechen. Sie können sich endlos aussprechen, aber das hat nichts mit Liebe zu tun. Wir versuchen den anderen zu erpressen: Wenn du das oder jenes nicht machst oder befolgst, dann trenne ich mich von dir. Hat das etwas mit Liebe zu tun? Wir verweigern uns sexuell, wir ziehen uns beleidigt zurück. Ich spreche jetzt nicht von Ihnen, denn vielleicht haben Sie sich nicht so verhalten.

Ich möchte allgemein etwas verständlich machen, denn es ist letztendlich gleichgültig, welche Strategie Sie verfolgen, ob Sie anrufen und den Kontakt suchen oder ob Sie nicht anrufen und den anderen durch Schweigen bestrafen wollen; ob Sie Briefe schreiben oder Rosen schicken oder seine Eifersucht durch den Flirt mit einem anderen ›wachkitzeln‹ wollen – das alles sind die schäbigen psychologischen Tricks, die wir anwenden, weil sie uns ein Freund gegeben oder weil eine Frauenzeitschrift in ihrer Kolumne über das Thema das empfohlen hat. Wie bleibe ich für meinen Partner begehrenswert? Die Psychologie wird hier mißbraucht als eine Trickkiste, aus der man je nach Bedarf diesen oder jenen Trick herauszieht und anwendet im Kampf um den Partner, um ihn zu manipulieren. So sammelt im Lauf vieler Jahre jeder seine persönliche Privatpsychologie an, die er dann einsetzt. Es ist ein Kampf, mit dem man zu erlangen versucht, was man wünscht, damit die Realität so wird, wie man sie gerne hätte. Natürlich haben diese Tricks manchmal Erfolg: Der Partner kommt tatsächlich zurück, man liegt sich wieder in den Armen, er ist wieder mein Partner, wir lieben uns, alles scheint gut und richtig zu sein – bis zum Tag X, an dem wieder alles ganz anders ist.«

»Sie sagen es. So habe ich es auch erlebt.«

»So erleben es mehr oder weniger alle Menschen. Jeder neue Tag ist anders, denn das Leben ist ein ständiger Fluß, den Sie nicht aufhalten können. Psychologische Tricks sind in ihrer Wirkung meist von kurzer Dauer.
Wir aber wollen und wünschen unaufhörlich Sicherheit; das möchte ich Ihnen bewußtmachen. Wenn Sie das erkennen, ist das wichtiger als ein oberflächlicher Rat. Es ist falsch, nach Sicherheit im psychischen Bereich zu streben; das betrifft sowohl Sie selbst als auch alle Menschen Ihrer Umgebung, die in Beziehung zu Ihnen stehen. Verlangen Sie nicht nach Sicherheit, weil es sie nicht gibt, weil es deshalb töricht wäre. Liebe ist etwas Psychisches, etwas sehr Lebendiges, also gibt es hier keine Sicherheit.
Liebe und Sicherheit schließen sich aus; sie sind wie Feuer und Wasser. Das aber hat uns niemand gesagt; davon wissen wir nichts. Wir haben Wissen gesammelt über die Liebe, haben es abgespeichert im Gedächtnis, aber dieses Wissen ist falsch. Aus diesem falschen Wissen heraus kann man nur falsch handeln. Da Ihnen falsches Wissen vermittelt wurde, ist der erste Schritt, das Falsche als falsch zu erkennen und fallenzulassen. Da Ihnen niemand das richtige Wissen vermittelt hat – weder die Eltern noch der Psychiater, zu dem Sie gegangen sind und der Ihnen Psychopharmaka verschrieben hat –, bleiben Sie allein zurück. Sie sind allein mit diesem gewaltigen Problem der Liebe.
Wir scheinen in einer großen Gemeinschaft zu leben; wir haben un-

sere Freunde und Bekannten, wir haben die Kirchen und den Staat, die sich um uns kümmern, wir haben Theater, Kino und Fernsehen, die Kunst und die Kultur. Alle scheinen sich um uns zu kümmern, alles scheint zu unserem Wohl installiert worden zu sein. Die Feuilletons sind voll von Beschreibungen neuer kultureller Bestrebungen; auch hier geht es immer wieder um die Liebe. Wir haben die Religionen und die Sekten, denen es auch um Liebe geht. Wir sind umgeben von Werbung und Propaganda für Produkte, bei denen es um Liebe geht. Alle buhlen darum, Sie als Konsumenten zu gewinnen: Sie sollen diese Partei wählen, damit es Ihnen in Zukunft bessergeht; Sie sollen das Parfüm kaufen, damit Sie erotischer wirken; Sie sollen zu dieser Bank gehen, damit Sie Ihr Vermögen vermehren; Sie sollen diesen Schriftsteller lesen, damit Sie das Leben erkennen; Sie sollen diese Ausstellung besuchen, damit Sie kulturell gebildet sind; Sie sollen diese CD kaufen, damit Sie ›in‹ sind; Sie sollen sich dieser Sekte widmen, damit Sie den Sinn des Lebens finden; Sie sollen diese Möbel kaufen, damit Ihre Wohnung bewundert wird; Sie sollen dieses Auto fahren, um technisch auf der Höhe zu sein; und Sie sollen natürlich diese TV-Sendung sehen, um Bescheid zu wissen.

Sie sind umzingelt. Wie soll man also in Ruhe leben? Muß man das nicht alles wegwischen, um zu sich selbst zu gelangen?«

»Aber wie mache ich das?«

»Nicht ich gebe Ihnen darauf die entsprechende Antwort, sondern Sie antworten sich selbst. Sie sind umzingelt, das ist das eigentliche Problem. Ihre Meinung über die Liebe ist gar nicht Ihre eigene Meinung.

Bitte dringen Sie jetzt in diese Aussage tief ein. Es wurde Ihnen von außen vermittelt, was Liebe ist, und das haben Sie im Gedächtnis gespeichert. Ihnen wurde auch vermittelt, was die Konditionen der Liebe seien – und deshalb sind Sie jetzt manipuliert und konditioniert. Es geht also darum, daß Sie sich dessen bewußt werden – und zwar jetzt, in diesem Augenblick. Das Leben geht weiter; dieser Strom kümmert sich nicht darum, wer Sie beeinflussen will.

Erkennen Sie, wo Sie stehen? Sie lieben einen Mann. Es ist Ihre Liebe. Jeder sagte und sagt Ihnen, wie Liebe sein sollte. Sie stehen aber mit Ihrer Liebe allein. Alle psychologischen und philosophischen Tricks versagen.

Sie aber sind allein; das gilt es zu erkennen. Also können auch nur Sie allein die Antwort finden. Die Liebe zu einem Mann hat Sie glücklich gemacht. Aber dieser Mann ist nicht Ihr Mann, er ist ein Mann in dieser Gesellschaft, und er ist als Mensch genauso konditioniert wie Sie.

Sie treffen sich und lieben sich; das ist wunderschön. Weder er noch Sie können Sicherheit und Fortdauer erlangen. Es nützt nichts, dagegen Widerstand zu leisten. Es gibt keine Sicherheit, denn damit würde jede Freiheit enden – und das wäre gegen das Leben gerichtet. Solange wir lebendig sind, ist nichts sicher. Wir können versuchen, es zu sichern und darüber zu wachen, es weiter zu sichern. Doch kann man Liebe sichern? Liebe ist Liebe im Augenblick, und wir können sie mit keiner Macht des Geldes, der Psychologie, der Politik oder der Religion herbeizwingen. Liebe und Sicherheit, also Zwang, schließen sich aus.

Lieben Sie Ihren Freund aus Liebe, und lieben Sie diese Liebe, ob er kommt oder geht; er ist nicht Ihr Mann, Ihr zweites Ich der Beziehung, Ihr Partner; das wäre eine Illusion! Und wenn er geht, dann lassen Sie ihn gehen – er gehört Ihnen ja nicht.

Die Liebe ist ein Seinszustand, der davon unabhängig ist. Ich weiß, daß es sehr schwierig ist, das zu verstehen. Die Liebe dauert davon unabhängig an; sie ist frei davon, ist unschuldig. Wir sollten das erkennen, daß Liebe etwas mit Freiheit zu tun hat und überhaupt nichts mit Sicherheit. Wenn Sie Sicherheit suchen, dann ist das Ihre Sache, aber dann ist das eine völlig andere Dimension – eine Dimension, aus der sich Liebe, Schönheit, Glückseligkeit und Freiheit zurückziehen.«

Immer diese Heuchelei!

Der Politiker

Der Politiker hat einen zweistündigen Termin vereinbart, damit wir seine Themen ›ausführlich besprechen‹ können, wie er sagte.

Auf den ersten Blick wirkt er wie ein dynamischer Geschäftsmann. Er ist elegant gekleidet, sehr gepflegt und legt auf sein äußeres Erscheinungsbild offensichtlich großen Wert. Er schaut sich nicht in meinen Räumen um, sondern beginnt sofort das Gespräch, während er mir gegenüber Platz nimmt.

»Ich habe Betriebswirtschaft und Jura studiert und im politischen Bereich Erfolg gehabt, wie Sie sicherlich wissen.

Beginne ich zunächst mit meinem persönlichen Problem. Mit meinem Selbstbewußtsein habe ich in der Regel keine Probleme, bis auf einen Punkt: wenn ich vor einem größeren Kreis eine Rede aus dem Stegreif halten soll. Nicht, daß ich nicht wüßte, was ich sagen soll – ich kann gut frei sprechen –, aber es beschleicht mich dann eine Angst – Schauspieler sagen Lampenfieber dazu –, und ich fühle mich plötzlich innerlich unsicher. Nach außen merkt das niemand, aber ich selbst spüre das natürlich innerlich. Ich habe dann das Gefühl, daß ich irgendwie neben mir stehe und meine Denkfähigkeit eingeschränkt ist. Ich höre mich zwar reden, komme mir aber irgendwie fremd vor, wie eine Marionette. Das kann ich mir nicht erklären, und ich möchte davon loskommen.

Ich verstehe diese Unsicherheit nicht, die mich dann überkommt. Es besteht überhaupt kein objektiver Grund dafür, weil ich meine Sache gut mache und hinterher meist gelobt werde. Ich finde also offenbar die richtigen Worte, aber bin innerlich nicht dabei.«

»Wie lange beobachten Sie diese Empfindungen schon an sich?«

»Während meiner Studienzeit war das nicht so. Ich beobachte es erst seit meiner politischen Tätigkeit. Es hat vor fünf Jahren angefangen, und seitdem verfolgt mich das.«

»Sobald eine solche Unsicherheit einmal auftritt, wird das im Gedächtnis gespeichert, und man denkt: Hoffentlich passiert das beim nächsten Mal nicht wieder! So erzeugt das Denken die Angst und diese Angst wiederum die Symptome. Sie haben sich selbst konditioniert.«

»Und wie komme ich von dieser Konditionierung wieder los?«

»Indem Sie nicht denken, es passiert das nächste Mal wieder, sondern erkennen, daß Sie durch andere Gedanken – etwa: ›Ich werde sicher und überzeugend sein‹ – die Konditionierung auflösen. Andere Gedanken sind die Grundlage für andere Empfindungen.
Es kann aber auch ein zweiter Faktor eine Rolle spielen: Vielleicht stehen Sie nicht ganz hinter dem, was Sie in der Rede inhaltlich sagen sollen und wollen.«

»Da ist etwas Wahres dran. Es wird von mir oft ein Inhalt erwartet, den ich nicht mit vollem Herzen vertrete, sondern nur als Pragmatiker.«

»Es ist die uralte Geschichte, daß man nur überzeugend über etwas reden kann, von dem man selbst innerlich überzeugt ist. Wenn Sie nicht mit ganzem Herzen überzeugt sind, dann kann ich Ihnen diese Überzeugtheit auch nicht geben. Sie können sich auch nicht einreden, von etwas überzeugt zu sein, wovon Sie in Wahrheit tief innerlich nicht überzeugt sind. Das ist ein Zeichen von Lauterkeit und nicht von Schwäche. Viele Politiker haben trainiert, auch von etwas, wovon sie nicht überzeugt sind, selbstbewußt und glaubwürdig zu reden. Ein solches Training kann ich Ihnen allerdings nicht anbieten.«

»Eine andere Antwort als diese habe ich von Ihnen auch nicht erwartet. Ich gebe mich mit diesen beiden Erklärungen zufrieden. Ich habe mich durch negative Erfahrungen selbst konditioniert. Ich erzeuge diese Unsicherheit selbst in mir, weil ich nicht mit vollem Herzen hinter den Inhalten stehe, die ich nach außen vertreten soll. Es ist also ein Konflikt in mir, und dieser Widerspruch spannt mich innerlich an und macht mich unsicher, obwohl ich sonst nicht selbstunsicher bin, weil ich allen Grund dazu habe, auf meine erfolgreiche Ausbildung und meinen bisherigen Lebenslauf stolz zu sein.«

»Wir sollten uns immer genau selbst beobachten, dann erkennen wir den Widerstreit in uns. Konflikte verbrauchen ungeheuer viel Energie. Es gibt viele solche Konflikte, die ich nun nicht alle aufzählen kann. Nur ein kleines Beispiel …
Ein Mann und eine Frau leben seit zwei Jahren zusammen. Die Frau liebt den Mann, der Mann aber liebt die Frau nur halbherzig. Er hat sich an das Zusammenleben gewöhnt, er hat seine Bequemlichkeit, und er liebt auch den Sex. Aber seine Liebe ist nicht stark genug, die Frau auch zu heiraten, denn er denkt, diese Ehe wird nicht von Dauer sein, ich werde noch eine intensivere Liebe in meinem Leben haben und erst dann heiraten. Wenn die Frau das Thema auf die Hochzeitsplanung lenkt, dann tritt der Konflikt zutage: Ich möchte die Bequemlichkeit nicht missen, aber auch nicht heiraten. Also hält der Mann seiner Partnerin einen Vortrag über die Schönheit ihrer Beziehung und versichert ihr, daß er sie liebt. Aber sein Herz steht nicht voll und ganz dahinter.
Mit Worten kann man etwas vortäuschen, aber der Körper und die Seele sind elementarer und können nicht so glatt lügen. Dieser

Konflikt zwischen wirklichem Denken, also wie es ist, und vordergründiger Proklamation, also wie es sein sollte, führt mitunter zu Reaktionen wie Schweißausbrüchen, Herzjagen, Magenkrämpfen, Schwindelgefühl und innerer Unruhe, zu fahrigen Gesten, hektischem Aufspringen, zum Griff nach der Flasche – auch zu grotesken Situationen, die sich etwa an Redewendungen wie der folgenden festmachen lassen: ›Mein Schatz, ich liebe dich, aber gleich kommt die Sportschau. Können wir das Thema auf morgen verschieben?‹«

»Der Konflikt in mir führt also zur Unsicherheit und allen Folgesymptomen«, diagnostiziert er nüchtern.

»Jeder Konflikt zwischen dem, was ist, und dem, wie es sein sollte, führt dazu. Viele menschliche Probleme sind solche Konflikte. Wir leben in ständigem Konflikt. Dieser Partnerschaftskonflikt war nur ein kleines Beispiel. Ihr Konflikt ist folgender Natur: Ich sollte dies oder jenes sagen, aber es steht im Gegensatz zu dem, was ich wirklich fühle.«

»Das ist der Kern meines Konflikts, das habe ich verstanden. Aber wie komme ich nun aus diesem Konflikt heraus?«

»Indem Sie zu dem stehen, was ist, und nicht zu dem, was sein sollte.«

»Sie meinen, ich soll Realist werden?«

»Sie fragen das mit einem Unterton, der mir sagt, daß Sie es falsch finden, Realist zu sein.«

»Ich halte es für besser, Idealist zu sein. Jeder Politiker sollte doch den idealistischen Anspruch haben, die Welt besser zu machen. Ich jedenfalls habe ihn.«

»Ich halte es für besser, Realist anstatt Idealist zu sein. Der Idealismus gilt als großer geachteter Wert: Ich bin Idealist, das ist doch eine großartige Sache. So geschieht es auf allen Gebieten: Ich bin Idealist, sagt der Künstler, es geht mir um die reine Kunst; ich bin sozial eingestellt, sagt der Sozialfürsorger, es geht mir darum, den Menschen zu helfen; ich bin religiös, sagt der Katholik, es geht mir darum, im Sinne der Kirche zu leben; ich bin Intellektueller, es geht mir darum, die geistigen Werte hochzuhalten; ich bin gebildet, es geht mir darum, die Kultur zu fördern; ich bin Nationalist (oder Europäer), es geht mir darum, unser Land zu fördern. Das alles ist Idealismus, der Künstler, der Soziale, der Religiöse, der Intellektuelle, der Gebildete, der Europäer, der Liebhaber, der Naturfreund, der Blumenfreund – sie alle sind idealistisch.«

»Wo kämen wir hin ohne diese Idealisten?«

»Wir sollten uns fragen: Was verbirgt sich hinter Etiketten wie Künstler, Sozialer, Religiöser, Intellektueller, Liebhaber, Naturfreund und Blumenzüchter? Was wird da aufgestaut, und was ist dahinter? Wir reden hier von den großen Werten Kunst, Religion, Kultur, Intelligenz und Naturschutz, von dem, was idealerweise eine große Bedeutung hat; wir haben dem allen diese Bedeutung gegeben. Aber ist das alles nicht Idealismus? Davon unabhängig besteht die Realität. Alle reden von Liebe: Wir sollten lieben, gut sein, sozial, gebildet, religiös und kulturell interessiert. Aber sind wir das? Wissen wir, was Liebe ist, was Güte, soziale Kommunikation, Bildung, Religiosität, Kultur? Wissen wir das aus tiefstem Herzen? Wissen Sie es? Wir können darüber große Reden halten. Idealistische Reden sind falsch und verlogen, denn es geht um Wünsche, um Ideen, nicht um die Wirklichkeit, die anders ist, ganz anders. Die Wirklichkeit ist das, was Sie täglich beobachten, und das hat mit Idealismus nichts zu tun. Das, was Sie real beobachten, ist das wirkliche Leben, sind die wirklichen Verhaltensweisen, so, wie das menschliche Verhalten wirklich ist, ganz konkret, an ganz realen Bedürfnissen orientiert. Alles andere ist intellektuelle Schaumschlägerei. Dazu zähle ich die Kunst, die Religion, Ideologien, Philosophien, das ganze Geschwätz über das, was gut und böse sei. Die Bösen reden so gerne und viel über Gut und Böse, um sich dahinter zu verstecken. Sehen Sie also ab von allen idealistischen Fahnen, und betrachten Sie nur das, was wirklich ist. Dann gibt es keine Konflikte mehr, und Sie werden sicher. Es gibt nur einen sicheren Boden – und der ist schonungslose offene Betrachtung. Wenn Sie Idealist sind, dann haben Sie Illusionen, die Illusion, wie es eigentlich idealerweise besser wäre. Aber es ist nicht so! Der idealistische Wunsch verändert nicht die Menschen und nicht die Welt.«

»Soll man deshalb keine Illusionen, keinen Idealismus mehr haben?«

»Ihre Frage zeigt: Das, was ich gesagt habe, haben Sie nicht nachvollzogen. Sagen Sie lieber: Ich halte das für falsch, was Sie sagen, ich kann es nicht nachvollziehen; das ist in Ordnung. Sie bekommen keine schlechte Note deswegen. Sagen Sie: Ich habe nicht verstanden, was Sie meinen, ich habe die Worte gehört, ich habe versucht, das zu verstehen, aber ich halte nach wie vor Idealismus für richtig. Sagen Sie das doch, dann wissen wir beide, wo wir stehen, denn nur dann können wir das Gespräch fortsetzen, Sie als Idealist, sofern Sie daran festhalten, und ich als Realist, sofern Sie mich nicht zum Idealisten machen konnten.

Für mich zählt das, was wirklich geschieht; für Sie zählt vielleicht das, wie es besser wäre. Sie stehen auf der Seite der Verbesserer. Haben die Idealisten etwas bewirkt? Ich meine jetzt die ganz großen Idealisten wie Christus, Goethe, van Gogh, Marx, Buddha, Mutter Teresa. Große idealistische Personen in der Menschheitsgeschichte haben ihre Bedeutung; das ist gar keine Frage – aber was haben sie tatsächlich bewirkt? Da ist die Realität, und dort ist das Ideal. Weil sie das Ideal vertreten, sagen wir, oh, wie wunderbar, sie vertreten ein Ideal, dem lohnt es sich nachzueifern. Aber warum wurde daraus nichts, warum wurde das alles verfälscht? Warum hat der, der sich Christ nennt, einen Muslim oder Juden ermordet; warum hat der, der Goethe liebt, einen Juden an die Nazis verraten; warum hat derjenige, der die Sonnenblumen von van Gogh liebt, kein Verständnis für moderne Malerei; warum hat der Leser des *Kapitals* von Marx kein besonderes soziales Gefühl und der Bewunderer von Buddha keine Ruhe und Gelassenheit in sich? Ideal und Wirklichkeit klaffen auseinander. Also müssen wir uns mit der Wirklichkeit befassen, nicht mit den Idealen.

Sie treten für Naturschutz ein. Das ist ein Ideal, ein sinnvolles und richtiges Ideal. Ich sage ja nicht, Ideale wären in sich falsch. Sie treten für etwas Richtiges ein, aber wir sollten uns fragen – und jetzt kommen wir zur Realität: Wie ist der Schutz der Natur möglich? Als Ideal ist es nichts, denn über Ideale lachen die Pragmatiker. Ich bin Realist, kein Pragmatiker. Also gelangen wir in die Realität, ohne egozentrische Pragmatiker zu sein; das ist wohl die Frage, mit der wir uns befassen sollten. Sie sind Politiker, und das sollte Sie deshalb interessieren.«

»Das interessiert mich. Und ich komme jetzt zum zweiten Teil, weswegen ich heute hier bin. Wie können wir das, was Sie sagen und in Ihren Büchern veröffentlicht haben, politisch aufgreifen? Ich würde daraus gerne ein politisches Programm machen!«

»Das können Sie natürlich gerne versuchen, aber es ist aus verschiedenen Gründen sehr schwierig.«

»Deshalb möchte ich ja einmal grundsätzlich mit Ihnen darüber reden.«

»Möchten Sie das Programm in Ihr Parteiprogramm integrieren?«

»Ich denke an eine Integration, obwohl ich mir auch eine völlig eigenständige Partei denken kann. Um mal einen Namen zu nennen: HPD – Humanistische Partei Deutschlands. Was halten Sie davon?«

»Der Begriff ›humanistisch‹ ist zu schwammig, genauso wie ›christlich‹ oder ›demokratisch‹. Aber an Etiketten sollten wir uns jetzt nicht festbeißen.«

»Wie sehen Sie die politischen Ziele?«

»Wie Sie wissen, stehe ich unserer Gesellschaft sehr kritisch gegenüber, und deshalb sage ich – erschrecken Sie jetzt bitte nicht: Es bedarf einer elementaren Veränderung, damit der Mensch wirklich sinnerfüllt leben könnte, ohne Angst und ohne Unterdrückung. Es müßte mit der Erziehung der Kinder begonnen werden; sie brauchen eine neue Pädagogik mit wirklichem Verständnis für den Geist und die Seele. Was Erziehung von Kindern psychologisch bedeutet, davon wissen die meisten Eltern nichts. Die Grundschullehrer wissen davon zwar einiges mehr, aber sie setzen es nicht um, denn sie sind an die Richtlinien unseres Schulsystems gebunden. Wir haben ein Leistungssystem, wir benoten, wir werten den einen Schüler auf und den anderen ab.

In der Familie wird der ältere Bruder mit dem jüngeren verglichen, die klavierspielende Schwester mit dem tennisspielenden Sohn. Eltern sagen: Mache es so wie deine Schwester oder dein Bruder! So entsteht ein fataler Vergleich – der eine wird gegen den anderen ausgespielt. Es triumphiert die Fremdbestimmung gegenüber der Selbstbestimmung. Anpassung ist alles, was Eltern kennen und wollen, weil sie es selbst nicht anders gelernt haben. Sie mußten sich auch anpassen; deshalb sollen sich auch ihre Kinder anpassen. Es geht ihnen doch nur darum, daß ihr Sprößling in ihrer Gesellschaft nach oben kommt, daß er das und jenes richtig macht – richtig nach der eigenen Denkweise, versteht sich. Es geht um gute Noten, Bravheit, Konzentriertheit, Disziplin; das Kind soll sich in eine Form hineinzwängen.

Es gibt Begabungen und Talente, die als gut und richtig gelten; darunter fallen mathematisches und logisches Denken, auch sprachliche Begabung. Abgewertet werden dagegen die musischen und kreativen Fähigkeiten. In manchen Familien gilt es geradezu als eine

Katastrophe, wenn ein Junge Interesse an Musik, Malerei und Poesie hat und Phantasie zeigt, weil wir wirtschaftlich orientiert sind, erfolgs- und verstandesorientiert. Wobei es ja nicht bedeutet, daß ein musisch interessierter Mensch seinen Lebensunterhalt später nicht verdienen könnte oder daß er dann keine Intelligenz hätte. Aber die meisten Leute verstehen unter Intelligenz eben etwas anderes. Wir haben Vorurteile, und die sitzen tief – es sind über Generationen hinweg kollektive Prägungen. Wenn Sie sagen, die ganze Erziehung war verkehrt, und das sage ich, dann treffen Sie auf ein grenzenloses Unverständnis und auf massiven Widerstand.

Schon deshalb ist die Idee Ihrer Partei zum Scheitern verurteilt. In unserer Demokratie benötigen Sie Mehrheiten – Sie müssen bekanntlich über die Fünf-Prozent-Hürde kommen, um in den Bundestag einziehen zu können. Sie erleben ja, wie eine doch so traditionelle Partei wie die FDP damit mehr und mehr Schwierigkeiten bekommt. Der Gedanke der Liberalität interessiert nur wenige – und was ich hier sage, ist mehr als liberal; es geht um wirkliche Freiheit. Der Gedanke der Freiheit macht den Menschen angst; er ist sehr unpopulär, obwohl die Menschen tief innerlich eine Sehnsucht danach haben.«

»Die Grünen zum Beispiel haben aber über die Umweltschutzpolitik eine neue politische Kraft etabliert.«

»Der Umweltschutz ist etwas Konkretes. Sie riechen die Abgase in den Straßen; Sie sehen die verschmutzten Flüsse; Sie sind bedroht von Krebs; Sie sehen den Müll, den wir produzieren; Sie spüren die Klimaveränderung – das alles besitzt eine konkrete Grundlage, die Sie mit den Sinnen erfassen können. Wenn Sie dann noch Berichte über das Waldsterben lesen, über die Ausrottung der Tier- und Pflanzenwelt, dann sagen Sie spontan: Dem muß Einhalt geboten werden. Solche deutlichen Signale haben wir nicht zu bieten. Geist und Psyche sind materiell nicht greifbar.«

»Die Menschen sind aber unglücklich in unserer Gesellschaft. Der Alkoholismus nimmt zu, es gibt immer mehr Scheidungen, die psychosomatischen Erkrankungen nehmen zu, die persönliche Unzufriedenheit wächst, Ängste und Depressionen verbreiten sich zusehends. Das alles wissen Sie doch.«

»Ich weiß das, und alle anderen können es auch über die Medien erfahren. Das alles nimmt zwar zu, aber man kann damit wenig anfangen, weil wir falsch erzogen wurden, also falsch programmiert sind. Wir neigen dazu, die Schuld bei uns selbst zu suchen und nicht bei der Gesellschaft. Nehmen wir beispielsweise einen Alkoholiker: Er sieht nicht die gesellschaftlichen Konditionen als Ursache für sein Problem an, sondern seine persönliche Schwäche. Eine Ehescheidung: Wer ist schuld? Nicht unsere Gesellschaft, nicht das System, sondern der einzelne mit seinen Schwächen, seiner Neigung zur Untreue, seiner Rechthaberei, seinen sexuellen Problemen, die er nicht ausleben kann. Die Schuld wird jedem einzelnen zugeschoben, und er hat nichts anderes gelernt, als sie auch bei sich selbst zu sehen. Wir mögen das bedauern, daß es so ist: Jede Abweichung von den Regeln, den Idealen gilt als Verschulden, für das sich der einzelne zuständig fühlt. Wir kennen nur Stärke oder Schwäche. Wer Erfolg hat, ist stark; wer ihn nicht hat, gilt als schwach. Das System ist in Ordnung, nur der einzelne ist es nicht.
Ich sehe das natürlich ganz anders: Das System ist nicht in Ordnung, und deshalb kommt der einzelne nicht damit zurecht. Die meisten scheitern und zerbrechen daran. Die wenigen Menschen, denen es gelingt, damit zurechtzukommen, gelten als stark; sie sind die Vorbilder, die herangezogen werden, um zu dokumentieren: Siehst du, es geht ja doch, schau ihn oder sie an.«

»Sie meinen, das System würde nicht in Frage gestellt?«

»Die Mehrheit der Menschen kann das System nicht in Frage stellen, weil sie das System über alles stellt und die Schuld eher bei sich selbst sucht. Ich meine jetzt nicht solche politischen Zwangssysteme, die Menschen unterdrücken, indem sie ihnen konkrete Freiheiten nehmen, so etwa die Reisefreiheit, wie das der zusammengebrochene Kommunismus getan hat. Gegen solche Ungerechtigkeit steht das Volk eines Tages auf.

Die Französische Revolution war eine Revolution gegen die Unterdrückung und Ausbeutung durch die Aristokratie, sie war aber keine Revolution der Seele. Warum konnte es geschehen, daß die ehemalige DDR mit der Bundesrepublik wiedervereinigt wurde? Es gibt nur einen seelisch-geistigen Grund: Wir sind ein Volk. Aber das war nicht der Hauptgrund. Menschen wollen reisen, sie wollen nicht hinter einer Mauer von der übrigen Welt abgetrennt leben. Wir wollen mehr Wirtschaftswachstum, wir wollen Konsum und Medienunterhaltung; das war ein anderer wichtiger Grund. Letztlich lag es daran, daß Gorbatschow ja gesagt hat zur Öffnung der Mauer und nicht nein. Hätte er nein gesagt und Panzer aufgefahren, wäre Blut geflossen, und alles wäre beim alten geblieben. Es war keine Revolution der Seele. Im Gegenteil, die Menschen der damaligen DDR schreiben mir Briefe darüber, daß sie zwar unter der Bevormundung der Staatsmacht gelitten hätten, aber daß es menschlich besser gewesen wäre, daß sie sich als Individuum wohler gefühlt hätten als in der Atmosphäre des nun mit Macht sie bedrängenden Kapitalismus, daß sie den Sozialismus als humaner empfunden hätten als das, was jetzt auf sie einwirke.

Der Gedanke des Humanen ist untergegangen. Wer wagt, darüber offen zu diskutieren? Der Kommunismus war schlecht, das System war schlecht; nun kommt der Kapitalismus, das angeblich bessere System – und der Gedanke des Humanen wird hinweggespült. Wer jetzt nicht mehr zurechtkommt, ist selbst schuld. Wieder suchen wir die Schuld bei uns selbst. Die Zeit ist nicht reif für eine politische Partei der Humanität, welche Seele und Geist des Menschen ins Zentrum rückt, also wirklich ernst nimmt. Also sind keine Mehrheiten zu erzielen.«

»Jeder einzelne ist doch aber davon betroffen ... durch sein Unbehagen in der Gesellschaft.«

»Nicht die Gesellschaft wird in Frage gestellt wie zu Zeiten der Französischen Revolution. Die Gesellschaftsordnung erscheint sogar in einem Glorienschein; nur der einzelne fühlt sich als Versager.«

»Sie meinen, daß daraus keine politische Kraft entstehen kann?«

»Das meine ich. Jeder sucht die Schuld bei sich selbst, nicht im System. Deshalb kann man den einzelnen nur direkt ansprechen: Befreie dich selbst, sonst befreit dich keiner.«

»Und diese Aufforderung wird nicht als politisch verstanden?«

»Es fehlt uns das politische Bewußtsein dafür. Aber der einzelne, der sich befreit und aus der Gesellschaft heraustritt, weil er sich als Individuum begreift, der so den Weg der geistig-seelischen Gesundung einschlägt, macht auch etwas Politisches, obwohl ihm das nicht deutlich ist. Er ist ein Beispiel und ein positiver Energieträger, er sät Liebe in einer Umgebung sozialer Unwirtlichkeit, die nur Konkurrenz, Neid und Mißgunst kennt.«

»Sie meinen, der einzelne kann schon etwas tun. Wenn man es aber zu einer politischen Bewegung macht, dann scheitert das?«

»Derzeit ja. Wenn die konkreten Probleme uns weiter bedrängen – das sind Arbeitslosigkeit, Obdachlosigkeit, soziale Ungerechtigkeit, Armut, staatliche Willkür, Kriegsgefahr, Klimakatastrophen –, dann wachen die Menschen vielleicht auf und stürzen sich mit Energie und Vehemenz auf diese Probleme. Wer dann als Politiker vorgibt, diese Probleme mit einer Konzeption lösen zu können, der erlangt politisches Gewicht.«

»Sind die Menschen denn wirklich so einfach strukturiert?«

»Die Basis der Erziehung, die auf Tradition ruht, hat uns nichts anderes gelehrt. Wir sind so konditioniert. Der einzelne leidet zwar darunter – und nur wer leidet, wird etwas ändern wollen –, aber nur der, der sein Leiden als etwas Subjektives begreift, kann für sich etwas ändern. Er wird für sein subjektives Leiden keine Mehrheit finden, denn das ist ein Tabuthema, ein stillschweigendes Übereinkommen. Was wollen Sie dagegen ausrichten? Sie laufen gegen eine Wand von Tabus und gegen das Schweigen.

Ich habe übrigens vor kurzem das wundervolle Buch *Schlafes Bruder* von Robert Schneider gelesen. Etwa 1820 lebt in einem österreichischen Dorf ein begabter und begnadeter Musiker, Elias Alder. Er möchte sein Menschsein in Musik realisieren und in der Liebe. Er lebt und entfaltet für sich die wunderbarsten Werte wie Liebe und Musik, aber er scheitert an der Macht der zeitgenössischen Gesellschaft, also an seiner dörflichen Umgebung. Menschen sind geprägt von den Vorurteilen ihrer Zeit; sie sind auch geprägt, was Musik und Liebe anbelangt. Dagegen kommen wir nicht an. Elias Alder wird darüber verrückt. Er stirbt daran.

Es ist ein erschreckendes Beispiel, wie wir gegen die in der Bevölkerung herrschenden Regeln, Ideale, Meinungen und Ideen nicht ankommen. Gut, man mag sagen, das wäre eine pessimistische Sichtweise des Autors Robert Schneider, aber prüfen Sie selbst: Kommen Sie an gegen den Zeitgeist? Wollen Sie eine politische Partei gegen den Zeitgeist etablieren? Bitte, Sie können es versuchen, aber wenn Sie es tun – es wäre wunderbar, Sie täten es –, dann sehen Sie mit klaren Augen, hören Sie mit wachen Ohren, und fühlen Sie. Werden Sie bloß nicht fanatisch; das würde Ihnen und der Gesellschaft schaden. Ändern Sie sich selbst, werden Sie frei, ganz frei, total frei, dann sind Sie auch frei von Idealen. Sie sind dann auch frei davon, ob man Sie versteht und Ihnen folgt oder nicht.«

Ein Lustobjekt nur in Reizwäsche?

Die TV-Journalistin

Am Telefon betonte sie: »Ich selbst habe kein Problem, aber mein Mann hat eins mit mir!«
Sie ist sehr attraktiv. Sie wirkt nervös. Ständig streicht sie ihre Kostümjacke glatt oder schiebt sich eine Haarsträhne aus dem Gesicht.

»Sagen Sie mir bitte, warum Sie heute zu mir gekommen sind. Was wollen Sie mit mir besprechen?« eröffne ich das Gespräch.

»Es geht um meine Ehe. Ich bin seit drei Jahren verheiratet. Wir haben sexuelle Probleme.«

»Haben Sie Kinder?«

»Nein, wir wollen beide keine Kinder.«

»Haben Sie aus Liebe geheiratet?«

»Ich denke, wir haben beide aus Liebe geheiratet. Ich liebe meinen Mann, denn sonst würde ich mich scheiden lassen. Dann säße ich jetzt bei einem Anwalt und nicht bei Ihnen.«

»Welche Eheprobleme haben Sie?«

»Die Sexualität spielt in unserer Ehe eine wichtige Rolle. Mein Mann begehrt mich vor allem sexuell.«

»Ihre Betonung liegt auf ›vor allem‹. Besteht darin für Sie ein Problem?«

»Das ist richtig. Ich weiß, daß Liebe und Sexualität zusammengehören; sie sollten beide zu ihrem Recht kommen. Mein Mann liebt mich, davon gehe ich aus; aber die Sexualität hat für ihn einen besonderen Stellenwert.«

»Was meinen Sie mit dem ›besonderen Stellenwert‹? Sind wir damit beim Thema, oder führt meine Frage davon weg?«

»Nein, das ist das Thema; das wollte ich besprechen.«

»Was bedeutet also der besondere Stellenwert der Sexualität für Ihren Mann und Sie?«

»Nun ... ich will versuchen, mich zu artikulieren ... es fällt mir etwas schwer, darüber zu reden, aber ich werde es versuchen.
Wir führen eine durchaus gute Ehe; wir haben gemeinsame Interessen und können gut miteinander diskutieren – was uns beiden wichtig ist. Mein Mann schätzt mich als Gesprächspartnerin; das ist gar keine Frage. Aber die Sexualität steht für ihn im Vordergrund, weniger die Liebe. Oder anders ausgedrückt, die Sexualität *ist* für ihn Liebe. Auch darüber habe ich mich mit ihm lange unterhalten. Die Sexualität hat bei ihm ein Eigenleben. – Ich weiß nicht, ob ich mich so richtig ausdrücke.«

»Ich verstehe, was Sie sagen wollen. Aber sprechen Sie weiter.«

»Wenn wir miteinander schlafen, dann denke ich manchmal, daß die Sexualität für ihn jetzt derart im Vordergrund steht, daß es ihm nur noch um puren Sex geht. Er macht Sexualität um der Sexualität willen. Ich denke, daß das mit Liebe nichts mehr zu tun hat. Es geht ihm dann nur noch um die sexuelle Lust, und ich fühle mich von ihm als Lustobjekt mißbraucht. Das ist der Punkt, an dem meine sexuelle Bereitschaft nachläßt; ich gehe dann nicht mehr mit, werde irgendwie ernüchtert und beobachte ihn nur noch, sehe seine Verklärtheit in der Ekstase. Dann denke ich, daß er gar nicht mich persönlich meint, sondern nur den Körper einer Frau, und daß ich eigentlich austauschbar für ihn bin. In dem Moment fühle ich mich nicht mehr gemeint; ich verliere dadurch den Kontakt zu ihm, fühle mich nur noch benutzt für seine Triebbefriedigung – und das stößt mich ab. Deshalb bekomme ich auch keinen Orgasmus. Ich warte darauf, daß er ejakuliert, und bin dann frustriert. Er spürt das natürlich und ist unglücklich darüber, daß ich keinen Orgasmus bekommen habe. Er fragt immer: Bist du gekommen? Wenn ich nein sage – denn ich will ihm ja nichts vorlügen –, dann ist er traurig, denn für ihn war es ja befriedigend … aber für mich nicht.

Das ist die Spaltung, eine Trennung der Gefühle, die zwischen uns steht. Er ist darüber unglücklich, und ich bin es auch. Ich sage manchmal: Liebe ist so wunderschön, sie wird getrübt durch die Sexualität. Ich habe ihm das auch gesagt, aber er reagiert sehr verständnislos darauf und wird leicht gereizt … er bezeichnet mich dann als frigide. Das empfinde ich als Schimpfwort, weil es so verächtlich und veständnislos klingt.«

»Das Wort ›frigide‹ ist wertneutral; es bedeutet, keine Lust zu empfinden und sexuell nicht erregt zu werden. Sind Sie sexuell nicht so leicht erregbar?«

»Natürlich bin ich sexuell erregbar. In meinen früheren Partner-schaftsbeziehungen hatte ich fast immer einen Orgasmus. Manch-mal auch bei ihm.«

»Wünscht er sich von Ihnen sexuelle Praktiken, die Sie nicht mögen?«

»Alles, was er mir in dieser Hinsicht vorschlägt, macht mir diese Probleme. Er liebt beispielsweise schöne Dessous. Am Anfang unserer Beziehung habe ich das auch aus freien Stücken getan, um ihn zu reizen und zu verführen; das hat mir Spaß gemacht. Aber jetzt reagiert er enttäuscht, wenn ich ganz normale Dessous anhabe, und sagt: ›Zieh dir doch schnell das Korsett mit Strapsen und schwarzen Strümpfen an!‹ Dann sage ich: ›Muß das denn sein? Kannst du nicht meinen nackten Körper reizvoll finden, ohne diesen ganzen Firlefanz?‹«

»Als Sie ihn zu Anfang Ihrer Beziehung verführen wollten, haben Sie diese Dinge nicht für Firlefanz gehalten, aber jetzt werten Sie sie ab.«

»Reizwäsche zu tragen hat mich damals selbst gereizt. Aber sobald ich das tun soll, weil er mich dazu auffordert, bekomme ich Probleme damit, weil ich mir denke: Findet er nur die Dessous animierend oder mich persönlich? Ich wünsche mir, auch ohne Dessous erotisch anziehend auf ihn zu wirken, denn sonst begehrt er die Reizwäsche mehr als mich.«

»Ich verstehe, was Sie meinen. Er soll Sie gleichermaßen sexuell begehren, mit Dessous oder auch ohne, obwohl Sie sich anfänglich damit durchaus bewußt für ihn begehrenswert gemacht haben. Sind dann nicht die Dessous ein Verführungstrick, um danach ohne Dessous auszukommen? – Ich weiß nicht, ob ich mich wirklich verständlich ausgedrückt habe. – Ich meine, daß dieses oder jenes eingesetzt wird, um den anderen zu verführen, auf ihn sexuell reizvoll zu wirken – und das genießt man dann auch. Danach aber soll das wegfallen, und der sexuelle Reiz soll sich davon unabhängig einstellen. Ich denke, daß Sie es so meinen.«

»Ja, das ist richtig. Aber dabei ist mir bewußt, daß das wohl ein Problem in sich birgt. Vielleicht mache ich da einen gedanklichen Fehler, vielleicht verlange ich zuviel von ihm.«

»Männer sind auf diese erotischen Wäschesignale konditioniert. Die Werbung ist voll davon, die Modemagazine, die Männermagazine, die TV-Filme. Die Modeindustrie vermarktet die Frau als verführerisches und verführendes Wesen. Mit den sexuellen Reizen wird verdeckend und entblößend gespielt. Männer reagieren auf optische Reize, sonst hätte die Modeindustrie ja gar keine Chance. Wenn Männer auf verbale Reize und den Klang der Stimme Wert legen würden, dann hätte sich das alles anders entwickelt. Es handelt sich also um Naturgegebenheiten. Die Mode wandelt nicht die Natur; sie benützt sie nur, greift sie auf und setzt Varianten. Die Erotik des Mannes entzündet sich über das Auge.«

»Aber das ist doch oberflächlich!«

»Sie mögen es als oberflächlich kritisieren; das ändert aber nichts an den Tatsachen.«

»Ich beurteile meinen Mann ja auch nicht über die Augen. Ich verlange von ihm ja auch nicht, daß er Reizwäsche anzieht. Das ist mir doch unwichtig, solange er keine feingerippten Schlabberunterhosen anhat.«

»Was macht denn für Sie den erotischen Reiz eines Mannes aus, der Sie sexuell stimuliert?«

»Das ist jetzt aber eine Frage ...«

»Natürlich ist das jetzt eine naheliegende Frage. Wollen Sie sie nicht beantworten? Wenn Sie keine Antwort geben wollen, ist das in Ordnung. Sie müssen jetzt nicht antworten. Denken Sie dann darüber nach, und geben Sie sich die Antwort selbst. Sie können allerdings mit mir gemeinsam darüber nachdenken; dann geben Sie die Antwort mir, aber eigentlich sich selbst. Ich bin keine Institution, vor der Sie Rechenschaft ablegen brauchen. Ich bin keine Autorität, die Ihnen sagt, was richtig und was falsch ist. Sie sagen mir, wie Sie denken und fühlen; ich werte es nicht als richtig oder falsch, denn ich bin nur ein Gesprächspartner. Es geht nicht darum, wer recht hat oder wer nicht. Ich bin keine Instanz, die richtet, weder über gut noch böse, weder über moralisch noch unmoralisch.«

»Sie sind aber Psychologe, und Sie können unterscheiden zwischen gesund und krank. Ich frage deshalb: Ist mein Mann krank? Ist sein sexuelles Begehren, das sich rein sexuell äußert und an so oberflächlichen Dingen wie Reizwäsche festmacht, ist das krank oder gesund?«

Sie stutzt, überlegt und fährt dann langsam fort: »In diesem Moment wird mir bewußt, daß diese Frage etwas komisch klingt – oder auch sogar nicht richtig. Es stürzt jetzt einiges in mir zusammen ... ich bin verwirrt. Es wird mir jetzt etwas bewußt, und das bringt mich völlig durcheinander – ich kann es nicht mehr klar formulieren. Ich habe den Faden verloren. Ich frage mich, was ich eigentlich fragen wollte«, sagt sie und schaut mich fast hilflos an.

»Ich freue mich, daß Sie so ehrlich über Ihre Gefühle und Gedanken sprechen. Sie sind sich nicht mehr sicher. Bitte, ich freue mich nicht über Ihre Unsicherheit; das wäre zu banal. Aber ich freue mich darüber, daß etwas aufgebrochen wurde. Wir sind sozusagen beim Status Null angelangt.

Sie waren sich sicher, Ihr Denken war sich sicher. Jetzt haben wir die Sache Sex, um die es geht, von verschiedenen Aspekten betrachtet, und jetzt sind Sie sich nicht mehr so sicher. Es ist eine Flexibilität eingetreten. Sie setzen nicht Ihre Meinung gegen meine Meinung oder die Meinung Ihres Mannes gegen Ihre Meinung. Es gibt keine Fronten mehr, keinen Grabenkrieg. Es geht nicht mehr darum, wer recht hat – Ihr Mann oder Sie. Können wir deshalb vorurteilslos darüber reden?«

»Vielleicht haben *Sie* ja ein Vorurteil, was richtig und falsch ist, gesund oder krank?«

»Das können Sie mir natürlich unterstellen. Aber wäre es nicht viel besser, wenn wir völlig vorurteilsfrei über diese Thematik reden könnten? Sie als Frau und ich als Psychologe? Ich gelte als Fachmann; deshalb sind Sie ja zu mir gekommen, zum Fachmann. Soll ich mich deshalb als Autorität aufspielen und Ihnen sagen, wer recht und wer unrecht hat? Kommen wir so weiter? Ich bin zwar Psychologe, aber ich bin keine Autorität, die Ihnen sagt, was Sie zu tun haben. Das muß wirklich zwischen uns geklärt sein.

Wir führen ein Gespräch, in dem jeder Gesprächspartner die gleiche Ausgangsposition hat. Wir beide stehen vor diesem Problem. Sie sagen, daß Sie es so oder so empfinden. Meine Aufgabe ist nun, Ihnen dabei Impulse zu geben für Ihre weitere Beschäftigung damit. Es ist Ihr Problem, nicht meines. Bitte übertragen Sie nicht auf mich die Position Ihres Mannes, nur weil ich männlichen Geschlechts bin.«

»Ich hatte tatsächlich schon so meine Bedenken: Sie sind eben ein Mann und denken wie ein Mann.«

»Wenn Sie bei einer Frau Rat suchen würden, dächten Sie, sie ist eine Frau, und sie denkt wie eine Frau. Können wir das Thema davon unabhängig behandeln? Ist Sex für den Mann etwas anderes von männlicher Seite und für die Frau etwas anderes unter weiblichem Aspekt? Ihr Mann stellt den Sex mit Ihnen in den Vordergrund, und Sie fühlen sich als Lustobjekt deshalb mißbraucht. Ist das das Thema?«

»Ja, das ist das Thema.«

»Sie sagten, Sie fühlen sich als Sexobjekt mißbraucht. Warum wählen Sie das Wort ›mißbraucht‹? Sie könnten auch von ›gebraucht‹ sprechen; er braucht mich als sexuelles Wesen, weil ich eine Frau bin und er ein Mann. Eine solche Formulierung wäre wertneutral.

Er entwickelt Lust auf Ihren Körper; diese Lust beobachten Sie, und dann stellt sich das Denken ein: Ich sehe seine Lust; diese Lust scheint sich zu verselbständigen; der Kontakt wird mehr und mehr rein sexuell. Das beobachten Sie, und Ihr Denken sagt Ihnen: Nun sieht er nur noch seine und meine sexuelle Lust; er ist auf Sex fixiert, er sieht nicht mehr meine ganze Persönlichkeit, er sagt nicht, daß er mich liebt; das scheint in diesem Moment auch nicht im Vordergrund zu stehen. Sie fragen sich: Ist das überhaupt noch Liebe? Ist da noch die Seele im Spiel? Und Ihr Denken schlußfolgert: Er benutzt meinen Körper für seine Lustbefriedigung, also mißbraucht er ihn – und damit meine Person. Sind das Ihre Gedanken?«

»Ja, Sie haben es so ausgedrückt, wie ich denke. Es wäre mir schwergefallen, das so deutlich zu beschreiben.«

»Das Denken ist ein Störfaktor. Immer wieder mischt sich das Denken ein. So entsteht übrigens auch die Angst; sie wird vom Denken produziert. Ich sage immer wieder: Denkbar ist alles. Wie Sie denken, etwa darüber, daß Ihr Mann Ihren Körper sexuell für seine Lustbefriedigung benutzt, das ist ja nicht völlig absurd, denn es könnte so sein, es wäre denkbar. Aber nur weil es denkbar ist, muß es nicht so sein.«

»Sie meinen, ich schaffe mir durch mein Denken selbst ein Problem, wo möglicherweise gar keines ist?!«

»Darüber sprechen wir. Wir wollen es gemeinsam untersuchen. Sie sind davon überzeugt, daß Ihr Mann Sie liebt, und Sie lieben Ihren Mann auch.«

»Das ist richtig.«

»Durch die Sexualität, die Beobachtung seiner Lust, kommen Ihnen Bedenken, ob die Liebe mit der Sexualität noch verbunden ist.«

»Das ist auch richtig. Ich denke, daß die Sexualität sich verselbständigt.«

»Wünscht er sich von Ihnen Sexualpraktiken, die Ihnen nicht gefallen, die Ihnen keine Lust machen?«

»Nein, das ist nicht der Fall. Ich bin nicht prüde und möchte natürlich auch keine Standardroutine im Bett. Ich bin Experimenten durchaus aufgeschlossen; sonst würde es ja langweilig. Also, langweiligen Sex kann ich mir auch nicht vorstellen.«

»Die Liebe zwischen Mann und Frau hat viele Ausdrucksebenen, die ich jetzt im einzelnen nicht beschreiben brauche. Die Sexualität ist eine elementare Ebene des körperlichen Ausdrucks der Liebe. Sexuelle Lust ist dabei ein wichtiger Faktor. Würde Ihr Mann keine sexuelle Anziehung empfinden, so würde seine Potenz nachlassen. Sie sollten seine Potenz als Zeichen seines sexuellen Verlangens sehen. Er empfindet Lust auf Ihren Körper und Sie auf seinen. Ihnen macht es Lust, wenn er Lust empfindet, und ihm bereitet es Lust, wenn er Ihre Lust spürt. Deshalb erkundigt er sich, ob Sie einen Orgasmus hatten. Es ist ihm ja nicht gleichgültig, nein, im Gegenteil, er möchte, daß Ihnen Lust macht, was ihm Lust bereitet. Es ist eigentlich so einfach: Jeder strebt egoistisch nach Lust, und wenn beide Strebungen zusammenfallen, entsteht daraus eine Gemeinsamkeit.
Sehen Sie es doch einmal unter einem etwas anderen Aspekt – ich formuliere es deshalb etwas provozierend. Ihr Denken hat Ihnen gesagt: Er mißbraucht mich als Lustobjekt! Das hat Sie sexuell abgekühlt. Sehen Sie ihn doch auch als Lustobjekt, mißbrauchen Sie ihn als Lustobjekt! Ich habe jetzt absichtlich von mißbrauchen gesprochen, obwohl ich es nicht so bezeichnen würde. Jeder sollte des anderen Lustobjekt sein; dann ist das Gleichgewicht wiederhergestellt. Haben Sie sexuelle Vorstellungen, die Sie mit ihm gerne realisieren würden?«

»Ja, ich habe sexuelle Phantasien.«

»Haben Sie schon versucht, sie mit ihm umzusetzen?«

»Nein, ich habe mich nicht getraut, weil er beim Sex immer die Führung übernimmt.«

»Haben Sie mit ihm einmal darüber gesprochen?«

»Nein, ich rede nicht über Sexualität – er übrigens auch nicht. Ich denke, man sollte nicht darüber diskutieren, sondern es tun.«

»Dann tun Sie es. Handeln Sie. Oder würden Sie dann denken, daß Sie ihn sexuell in egoistischer Weise für Ihre Lust und Wünsche mißbrauchten?«

»Ja, so würde ich es wohl empfinden … Ich habe tatsächlich sexuelle Wünsche, die ich bisher zurückgestellt habe.«

»Sie brauchen sie nicht zurückzustellen. Warum tun Sie das? Bitte gehen Sie der folgenden Frage nach: Warum stellen Sie Ihre sexuellen Wünsche, die Ihnen Lust machen würden, zurück?«

»Ich weiß es nicht.«

»Sie machen es sich zu einfach, wenn Sie sagen, Sie wüßten es nicht. Gehen Sie der Frage weiter nach. Sie müssen mir nicht antworten, wenn Sie nicht wollen. Es geht nicht darum, daß Sie *mir* eine Antwort geben; wichtig ist, daß Sie selbst herausfinden, warum Sie Ihre sexuellen Wünsche, Ihre Phantasien nicht realisieren – noch nicht realisiert haben. Ich hoffe, Sie werden es in Zukunft tun; dann sehen Sie, dann löst sich der Aspekt, weswegen Sie von egoistischem Mißbrauch sprechen, in Luft auf. Wenn Sie Ihre Wünsche realisieren, dann stehen Sie ganz anders zu dem, was Lust macht. Im Moment erscheint es Ihnen als sein Egoismus, er holt sich von

Ihnen das, was ihm sexuelle Lust macht. Wenn Sie sich das genauso holen, also genauso egoistisch sind, dann sehen Sie den gesamten Vorgang der sexuellen Handlung mit anderen Augen.

Außerdem muß ich zum Thema Egoismus noch etwas sagen. Das Wort ›Egoismus‹ hat allgemein eine sehr negative Wertigkeit, besonders innerhalb der Partnerschaft. Es wird davon ausgegangen, daß durch die Liebe der Egoismus überwunden würde, denn man denkt nicht mehr nur an sich, sondern auch an den anderen. Die Aufhebung des Egoismus gilt als ein Ideal. Der andere sollte nicht egoistisch denken und handeln. So sollte es sein.«

»Ja, so sollte es sein. Ich wünsche mir einen Partner, der auf mich eingeht und seinen Egoismus zurückstellen kann.«

»Das wünschen Sie sich; ich verstehe. Aber wir müssen von der Realität ausgehen. Wir Menschen sind egoistisch! Wir denken an uns selbst zuerst und danach an den anderen. Egoismus ist eine Grundtatsache; nicht egoistisch zu sein ist ein Ideal. Dieses Ideal wurde vom Denken erfunden oder geschaffen oder konstruiert; ich finde im Moment kein besseres Wort dafür.«

»Sie sind also gegen das Ideal?«

»Ich bin nicht gegen ein Ideal; ich sage nur, daß es die Wirklichkeit gibt und ein vom Denken geschaffenes Ideal.«

»Wollen Sie damit den Egoismus gutheißen?«

»Nicht ich heiße den Egoismus gut. Wir Menschen sind egoistisch, ob ich das nun gut oder schlecht nenne; es ist einfach so. Wir haben zwei Beine; das ist eine Tatsache. Es wäre doch absurd, wenn ich behaupten würde, das sei schlecht, wir sollten besser vier Beine haben. Verstehen Sie, was ich damit sagen möchte? Egoismus ist ein negatives Wort. Keiner will egoistisch sein; es ist geradezu ein Schimpfwort. Aber davon unabhängig existiert die Wirklichkeit, die Welt der Tatsachen. Wir sollten den Tatsachen mehr Beachtung schenken, mehr als den nicht vom Denken geschaffenen Idealen. Ich wiederhole also: Wir sind egoistisch. Das ist eine Realität wie: Ich habe Hunger. Wir Menschen, alle Lebewesen haben nun mal Hunger und Durst. Und wir haben Lust auf Sex. Es ist uns einprogrammiert. Bitte, ich habe die Lebewesen nicht erschaffen, aber sie sind so. Ob mir das gefällt, danach fragt keiner. Also muß ich mich den Tatsachen stellen: Wir Menschen haben einen Sexualtrieb. Gut, vielleicht wäre es besser, wir hätten keinen. Ein guter Bekannter sagte kürzlich zu mir: ›Mein Gott, ich könnte wunderbar arbeiten und meine Ziele schneller erreichen, wenn da nicht der Sexualtrieb wäre.‹ Ich sagte zu ihm: ›Du stöhnst ›mein Gott‹; das war sehr treffend, beklage dich bei ihm, denn er hat dich so geschaffen.‹ Da lachte er. – Aber ich wollte keine witzige Bemerkung machen, denn ich nehme dieses Thema sehr ernst.

Wir haben einen Sexualtrieb; das ist so, das läßt sich nicht ändern. Ich weiß, die katholische Religion versucht diese Tatsache zu verdrängen. Mönche gehen ins Kloster, um den Sexualtrieb zu verleugnen; katholische Geistliche verpflichten sich zum Zölibat. Ich verstehe diese ganze Aufregung nicht. Gott hat uns so geschaffen. Warum sollten wir Menschen das verleugnen? Ist es nicht eine Ohrfeige für Gott? Kann er es gutheißen, wenn wir seine Schöpfung der Sexualität zwischen männlich und weiblich, die er mit sexueller Lust ausgestattet hat, wenn wir das verneinen, ablehnen, kritisieren, wenn wir sagen, das wäre fleischliche Lust, das wäre egoistisch, das wäre sündig oder teuflisch? – Entschuldigung, ich schweife nun wirklich etwas zu weit ab. Das ist nicht Ihr Thema, denn Sie halten Sexualität ja nicht für sündig.

Wir sprachen über Egoismus. Natürlich ist Sexualität egoistisch; ich verschaffe mir durch den anderen meine Lust, meinen Orgasmus. Ich will ganz egoistisch Lust empfinden und nehme sie mir von seinem Körper. So sind die konkreten Tatsachen nun einmal, ganz ohne jegliche Wertung. Gott hat ja beiden Geschlechtern das Lustempfinden gegeben, dem Mann und der Frau. Also bitte, könnte oder sollte die Frau sich ihre Lust dabei gestatten, holen, erfüllen, erkämpfen? Beide Geschlechter sind Egoisten, weil sie Individuen sind. Das ist meine Lust, das andere ist deine Lust. Sexualität ist geben und nehmen. Einmal nimmt der eine mehr, dann nimmt der andere mehr. Du gibst dich mir, ich gebe mich dir, meine Lust sollte dir Lust machen auf deine Lust. Sei ganz und gar egoistisch, daß ich es auch sein kann. Wenn wir das klargestellt haben, ist dann noch Platz für das häßliche Wort ›Mißbrauch‹?«

»Dann bin ich ja selbst schuld, daß ich mich mißbraucht fühle!«

»Nein, Sie sind nicht schuld daran. Erkennen Sie doch Ihr falsches Denken. Ihr eigenes Denken – dafür sind Sie allerdings wirklich verantwortlich – hat Sie dazu gebracht, den sexuellen Vorgang zu stören. Oh, pardon, ich habe es nicht richtig formuliert. Es ist ja nicht wirklich Ihr eigenes Denken. Wir meinen, es wäre unser Denken, aber da wir nicht hellwach sind, können wir nicht unterscheiden zwischen eigenem Denken und fremdbestimmtem Denken. Wie wir denken, ist beeinflußt von dem Denkstil, der uns durch die Erziehung vermittelt wurde, durch die Religion, durch den Zeitgeist der Politik, durch Modeerscheinungen, durch Philosophie und Psychologie, durch die Medien und durch unsere Freunde.«

»Sie wollen damit sagen, daß ich vielleicht nur so denke oder gedacht habe, denn es ist mir einiges deutlicher geworden, weil ich fremdes Denken für mich übernommen habe …«

»Sie sehen, wie unser Gespräch über Sexualität eine weitere Dimension angenommen hat. Wenn wir sagen, ich denke so und so darüber, dann scheint das zunächst einmal so zu sein. Aber warum denke ich so darüber? Wer hat mich beeinflußt, so zu denken? Bin ich nicht ein Kind dieser Zeit, dieser Religion, dieser oder jener politischen Strömung? Würde ich vielleicht anders denken, wenn ich in einer Familie, mit anderer Religion und Kultur, in einem anderen Jahrhundert leben würde?«

»Das bringt mein ganzes Weltbild und Menschenbild zum Einsturz!«

»Das ist das schönste Kompliment für unser Gespräch, denn wenn das alles eingestürzt ist, dann können wir neu beginnen, nämlich bei Ihnen ganz direkt. Nicht das Jahrhundert zählt, in dem Sie leben, nicht die Religion, die dort vorherrscht, nicht die politische Partei, die gerade an der Macht ist, nein, *Sie* zählen. Alles, was Sie vorfinden in Ihrer Zeit, in der Sie leben, ist vom Denken geschaffen. Dieses Denken aber ist für Sie selbst unerheblich. Erkennen Sie das jetzt?
Ich weiß nicht, ob Sie es wirklich erkennen, obwohl man diesen Punkt kaum noch deutlicher herausarbeiten kann. Sie sind das entscheidende Individuum, und zwar völlig unabhängig von Kultur, Politik, Religion und so weiter. Wenn Sie das begreifen, dann lösen Sie sich ganz automatisch von diesen Einflüssen. Dann sind Sie frei! Sie haben die Grenzen verlassen, denn die Grenzen der Zeit, des Jahrhunderts, der Kultur sind beliebige Grenzen.
Davon unabhängig existiert eine völlig andere Welt, die den Abhängigen von der Zeit, der Kultur und dem Jahrhundert verschlossen bleibt. Und mit diesem Durchbruch zur Freiheit werden Sie als Mensch wirklich neu geboren. Ich würde mir wünschen, Sie hätten wirklich verstanden.«

»Ich habe verstanden.«

»Dann sind Sie frei und fühlen sich durch die sexuelle Lust eines Mannes nicht mehr mißbraucht.«

»Denn ich nehme mir meine Lust von ihm, und mein Egoismus ist eigentlich gar kein Egoismus. Ich habe mir das selbst verbaut ... Ich fühle mich jetzt frei und will mich frei entfalten.«

»Glauben Sie mir, ich wäre sehr glücklich darüber, wenn Sie jetzt frei wären und sich in Zukunft frei entfalten würden. Freiheit ist das

Wichtigste, denn nur wer frei ist, kann wirklich lieben. Das Bewußtsein von Freiheit und Liebe ist die einzige Chance, um auf dieser Welt als Mensch glücklich zu werden. Ich wünsche Ihnen diese Realisierung mit allen Fasern meines Herzens.«

Für die anderen bin ich ein aggressives Ekel

Der Top-Manager

Der Manager vereinbarte mit mir einen Termin. Worum es denn ginge? Spontan kam die Antwort, er selbst habe mit sich keine Probleme, aber seine Umwelt – seine Frau, sein Sohn und auch seine Mitarbeiter – käme mit ihm nicht klar.

Nachdem er Platz genommen hat, beginnt er das Gespräch. Er klingt sehr selbstbewußt. »Ich weiß, daß ich meine Ecken und Kanten habe, aber ich fühle mich körperlich und psychisch gesund. Ich kann sehr aggressiv sein, ich nehme kein Blatt vor den Mund. Ich bin nicht aggressiv wie ein Prolet – ich würde niemals zuschlagen oder sonstige körperliche Gewalt anwenden, aber ich habe mein ganzes Leben nach der Devise gehandelt: Angriff ist die beste Verteidigung. Und ich bin gut damit gefahren. Ich komme aus kleinbürgerlichen Verhältnissen, wie man so schön sagt, und ich habe mich nach oben gekämpft. Heute sitze ich im Management unserer Firma als Marketingdirektor.«

»Sie sind mit Ihrer beruflichen Karriere zufrieden. Warum kommen Sie zu mir? Was kann ich für Sie tun?«

»Ja, beruflich habe ich alles erreicht, was ich mir als Student erträumt hatte. In letzter Zeit beklagt sich meine Frau aber immer öfter darüber, daß ich ihr zu aggressiv sei. Ich empfinde das übrigens selbst gar nicht so. Auch mein Sohn – er ist sechzehn – hat sich von mir zurückgezogen, weil ich ihm mit meiner Aggression angeblich auf die Nerven gehe. Dann habe ich von unserem Geschäftsführer gehört, daß sich die anderen Direktoren bei ihm über meine aggressive Art beschwert hätten. Er sagte: ›Ich bin mit Ihren Erfolgen zufrieden, aber Sie sollten hier etwas tun. Lernen Sie Diplomatie, egal wie, aber stoßen Sie die Kollegen nicht so vor den Kopf.‹ Da haben die Alarmglocken bei mir geläutet, und ich dachte, jetzt muß ich aber etwas unternehmen; so geht es offensichtlich nicht weiter.

Ich möchte etwas ruhiger und moderater werden, obwohl mir das schwerfällt. Ich bin nun mal kein ruhiger Typ; ich brauche Action und möchte mich dabei behaupten. Es macht mir Spaß, Menschen zu führen, sie zu kritisieren und den wunden Punkt herauszufinden. Ich habe immer bei allen Aufgaben, bei allen Projekten den wunden Punkt gesucht und ihn angesprochen – das paßt natürlich vielen Leuten ·nicht. Aber ich bin immer gut damit gefahren, obwohl ich auch ab und zu reingelegt und betrogen wurde. Das kränkt mich nicht weiter, denn ich rechne ja damit. Die meisten Schwachpunkte konnte ich aber früh genug aufdecken. Ich bin stolz auf meine Spürnase. Wissen Sie, ich bin sehr kritisch, und das mögen die meisten nicht.«

»Wie Sie sich jetzt darstellen, wirkt das durchaus positiv, denn es ist ja prinzipiell richtig, mit kritischem Denken Schwachpunkte aufzuspüren. Sie vertreten die Lebensphilosophie der Stärke, nehme ich an?«

»Das ist richtig. Alle Welt redet zwar davon, daß Persönlichkeit wichtiger wäre als gute Schulnoten oder eine besondere Intelligenz. Und was ist Persönlichkeit? Natürlich Stärke. Und was ist Stärke? Dominanz, Aktivität, Ausdruck des eigenen Willens. Die meisten Menschen sind schwach; sie wollen geführt werden, sie bewundern Stärke; sie brauchen jemanden, der ihnen sagt, wo es langgeht.«

»Kommen wir auf Ihre Frau zu sprechen. Was kritisiert sie an Ihnen?«

»Sie sagt, ich würde nur nach meinem Kopf leben, es ginge immer nur nach meinen Vorstellungen, sie müsse sich immer zurücknehmen. Außerdem könne man nicht mit mir diskutieren; ich sei rechthaberisch und wolle immer das letzte Wort haben. Sie sagt, ich sei nicht liebesfähig, ich hätte kein Einfühlungsvermögen, ich wäre unromantisch und hätte keine Verbindung zu Gefühlen.«

»Hat Ihre Frau recht?«

»Ich kann mit Gefühlen tatsächlich nicht viel anfangen; ich bin Realist und Pragmatiker. Ich gehe immer nach meinem Nutzen und frage mich: Was bringt mir das? Und Gefühle bringen nichts. Warum soll ich mich dann darüber unterhalten?«

»Sind Sie liebesfähig? Lieben Sie Ihre Frau?«

»Ich kämpfe für meine Familie. Meine Frau führt einen großen Haushalt; ich bringe oft Gäste zu Besprechungen mit nach Hause. Wir fahren dreimal im Jahr in Urlaub; meiner Frau fehlt es an nichts. Wir haben auch Sex zusammen, meist am Wochenende. Ich habe keine Geliebte, bin also treu. Ich denke, sie sollte zufrieden sein.«

»Lieben Sie Ihre Frau?« frage ich noch einmal.

»Was ist Liebe? Erklären Sie mir das.«

»Ich habe Sie gefragt, ob Sie Ihre Frau lieben, nach Ihrem subjektiven Empfinden. Dafür ist zunächst einmal keine Definition der Liebe von meiner Seite erforderlich. Ich kann Ihnen die Definition dann später geben, sofern Sie wollen.«

»Nun gut … ob ich meine Frau liebe … Wir sind ein gutes Team. Wenn Sie romantische Liebe meinen – die ist es nicht, nicht mehr. Vielleicht war sie es in den ersten Monaten. Wir sind jetzt siebzehn Jahre verheiratet. Ich bin mit unserer Beziehung zufrieden.«

»Ist Ihre Frau auch zufrieden? Sie kritisiert Ihr Verhalten.«

»Meine Frau ist eben ein Gefühlsmensch und ich nicht. Wenn sie wieder damit anfängt, sage ich immer zu ihr: Psychologisiere doch nicht so herum; das bringt doch nichts.«

»Halten Sie nichts von Psychologie?«

»Meine Frau hat mir ein Buch von Ihnen geschenkt. Ich habe es nicht gelesen, denn ich fühle mich so, wie ich bin, in Ordnung. Die Hauptsache ist doch, man meistert das Leben, und das tue ich. Es wird nur herumphilosophiert und -psychologisiert, wenn man keinen Erfolg hat. Ich halte das für ein Zeichen von Schwäche. Der Schwache sucht in seiner Seele nach Gründen, warum es bei ihm nicht klappt. Psychologie ist etwas für Verlierer.«

»Da bin ich allerdings ganz anderer Meinung. Die Psychologie vermittelt ein Wissen, das sehr hilfreich ist, auch für die starken Gewinner. Sie halten sich für einen Winner-Typ; das ist Ihr Selbstbild. Nachdem sich die Kritik an Ihrer Person, an Ihrer verbalen Aggressivität gehäuft hat, kommen Sie zu mir, obwohl Sie die Psychologie für ziemlich unnütz halten, gedacht für Loser. Sind Sie durch die Kritik Ihrer Umwelt an Ihnen etwas angeschlagen?«

»Das ist eine heikle Frage. Sie machen mir da etwas bewußt, das mir angst macht. Ich erwarte von Ihnen Tips, wie ich wieder rundum erfolgreich sein kann. Ja, ich gebe zu, es hat mich irritiert, daß sich die Kritik an mir häuft. Da muß ich etwas tun, und zwar schnell. Ich möchte keine langwierige Therapie machen; ich fühle mich ja nicht krank. Ich erwarte von Ihnen ein paar handfeste Tips, wie ich moderater mit den Leuten umgehen kann, damit sie weniger unter mir leiden.«

»Mehr Einfühlungsvermögen – das wäre so ein Tip.«

»Meinen Sie Mitgefühl? Dieses Wort ist mir irgendwie zuwider. Ich kann mich schon in andere einfühlen, und ich finde sehr schnell heraus, was sie von mir wollen, was sie sich von dem Kontakt zu mir versprechen. Aber Mitgefühl? Wenn man Mitgefühl hat, kommt man unter die Räder. Das wird auch sehr schnell ausgenutzt.«

»Ich spreche von Einfühlungsvermögen in die Gefühlswelt der anderen. Sie sehen fast alles als einen Kampf um Überlegenheit. Liebesfähig zu sein heißt nicht, zu kämpfen, sondern beobachten, auf sich zukommen lassen, die Sinne öffnen, die Schönheit der Natur genießen, die Schönheit eines anderen Menschen, seine Gefühle zu erfassen. Ist Ihnen das fremd?«

»Das ist mir in der Tat fremd. Sie sprechen von den Schönheiten der Natur, aber das gibt mir nicht viel. Meine Frau sagt oft, schau dir diese Blüten an, wie schön diese Rose ist. Aber ich kann dabei nicht so ins Schwärmen geraten. Es ist eine Rose, das ist doch klar, und Rosen sehen nun einmal so aus. Was soll ich Besonderes daran finden? Sie verwelkt in ein paar Tagen.«

»Haben Sie nie vor einer Rose gestanden, sie intensiv betrachtet und ihren Duft eingeatmet?«

»Nein. Das ist doch bloß Naturschwärmerei.«

»Dann steht dieser kritische Begriff ›Naturschwärmerei‹ dem entgegen; er schiebt einen Riegel vor. Sie sind seelisch blind. Sie sehen zwar, aber nicht mit dem Herzen; Sie sehen wahrscheinlich auch Ihre Frau, aber Sie sehen sie nicht mit Ihrem Herzen.«

»Meine Frau drückt sich so ähnlich aus. Sie sagt, du bist kalt, du bist ein Verstandesmensch. Natürlich bin ich ein Verstandesmensch. Mein Verstand ist schließlich das Beste, was ich habe.«

»Mit dem Verstand haben Sie studiert und waren beruflich erfolgreich. Aber daneben existiert auch die Welt der Gefühle. Mit dem Herzen sehen heißt, daß – unabhängig vom Verstand – über die Sinne Gefühle erfahren werden können, eine Tiefe des Erlebens, die mit Worten nicht beschreibbar ist. So gibt es auch eine Tiefe der Liebe für einen anderen Menschen, die voller Anteilnahme und Achtsamkeit ist. Darin ist auch das Wort Achtung enthalten.«

»Das ist mir zu philosophisch und zu verschwommen.«

»Das ist überhaupt nicht verschwommen. Ich weise Sie auf eine Welt hin, die existent ist, von der Sie aber nichts oder nur sehr wenig wissen. Sie sind seelisch und emotional blind. Ich würde Sie gerne sehend machen; auch das ist eine Aufgabe der Psychologie. Da Sie aber die Schönheiten, von denen ich spreche, noch nie gesehen haben, vermissen Sie auch nichts. Ihre Frau vermißt an Ihnen, daß Sie Dinge, die sie wahrnimmt, nicht wahrnehmen können. Ihre Frau vermißt Ihre Anteilnahme; sie kann mit Ihnen ihre Empfindungen nicht teilen, weil Sie seelisch blind sind.«

»Das ist eine Unverschämtheit! Normalerweise würde ich jetzt zum Angriff übergehen. Ich würde sagen, daß diese Sensibilität ein Zeichen von Schwäche ist ... aber Sie haben mich nachdenklich gemacht. Außerdem bin ich nicht hier, um Sie zu bekämpfen, um als Sieger aus unserer Unterredung hervorzugehen, sondern um etwas zu lernen und um meinen Horizont zu erweitern.«

»Sie drücken es richtig aus. Es geht um Bewußtsein, um erweitertes Bewußtsein, um einen größeren Horizont, um mehr Erlebnisfähigkeit und Liebesfähigkeit. Das ist Ihnen fremd. Aber Sie scheinen eine leise Ahnung in sich zu spüren, wovon ich rede.
Es gibt etwas, das Ihnen bisher verborgen geblieben ist. Sie sind immer nur nach vorne gestürmt, von einer Aufgabe zur nächsten, und haben sie erfolgreich gelöst. Sie haben die Mitmenschen beiseite geschoben, um zu gewinnen.«

»Ich bin ein Zyniker. Das habe ich bisher noch nicht gesagt, aber ich gebe es zu. Ich bin, was die Menschen anlangt, ein Pessimist und, was meine Leistungsfähigkeit betrifft, ein Optimist. Darüber möchte ich mit Ihnen reden. Ich war erfolgreich, aber wie Sie das ›mit dem Herzen sehen‹ sagten, da habe ich eine Wehmut in mir gefühlt. Das würde ich niemals zugeben, aber Ihnen gegenüber sage ich das.«

»Warum sind Sie ein Zyniker? Erklären Sie mir, warum Sie sich mit einem gewissen Stolz in der Stimme als solcher bezeichnen.«

»Weil die meisten Menschen sich davon provoziert fühlen und das als Zeichen von Stärke sehen. Ich weiß, Zynismus und Ironie sind nicht beliebt; aber mit meiner Kaltschnäuzigkeit verschaffe ich mir Respekt. Viele Leute haben Angst vor Zynismus und gehen in Verteidigungsposition; sie bekommen Minderwertigkeitsgefühle – und schon habe ich gewonnen. Es geht doch immer um ein Kräftemessen. Ist es nicht so? Seien Sie ehrlich!«

»Sie haben diese Erfahrung gemacht; das glaube ich Ihnen. Wer freundlich, einfühlsam und sanft ist, wird weniger ernst genommen; das zeigt uns etwas über die psychische Verfassung der Menschen. Die meisten bewundern Stärke und verachten sogar Schwäche. Nur, was ist Stärke und was ist Schwäche? Die Menschen führen untereinander Krieg, sie sind gewaltsam und aggressiv. Wer sich stark fühlt, ist offen aggressiv und zynisch. Zynismus ist eine Form der verbalen Aggressivität. Wer sich Respekt verschaffen will, ist aggressiv. Auch verbale Aggression ist eine Art Körperverletzung. Wenn Sie zu jemandem sagen, daß er Unsinn erzählt und wohl dumm ist, ungebildet oder erfolglos, dann ist das eine Körperverletzung.
Psyche und Somatik sind eng miteinander verknüpft. Jede Abwertung führt zu somatischen Reaktionen, genauso wie jedes Lob. Wenn Sie jemand kritisieren und tadeln und dabei seinen

wunden Punkt mit ins Spiel bringen, dann möchte er das meist verbergen, also nicht zu erkennen geben. Dieses Verbergen ist ein innerer Widerstand; ein Konflikt entsteht in ihm, er fühlt sich verletzt, vielleicht auch schwach, möchte aber nicht verletzt sein; das ist sein Selbstbild. Er will aber auch nicht verletzt nach außen erscheinen; das ist sein Fremdbild, sein Image. Also ist in ihm ein Konflikt.

Dieser Konflikt erzeugt ungeheure Energien: Einerseits möchte ich Aggression realisieren, die durch die Frustration erzeugt worden ist, andererseits traue ich mich nicht – aus Angst vor der Stärke des anderen. Dann schlucke ich meine Verletzlichkeit hinunter und mache ein freundliches Gesicht, spiele eine Gelassenheit vor, die ich gar nicht habe. Dadurch fühle ich mich schwach. Der Zyniker ist in diesem Moment der Stärkere; er hat die Oberhand, die Autorität und den Respekt. In mir rumort der Konflikt weiter. Wenn das oft geschieht, reagiert der Körper durch Magenschmerzen, durch Herzjagen, Kopfschmerzen, Schweißausbrüche; das alles sind psychosomatische Symptome. Deshalb sage ich: Zynismus ist Körperverletzung. Vor Gericht wird so etwas nicht anerkannt; so etwas gilt lediglich als Beleidigung – also geringes Schmerzensgeld. Wäre es ein konkreter Fausthieb, also eine direkte Körperverletzung, wäre das Schmerzensgeld höher.

Worte sind positive oder negative Kräfte, die auf Seele und Körper einwirken. Sie kennen das: Lob beflügelt die Seele, es beschwingt, löst Spannungen und Verkrampfungen; ein Tadel dagegen führt zur Niedergeschlagenheit, ja bis zur depressiven Lähmung. Deshalb sage ich immer wieder: Macht euch frei davon, werdet unabhängig von Lob oder Tadel. Beides ist bedeutungslos. Aber wir sind anders erzogen, wir sind falsch erzogen. Von früher Kindheit an haben wir nichts anderes gelernt: Lob oder Tadel, Belohnung oder Strafe – und in dieser Weise sind wir konditioniert.

Das nutzen Sie aus. Sie interessieren sich zwar nicht für Psychologie, aber Sie wenden eine praktische Psychologie an. Sie sind Praktiker und kein Theoretiker. Sie betreiben angewandte Psychologie im Alltag, Ihre Psychologie, ganz pragmatisch nach dem

Stärke-Schwäche-Prinzip. Insofern sind Sie ein teuflischer Psychologe.«

»Ich bin Menschenkenner. Ich setze mich unter den Menschen durch. Ich will Autorität und Respekt. Ist das so falsch? Ich meine, der Erfolg gibt mir doch recht.«

»Das Recht des Stärkeren ist ein simples Recht, aber ein Recht, das eine ungeheure Wirkung auf so konditionierte Mitmenschen hat. Sie können darauf beharren, und das ist in Ihren Kreisen, bei Menschen jener gesellschaftlichen Sphäre, in der Sie sich bewegen, so üblich.
Sie wollen jedoch lernen, und deshalb sind Sie heute hier. Man hat Ihnen Ihre respektheischende autoritäre Haltung von oben vorgeworfen. Da diese Kritik von oben kommt, nehmen Sie sie ernst; käme sie von unten, würden Sie darüber nur lächeln, denn es wären die Reaktionen der Schwachen, die Sie verachten. Die Kritik von oben veranlaßt Sie zum Nachdenken. Sie stellen sich in Frage, sind plötzlich verunsichert. Die Putzfrau kann Sie nicht verunsichern, die schmeißen Sie raus. Den Geschäftsführer, der Sie kritisiert, können Sie nicht rausschmeißen. Wenn Ihre Frau Sie als seelisch blind kritisiert, weil Sie nicht mit dem Herzen sehen und hören können, schmeißen Sie sie nicht raus, denn es ist ja Ihre Frau. Sie lieben sie zwar nicht, aber Sie haben Respekt vor dem Ehevertrag, den Sie mit ihr geschlossen haben.«

»Wieso behaupten Sie, ich würde meine Frau nicht lieben?«

»Ihre Frau ist für Sie eine Partnerin mit einer bestimmten Funktion. Da sie Ihre Frau ist und weil Sie sie geheiratet haben, hat sie einen Wert durch Sie. Sie würden sie gegen verbale Angriffe sofort vehement verteidigen, denn es ist Ihre Frau; sie gehört zu Ihrem persönlichen Einfluß- und Kräftefeld. Wer Ihre Frau angreift, der greift indirekt Sie selbst an. Da man Sie kennt in Ihrem Umfeld, würde das deshalb keiner wagen. Aber das hat nichts mit Liebe zu tun.«

»Wäre es Liebe, wenn ich meine Frau nicht beschützen würde?«

»Nein, natürlich nicht. Sie verstehen nicht, worauf es mir ankommt. Sie beschützen Ihre Frau, weil sie Ihre Frau ist. Wäre sie nicht Ihre Frau, wäre es Ihnen wahrscheinlich gleichgültig. Es geht Ihnen nur um Ihren persönlichen Nutzen: Das ist mein Haus, mein Auto, meine Frau. Wäre es ein anderes Haus, ein anderes Auto, eine andere Frau, dann wäre es eine Nachricht, die Sie ungerührt zur Kenntnis nehmen. Das heißt, Sie haben wenig Mitgefühl. Wenn Ihr Auto beschädigt wird, setzen Sie die besten Anwälte an, um Ihre persönlichen Rechte zu verteidigen; ein anderes Auto juckt Sie nicht. Sie trennen sich also ab von der anderen Welt: Das ist meine Welt, mein Besitz, und dort ist eine andere Welt, ein anderer Besitz; das geht mich nichts an.
Bitte verstehen Sie mich richtig: Sie sitzen nicht auf einer Anklagebank; ich mache Ihnen nur bewußt, wie es ist. Wir sprechen von Tatsachen: Das ist mein Auto, mein Haus, meine Frau; dieses Denken ist egozentrisch. Jetzt wird es schwierig: Natürlich ist jeder Mensch, jedes Lebewesen ichbezogen. Es wäre abgehoben, das nicht anzuerkennen. Jeder ist sich selbst der Nächste. Das in Frage zu stellen wäre welt- und menschenfremd.«

»Da bin ich aber wirklich froh, daß Sie das sagen.«

»Ja, aber Sie verstehen nicht, was ich meine und wovon ich rede. Wir Menschen führen Krieg gegeneinander und trennen uns voneinander. Das ist mein Land, mein Wohnviertel, das ist meine Philosophie, Psychologie und Religion. Das ist aber falsch. Verstehen Sie mich bitte richtig, Ich bin nicht gegen Privateigentum und Individualität; ich predige, sage ich jetzt schon fast – obwohl, es ist das falsche Wort –, ich predige seit fünfundzwanzig Jahren nichts anderes als Authentizität und Eigenständigkeit, aber unter ganz anderen Voraussetzungen. Nur ein eigenständiger Mensch, der weiß, wer er ist, nur der kann wirklich lieben. Sie sollten wissen, wer Sie sind. Sie sollten sich wirklich selbst kennen, um andere verstehen zu können. Sie sollten sich selbst lieben können, um zu lieben. Lieben Sie sich selbst?«

»Ich verstehe nicht, was diese Frage soll ...«

»Sind Sie verunsichert, weil Sie jetzt nicht antworten wollen? Sie schätzen sich, Sie sind der Nabel der Welt, Sie sind Ihr Erfolg. Sie verwechseln Erfolg und Liebe. Sie wissen gar nicht, wer Sie wirklich sind; Sie sehen nur Erfolg oder Mißerfolg, wissen nicht, wer Sie sind. Wenn Sie erfolgreich sind, dann sind Sie wer – das wissen Sie –, und wenn Sie keinen Erfolg haben, dann sind Sie niemand. Sie verknüpfen sich mit Erfolg, Respekt und Autorität. Das ist eine oberflächliche Betrachtungsweise.
Ich wünsche Ihnen keinen Abstieg und den Zusammenbruch Ihres Denksystems. Aber vielleicht brauchen Sie das. Wenn die Geschäftsleitung beschließt, Sie zu entlassen, wenn Ihre Frau einen Geliebten hat und Ihr Haus verkauft werden muß, dann wachen Sie auf. Dann ist das Geschrei groß. Muß es so weit kommen? Können Sie nicht heute und jetzt erkennen, daß das alles, was Sie für wichtig halten, nichts bedeutet? Autorität und Respekt bedeuten nichts, denn das ist nur machtbezogen. Anerkennung und Lob bedeuten nichts, denn das ist nur fremdbezogen. Tadel bedeutet aus demselben Grund auch nichts; materielle Güter und Statussymbole bedeuten nichts, denn sie sind erfolgsabhängig. Erfolg bedeutet nichts und Mißerfolg auch nicht. Befreien Sie sich von diesem Kategoriendenken. Erfolg ist vorübergehend und relativ, Mißerfolg auch. Am Schluß sterben wir alle, ob wir Erfolg haben oder nicht. Also gibt es etwas jenseits davon. Wenn Sie das erfassen könnten, wäre das wunderschön.«

»Ich sterbe dann aber trotzdem.«

»Das ist richtig. Aber bis zu diesem ›dann‹ kommt es darauf an, diesen Zwischenraum zu füllen. Sie haben Besitz angehäuft, aber damit läßt er sich nicht füllen. Sie leben mit Ihrer Frau, aber wenn

213

Sie sie nicht lieben und sich nur lieben lassen, sind Sie – verzeihen Sie mir das harte Wort – arm. Wenn Sie verstehen, was an dieser Stelle unseres Gesprächs das Wort ›arm‹ bedeutet, dann sind Sie davon frei. Haben Sie verstanden, was ich Ihnen sagen will?«

»Nein, ich kann damit einfach nichts anfangen.«

Meine Geliebte will mich domestizieren

Der avantgardistische Künstler

Es ist ein schöner Frühlingstag Anfang Mai. Die Sonne taucht meine Räume in ein angenehmes Licht. Ich liebe dieses Licht und würde deshalb niemals umziehen, obwohl das Kölner Arbeiterviertel, in dem ich meine Praxis habe, nicht repräsentativ ist. Ich erwarte einen international anerkannten Künstler, einen Maler und Skulpturmacher. Er hatte Einzelausstellungen in großen Museen und Galerien in ganz Europa und gilt als Avantgardist der bildenden Kunst. Er kommt eine Viertelstunde zu spät, entschuldigt sich dafür, scheint es aber zu genießen, daß er Termine nicht einhalten kann.

»Ich kenne Ihre Bilder und Skulpturen und freue mich, Sie nun auch persönlich kennenzulernen«, begrüße ich ihn. Er wirkt sehr selbstbewußt, energiegeladen und unkonventionell. Seine Latzhosenjeans ist weit und schlabberig. Er trägt ein Streifenhemd mit offenem Kragen, darüber eine ausladende schwarze Lederjacke. Auf den ersten Blick wirkt er weniger wie ein Ästhet, sondern eher wie ein Prolet. Sein Gesicht ist braungebrannt, die Haare sind schon leicht angegraut und kurz geschoren. Ich bin gespannt darauf, welches Problem er mit mir besprechen will. Wir setzen uns.

»Warum kommen Sie zu mir?«

»Ich war noch nie bei einem Psychologen. Das hatte ich bisher auch nicht nötig. Übrigens: Es gefällt mir hier – der Raum und das Licht, es ist eine schöne Ausstrahlung. Kann ich einen Kaffee haben? Kann ich rauchen?«

Er kann. Ich zeige ihm den Aschenbecher, und einen Kaffee bekommt er auch.

»Ich bin Künstler, das wissen Sie ja schon. Ich komme nicht, weil ich eine Krise in meiner Kunst habe. Ich weiß, was ich will, und ich mache das auch. Ich habe mich durchgebissen, ich habe meine Bilder und meine Skulpturen auch gelebt. Ich bin Avantgardist, also ein Rebell und ein Revolutionär. Ich lebe ein ungewöhnliches Leben, das den Normen der Gesellschaft nicht entspricht. Ich zerschlage alle Normen, alle Regeln und gehe meinen eigenen Weg.
Es war nicht leicht, Anerkennung im Kunstbetrieb zu bekommen. Ich habe diese Anerkennung jetzt; es geht mir finanziell gut. Das ist angenehm und schön. Ich brauche den Erfolg, das ist klar. Ich bin kein Ästhet, ich bin ein Zerstörer der bekannten Schönheitsterrorvisionen. Ich bin kein Politiker und kein Prophet. Ich habe keinen sozialen Anspruch. Ich mache das, was ich für optisch interessant halte. Ich bin kreativ, das ist klar. Ich kann mich darstellen, das ist auch klar. Ich habe keine Ängste wie viele meiner Kollegen. Ich weiß, was ich will. Ich gehe also meinen Weg.«

»Warum kommen Sie heute zu mir? Was wollen Sie von mir erfahren, was Sie von keinem anderen erfahren können? Warum kommen Sie ausgerechnet zu mir?« frage ich.

»Ich will versuchen, das zu formulieren. Das ist allerdings sehr schwer … es fällt mir jedenfalls nicht leicht.
Ich bin ein Zerstörer, ich zerstöre alle Formen und alle Normen. Mein ganzes Leben lang habe ich die Normen der Gesellschaft und der Ästhetik zerstört. Ich bin destruktiv, sagen die Bürger und natürlich auch die Politiker und auch die Unternehmer. Ich lebe allerdings von dieser Destruktivität. Die Leute kaufen meine Werke. Sie finden das interessant, aber sie mögen mich nicht als Person.
Ich bin destruktiv. Ich weiß nicht mehr, wo ich stehe. Meine Destruktivität wird gekauft, Sie wissen das sicher, pro Bild oder Skulp-

tur für mindestens hunderttausend Mark. Nun gut, das ist ziemlich viel Geld, aber meine Galerie nimmt für jeden Deal fünfzig Prozent. Das ist normal. Aber das ist nicht mein Problem.

Ich habe eine Lebenskrise. Ich werde kopiert in der Werbung, nein, nicht kopiert, ich werde adaptiert. Ich bin ›en vogue‹, wie man sagt. Ich bin selbstbewußt nach außen, ich kann auftreten, ich bin vermarktbar. Das ist alles schön und gut. Es geht mir gut. Es geht mir besser als Ihnen. Darf ich du sagen? Es geht mir besser als dir? Ich hoffe, daß das nicht jetzt für dich ein Problem wird.«

»Sage du zu mir.«

»Gut, das gefällt mir, daß dich das nicht stört. Das ist nämlich dieser ganze gesellschaftliche Scheiß, diese Regeln, diese Normen. Jetzt, wo ich dich duzen kann, fällt es mir leichter, darüber zu reden. Es ist alles so verlogen. Ich weiß nicht, wie ich es ausdrücken soll. Das macht mich ganz krank. Ich finde nicht mehr die Sprache dafür, auch nicht mehr in meinen Bildern.

Es ist eine Schrecklichkeit über mich hereingebrochen. Bin ich ein Psychopath? Ich weiß es nicht. Bin ich krank, oder bin ich Künstler? Ich weiß es nicht mehr. Weißt du es, kannst du mir das sagen? Wenn ich krank bin, dann wäre auch meine Kunst krankhaft. Aber ich will keine krankhafte Kunst abliefern.«

»Wir wollen diese Fragen nun gemeinsam untersuchen. Deine Kunst ist deine Kunst, ich betone, deine, und das ist dein legitimes Recht. Schaffe deine Werke, stelle sie aus, sie sind deine Reaktionen auf die Welt. Das ist in Ordnung so.

Ich denke, du bist heute hierhergekommen, um etwas ganz anderes zu erfahren. Was willst du von mir wissen? Was soll ich dir sagen oder raten? Was erwartest du von diesem Gespräch?«

»Ich will ganz offen und ehrlich sein. Ich erwarte mir einen Kick für mich, mein Leben und meine Arbeit. Ich bin trotz meines Erfolges nicht glücklich. Es fehlt mir etwas, aber ich weiß nicht, was.

Vielleicht hat es auch etwas mit mir als Mann zu tun, mit mir als Mann und meinen Beziehungen zu Frauen.«

»Bist du verheiratet?«

»Ich war zweimal verheiratet und bin zweimal geschieden. Das wäre eine ganz besondere Story. Ich hätte einen Poeten neben meinen Ehen brauchen können. Er hätte das alles aufgeschrieben; es wäre ein Roman geworden, den du verfilmen könntest. Dieser Film wäre ein Welterfolg – ich sage dir, es war alles unglaublich und viel dramatischer, als du es je im Kino gesehen hast.«

»Wie ist deine derzeitige partnerschaftliche Situation?«

»Ich lebe mit einer Frau zusammen, die mich liebt. Ich kann mich wirklich nicht beklagen. Ich werde immer geliebt, aber nie verstanden.«

»Hast du dich selbst verstanden?«

»Ich habe mich immer verstanden mit mir selbst, aber alle anderen haben mich nicht verstanden. Nicht verstanden zu werden ist ein Markenzeichen des Avantgardisten. Wenn du von allen verstanden würdest, dann wärst du kein Avantgardist, kein kreativer Innovativer mehr, dann wärst du ein Jedermann, und der ist uninteressant. Die Frauen liebten mich als Outsider. Ich liebte sie, weil sie mich liebten. Das ist doch normal, oder? Wenn dich jemand liebt, weil du so bist, wie du bist, warum solltest du ihn deshalb wegschicken? Ich habe die Frauen geliebt, die mich liebten, weil ich anders war als die Männer, die sie bisher geliebt hatten. Ich bin ein Avantgardist, also gehe ich neue Wege. Ich kann nicht erwarten, daß mich jemand schätzt, der das nicht versteht. Ich bin sexuell sehr triebhaft und den Frauen zugewandt. Es gab immer genug Frauen, die mich gerade deshalb so liebten, weil ich so war – und so bin –, wie ich bin. Ich war nie einsam und hatte nie Probleme mit Frauen.

Aber jetzt doch. Und deshalb bin ich heute hier. Ich liebe eine Frau aus ›der Gesellschaft‹, wie man so sagt, und diese Frau liebt mich auch, aber diese Liebe ist voller Spannung, denn sie will mich integrieren und einfügen in die Gesellschaft. Sie will mich haben. Ich liebe sie auch und will sie auch haben – für mich. Aber sie will mich für sich, und das ist eine andere Welt. Ich will sie haben für meine Welt, und sie will mich haben für ihre Welt. Sie will nicht in meine Welt und ich nicht in ihre. Also stagniert derzeit alles beim Sex. Die Sexualität gehört uns. Diese Ebene kann uns keiner wegnehmen. Aber das ist ja nun nicht alles. Ich lebe meine Kunst, und sie lebt ihre Realisierung ihrer Person – sie ist die Tochter eines Unternehmers, und ich bin der Vertreter meiner Kunst. Jetzt bin ich endlich bei dem Punkt, warum ich heute hier bin. Sage mir: Wie kann ich sie lieben und ich selbst bleiben, und wie kann sie mich lieben, ohne ihre Normen aufgeben zu müssen? Wie kann unsere Liebe über diese Klippe springen?«

»Das sind viele Fragen. Es begegnen sich in eurer Partnerschaftsbeziehung zwei Welten: Deine Welt besteht darin, als Künstler mit Traditionen zu brechen und neue Wege zu gehen. Das meint der Begriff der Destruktion. Deine Partnerin aber lebt in der Welt der Konventionen, der traditionellen Werte, gesellschaftlich gesehen. Die Liebe und die damit verbundene Sexualität kann diese verschiedenen Wertvorstellungen ausgleichen. Die Liebe kann die Grenzen zwischen Religionen, gesellschaftlichem Status, der Zugehörigkeit zu einer anderen Rasse und Bildungsunterschiede überwinden. Hier gilt: Verschiedenartigkeit kann sich anziehen. Die Liebe entwickelt sich über die Sensitivität und wird zur erotischen Anziehung. Deshalb sagst du, die Sexualität gehört uns. Auf dieser Ebene findet ihr zueinander.

Sobald man aber, davon ausgehend, eine Beziehung aufbauen will, beginnen die Probleme. Du fragst: Wie kann ich sie lieben und ich selbst bleiben, und wie kann sie mich lieben, ohne ihre Normen aufgeben zu müssen? Diese Frage ist sehr einfühlsam formuliert. Du fragst zuerst, wie du sie weiter lieben und dabei du selbst bleiben kannst. Du möchtest sie weiterhin lieben, ohne daß sie ihre Normen und Werte aufgeben muß. Das ist das Grundproblem jeder Beziehung. Jeder möchte bleiben, wie er ist, und das ist auch richtig so. Wenn man sich liebt, geht man achtsam und behutsam miteinander um; man möchte den anderen so lassen, wie er ist. Das ist eine sehr reife Einstellung, die viele Menschen nicht haben. Deshalb scheitern sie genau an diesem Punkt, wenn Liebesbeziehungen in eine feste gemeinsame Beziehung einmünden. Man versucht, den anderen auf vielen Gebieten zu manipulieren: Sieh die Dinge, wie ich sie sehe! Übernimm meine Normen! So läuft das üblicherweise. Man beginnt zu kritisieren, zu erziehen, um zu manipulieren.

Du hast dagegen gesagt, du möchtest bleiben, wie du bist, und willst ihr im Gegenzug auch ihre gesellschaftliche Prägung lassen.«

»Ich spüre aber, daß sie das nicht will. Sie möchte mich beeinflussen, ja irgendwie erziehen. Sie möchte mich zivilisieren und kultivieren. Ich sage immer zu ihr: ›Ich bin als Künstler ein Vertreter der Kultur. Was ich mache, wird eines Tages zur Tradition werden. Noch ist es die avantgardistische Moderne, in zwanzig Jahren wird es zur klassischen Moderne und in hundert Jahren zur Klassik. Da hast du dann deine traditionelle Kultur.‹«

»Deine Partnerin hat aber einen anderen Kulturbegriff, und das kann man verstehen. Sie ist in einem Unternehmerhaushalt groß geworden. Und hier zählen Tradition und materielle Werte.«

»Es ist eine alte Unternehmerfamilie, die zu den führenden der Stadt gehört. Schon vor dem Zweiten Weltkrieg war das so. Es macht mich ziemlich ungeduldig und nervös, wenn sie darüber spricht. Sie sagt, daß ihre Familie ein Elitebewußtsein hätte und daß man in ihre Kreise nur schwer hineinkomme. Es wäre in dieser Elite klar, wer dazugehöre und wer nicht, schon der Urgroßvater hätte dazugehört. Sie legt großen Wert auf Etikette und gutes Benehmen. Ich war natürlich bei ihrer Familie schon mal zu Besuch, aber ich fühle mich da nie wohl, es schnürt mir irgendwie den Hals zu. Ich fühle mich unwohl und unfrei. Ich freue mich natürlich darüber, daß an den Wänden Originale von Paul Klee, Picasso und Kandinsky hängen, aber ich habe den Eindruck, daß ihnen das gar nichts bedeutet, außer dem Nimbus der Berühmtheit. Für diese Leute hat ein solches Bild eine ganz andere Bedeutung als für mich. Sie umgeben sich mit Kunst wegen der Signatur, sie haben keine Ahnung von Kultur. Sie bilden sich viel mehr ein auf ihre Eßkultur und auf ihre Bildung. Wer keine zwei Fremdsprachen spricht und die großen Hotels auf der Welt nicht kennt, den belächeln sie.

Ich möchte meine Freundin aus ihrer Welt herausreißen. Sie studiert Jura und steht kurz vor dem Examen. Eigentlich wundere ich mich darüber, daß sie sich überhaupt mit mir eingelassen hat. Ihr Vater möchte, daß sie einen Mann aus der Wirtschaft heiratet, einen Vorstand in einem großen Unternehmen. Ich spüre, daß man mich belächelt und unsere Beziehung als eine vorübergehende Laune der Tochter betrachtet. Aber weil ich schon einen Namen habe und nicht gerade arm bin, drückt man ein Auge zu.«

»Redet ihr über diese Situation?«

»Ja, wir reden offen darüber. Sie möchte mich in ihre Welt hineinziehen und versucht mich davon zu überzeugen, daß das das Gelbe vom Ei wäre. Sie möchte mich fördern und mich von den Werten ihrer Tradition überzeugen.«

»Tradition in bezug auf was? Kunst, Lebensweise oder Denkhaltung?«

»Künstlerisch läßt sie mir jede Freiheit. So offen ist sie, das hat sie begriffen, daß Kunst neue Wege geht und Traditionen hinter sich lassen muß. Lebensweise und Denkweise gehen bei ihr Hand in Hand. Sie möchte, daß ich ihre Denkweise übernehme. Sie sagt, ich könnte viel von ihr lernen.«

»Lernen in welcher Art? Sollst du etwas kennenlernen und dich informieren, oder sollst du dich anpassen und integrieren?«

»Ich soll mich einfügen, ich soll akzeptieren und übernehmen. Ich soll damit umgehen lernen.«

»Wenn sie es nur spielerisch meint, daß du das kennenlernen sollst, daß du es erfährst, dann ist es in Ordnung. Oder sollst du dich ändern und anpassen?«

»Ich soll damit umgehen können, aber nicht mich anpassen im Sinne von Unterwerfung.«

»Dann ist es in Ordnung, wenn du das nur spielerisch kennenlernen sollst, damit du informiert bist, denn sie will dich ja nicht erziehen.«

»Erziehen will sie mich nicht. Ich glaube, es ist ein Experiment, um sich dadurch selbst zu erfahren. Die Diskussionen mit mir sind ihr sehr wichtig.«

»Dann sehe ich kein Problem. Sie möchte dir ihre Welt zeigen, aber will dich nicht missionieren. Und du zeigst ihr deine Welt und willst sie dadurch nicht unter Druck setzen und überzeugen. Dann diskutiert ihr, dann teilt ihr euch etwas mit, wovon jeder profitiert. Du gibst ihr Einblicke in deine Welt, und sie gibt dir Einblicke in ihre Welt. Keiner will den anderen manipulieren, sondern nur etwas aufzeigen.
Wenn es so abläuft, dann werden keine Spannungen entstehen, es wird kein Einfluß genommen und damit keine Gewalt ausgeübt. Eine solche Verbindung kann sehr fruchtbar werden, denn jeder gibt dem anderen etwas. So kann Liebe aufblühen.
Ich hoffe, daß ihr euch eure Verschiedenheit in dieser Freiheit weiterhin geben könnt. Dann findet wirklich ein Austausch statt. Wenn keiner den anderen überzeugen, erziehen oder manipulieren

will, nimmt die Liebe keinen Schaden. Erst wenn sich der leiseste Schatten von Manipulation und Rechthaberei einschleicht, gibt es diese Freiheit des Lernens – im Sinne von Kennenlernen – nicht mehr, denn dann wird gekämpft. Dann entsteht auch Angst, denn es geht um Sieg oder Niederlage. In einer Diskussion kann man heftig miteinander über ein Thema streiten, spielerisch kämpfen – so, wie junge Hunde sich balgen. Das ist Lernen. Sobald du aber Angst fühlst, kommt etwas anderes ins Spiel. Dann geht es um Sein oder Nichtsein, dann kämpfst du um dein Recht. Dann kann zwischen Mann und Frau zwar noch Sex stattfinden, aber die Zartheit der Liebe verwelkt. Die Liebe ist letztlich entscheidend, sie hält euch offen. Ihr liebt euch, und das gilt es zu bewahren.«

»Und wie bewahrt man das?«

»Indem man offen miteinander Körper, Seele, Geist, gesellschaftliche Position, Ereignisse und Situation teilt. Indem ihr euch mitteilt, seid ihr füreinander anziehend. Wenn ihr nicht mehr mitteilt, sondern recht haben wollt, verurteilt, angreift, auf- oder abwertet, nicht mehr diskutiert, nicht mehr spielerisch damit umgeht, sondern den anderen fixieren wollt auf eure Position, seid ihr verloren. Die Liebe zieht sich zurück, und es breitet sich der Beziehungskampf zweier egoistischer Einzelwesen aus.«

Wege aus der Einsamkeit

Die geschiedene Millionärin

Sie rief mich an und sagte: »Ich bin zwar glücklich geschieden und habe einen Zugewinnausgleich von mehreren Millionen auf dem Konto, aber ich fühle mich trotzdem depressiv. Ich stehe vor einer Entscheidung, wie ich mein weiteres Leben lebe.« Wir vereinbarten einen Termin.

Sie erschien pünktlich und begann sofort das Gespräch: »Ich war neunzehn Jahre lang mit einem erfolgreichen Unternehmer verheiratet. Er hat mich in den letzten fünf Jahren ständig mit anderen Frauen betrogen, unter anderem auch mit meiner besten Freundin. Ich habe vor anderthalb Jahren die Scheidung eingereicht und bin glücklich, aus dieser schmerzhaften und mich demütigenden Beziehung endlich heraus zu sein. Ich hätte in unserer Villa weiterhin wohnen können, aber ich bin erst mal in eine kleine Eigentumswohnung gezogen. Da wir in unserer Ehe keine Kinder hatten, bin ich frei, mein Leben zu genießen. Daß ich alleine lebe und meinen Ehemann nicht mehr ertragen muß, macht mich einerseits froh, ich atme auf, und andererseits fühle ich mich oft einsam und isoliert.«

»Haben Sie keine Freundinnen und Freunde?«

»Ich hatte viele Bekannte. Meine einzige Freundin hat mit meinem Mann geschlafen; das hat mich sehr geschockt. Es war ein großer seelischer Schmerz; ich war fürchterlich enttäuscht. Mein Vertrauen in Freundschaften ist dadurch angeknackst. Natürlich war diese Freundschaft damit beendet. Nun sagen Sie bloß nicht, ich soll meiner Freundin verzeihen und die Freundschaft wiederaufnehmen!«

»Ich schlage Ihnen das nicht vor. Es gibt jedoch eine Möglichkeit, wieder inneren Frieden zu erhalten – durch Verstehen. Das bedeutet, daß man das Geschehene losläßt; das ist ein Vergeben, ohne die Freundschaft wiederaufzunehmen. Das Geschehene läßt sich ja nicht ungeschehen machen.
Sie hatten sicherlich einen großen Bekanntenkreis. Bestehen hier keine Freundschaften?«

»Bekannte genug, aber keine Freunde. Über Bekannte habe ich auch zuerst davon erfahren, daß mein Mann mich betrügt. Die Frauen haben mich bedauert und oberflächlich Anteil genommen. Ich hatte aber oft das Gefühl, daß sie sich heimlich am Scheitern unserer Ehe weideten.
Seit wir geschieden sind und ich in der neuen Wohnung lebe, steht das Telefon still. Keiner ruft an und fragt: ›Wie geht es dir? Fühlst du dich wohl in deiner neuen Umgebung?‹ Keiner fragt: ›Was machst du so? Was hast du für Pläne?‹
Früher, als Ehepaar, da konnten wir uns vor Einladungen kaum retten. Wir konnten uns aussuchen, wohin wir gehen wollten. Aber jetzt – jetzt ist nichts mehr, gar nichts. Ich bin irgendwie auf einem Abstellgleis gelandet; das macht mich total fertig. Sicher, ich habe nicht mehr soviel Streß wie in den letzten Jahren. Ich habe endlich meine Ruhe. Aber ich kann das nicht genießen, weil ich mich so isoliert und einsam fühle ...
Ich habe alles versucht, um mich davon abzulenken. Ich habe abends oft etwas getrunken, Cognac oder Champagner. Ich habe auch versucht, Bücher zu lesen oder Fernsehen zu gucken. Aber ich kann mich darauf einfach nicht konzentrieren. Da habe ich mich eben betrunken. Das hat mir ein angenehmes, wohliges Gefühl gegeben. Die Angst ist von mir abgefallen, und dann konnte ich auch schlafen.«

»Alkohol wird als Psychopharmakon eingesetzt. Er löst Spannungen, vertreibt Ängste, macht müde und beruhigt. Sind Sie Alkoholikerin?«

»Ich würde mich nicht als Alkoholikerin bezeichnen, denn ich trinke nicht um des Trinkens willen, sondern um meine schmerzlichen Erinnerungen und die Ängste, verbunden mit Isolationsgefühlen, abzuschütteln. Ich fühle mich nicht abhängig von der Droge Alkohol.«

»Welche Hobbys haben Sie?«

»Ich fotografiere gerne, und ich male. Ich habe mit meinem Mann oft Golf gespielt, aber das hat mir nicht viel gegeben. Mein Mann war nur im Golfclub wegen der Geselligkeit und der geschäftlichen Connections. Er war auch kein begeisterter Golfer. Leute kennenlernen, das war sein Motto, aber es ging ihm dabei nicht um die Menschen, sondern um Geschäftsbeziehungen. Das war nicht meine Wellenlänge.«

»Ihnen ging es mehr um die Menschen.«

»Natürlich, die Geschäfte machte er. Ansonsten war das alles sehr oberflächlich. Einen wirklichen menschlichen Kontakt bekommen Sie da nicht; es geht nur um Fun, ohne irgendwelche ernsthaften Hintergründe. Es wird über Urlaub geredet, über Top-Restaurants und Nobelhotels in Thailand, auf den Bahamas oder in Rio – und natürlich über Golfplätze.

Das war alles sicherlich schön; ich darf mich nicht beklagen, denn es ging mir ja gut. Ich habe Europa bereist, Asien und Amerika; ich kenne die schönsten und teuersten Hotels der Welt. Ich habe mich darüber gefreut, ich habe es genossen, aber soll ich mich immer wieder darüber freuen?«

»Jetzt leben Sie allein. Sie sagten mir am Telefon, daß es Ihnen finanziell gesehen gutgeht.«

»Ich habe mehrere Millionen auf meinen Konten; die genauen Zahlen spielen ja keine Rolle. Ich kann jedenfalls von den Zinsen leben. Ich habe jeden Monat etwa fünfzehntausend Mark zu meiner freien Verfügung, natürlich nach Abzug der Zinsabschlagsteuer.
Damit könnte man gut leben, aber das Leben fällt mir trotzdem schwer. Sie können das vielleicht nicht verstehen. Sie müssen für fünfzehntausend Mark im Monat arbeiten, aber ich bekomme das ohne Arbeit. Ich weiß das alles, ich weiß, daß ich privilegiert bin. Aber das macht mich nicht glücklich. Ich kann mit meiner Freiheit nichts anfangen. Einerseits begrüße ich diese Freiheit, andererseits macht sie mir angst.«

»Sie sagten, daß Sie fotografieren und malen. Wäre jetzt nicht die Zeit gekommen, um zu malen und zu fotografieren? Sie hätten genug Zeit dafür und könnten sich ihren Hobbys widmen.«

»Ich kann es leider nicht. Ich bin mit mir selbst nicht im reinen. Deshalb bin ich ja hier. Und außerdem möchte ich mit Ihnen etwas besprechen, was mich sehr beschäftigt.
Ich bin als Frau nicht mehr so attraktiv wie vor zehn Jahren: Ich habe zugenommen, und ich habe Falten bekommen. Man sieht mir mein Alter an, ich bin zweiundfünfzig, und das sieht man auch – ich sehe jedenfalls nicht jünger aus. Ich habe nicht mehr die schlanke Taille, ich habe nicht mehr die vollen Haare, in meinem Gesicht sieht man die Spuren des Alters. Vor zehn Jahren noch habe ich die begehrenden Blicke der Männer genossen; jetzt fühle ich diese Blicke nicht mehr.
Seit meiner Scheidung fühle ich mich nicht nur gesellschaftlich im Out, sondern auch als Frau. Ich beziehe das auf meine fehlende erotische Ausstrahlung. Das macht mir sehr zu schaffen, und es fällt mir schwer, darüber zu reden.«

»Ich finde es gut und richtig, daß Sie auch das ansprechen. Ihre Attraktivität hat nachgelassen, wie Sie beobachtet haben. Ich verstehe, wie Sie das schmerzt. Haben Sie derzeit einen Freund, mit dem Sie eine erotisch-sexuelle Beziehung haben?«

»Nein. Als ich verheiratet war, haben mir manche Männer signalisiert, daß sie mit mir ein Verhältnis anfangen wollten. Heute sage ich mir, vor allem wenn ich an meinen Mann denke: Es war dumm, das auszuschlagen. Ich hätte sehr viele Chancen wahrnehmen können, aber ich war meinem Mann treu. Er war mir nicht treu, also war ich dumm.«

»Sie sollten sich nicht als dumm hinstellen, nur weil Sie treu waren. Sie haben Ihren Mann wirklich geliebt?«

»Ich habe ihn sehr geliebt, aber er konnte mit dieser Liebe nicht viel anfangen.«

»Sie hatten sicherlich auch Liebeskummer.«

»Ich habe sehr unter meinem Liebeskummer gelitten, ich hatte Kummer und Schmerz, und ich dachte manchmal: Ist das nun der Lohn für deine Liebe? Muß man so viel leiden, nur weil man liebt? Dann ist das mit der Liebe ja nur eine Dummheit; man macht sich das Leben schwer, bringt sich in Abhängigkeit, wird unglücklich. Liebe sollte glücklich machen. Erst hat sie mich auch glücklich gemacht, aber dann entstand das größte Unglück daraus.
Ich bin zu Ihnen gekommen, weil ich verwirrt bin und nicht mehr weiterweiß. Ich möchte Klarheit gewinnen und hoffe, daß Sie mich dabei unterstützen können. Helfen Sie mir, die Klarheit des Verständnisses für all diese Probleme zu verstehen.
Ich bin seelisch am Ende und weiß nicht mehr weiter. Außerdem kommt mir alles so widersprüchlich vor: Ich bin endlich frei, aber ich kann es nicht genießen. Ich muß nicht arbeiten, aber ich habe auch keinen Spaß an den Dingen, die ich eigentlich gerne tue, foto-

grafieren oder malen. Ich habe meine Liebe verloren und kann mich nicht neu verlieben.

Ich habe viele gesellschaftliche Kontakte gehabt, um die mich andere vielleicht beneiden, aber ich kann sie nicht verwerten. Keiner ruft mich mehr an. Vielleicht müßte ich die Initiative ergreifen und anrufen. Aber ich bin blockiert; ich kann das einfach nicht.

Ich war eine begehrenswerte Frau; jetzt scheint es mir, als habe ich keine erotische Ausstrahlung mehr. Ich habe keinen Geliebten. Es gibt nicht einmal einen Journalisten, der sich für mich und meine Story interessiert.

Unsere Ehe ging sehr unspektakulär zu Ende. Außerdem war mein Mann mit seiner Firma nicht in den Medien. Wenn man in die Medien kommt, dann fühlt man sich wichtig – trotz allem Desaster. Unsere Scheidung ist so unwichtig, und ich bin als Person unwichtig. Ich will nicht wichtig sein, verstehen Sie mich bitte nicht falsch, aber alles verschwindet für mich plötzlich in einem schwarzen Loch. Ich fühle mich als eine Frau Niemand, aber ich war jemand. Gut, ich fotografiere und male; aber wen interessiert das schon? Niemanden! Ich fühle mich jedenfalls total allein. Oft sage ich mir: Das kann doch nicht alles gewesen sein!

Mein Mann brilliert mit geschäftlichen Erfolgen, und er sonnt sich mit seiner schönen jungen Geliebten. Sie hat jetzt all das, was ich verloren habe. Mein Mann wird viele Millionen von seinen Eltern erben. Ich habe kein Erbe mehr zu erwarten. Wenn ihn seine Geliebte verläßt – was ich nicht glaube, denn er wird sie wohl heiraten –, dann stünde er dennoch strahlend da, von der Gesellschaft akzeptiert.

Ich dagegen bin nicht mehr existent. Das trifft mich sehr. Das ist die Tatsache; die können Sie auch nicht ändern. Können Sie mir aber helfen, aus dieser Depression, in der ich mich befinde, wieder herauszukommen?«

»Sie fragen, ob es ein Leben danach, nach diesen Erlebnissen, für Sie gibt, ein Leben, das Freude macht und Vitalität vermittelt?«

»Ja, ein Leben, das Freude macht, ein energievolles Leben. Ich habe alle Energien verloren.«

»Sie sind aufgrund Ihrer Erlebnisse in den vergangenen Jahren sehr enttäuscht. Aufgrund Ihrer Enttäuschungen sind Sie depressiv geworden: Sie sehen keine Perspektive mehr. Ich gebrauche dafür das Wort ›Psycho-Infarkt‹. Bitte erschrecken Sie nicht vor diesem Ausdruck, es ist nur ein Wort. Der Psycho-Infarkt ist etwas anderes als der Herzinfarkt, nicht so zentral und direkt lebensbedrohlich. Ein Psycho-Infarkt raubt die seelische Freude und Lebensfähigkeit, lähmt die Energie der Selbstentfaltung – aber er kann überwunden werden. Ich versuche Ihnen zu vermitteln, wie Sie sich davon befreien können.

Glücklicherweise sind Sie finanziell abgesichert. Darin kann natürlich auch ein Nachteil liegen, weil Sie nicht gezwungen sind, sich Ihren Lebensunterhalt selbst zu verdienen, sich in der sozialen Gemeinschaft zu integrieren, für andere etwas zu tun.

Ich sage nicht, suchen Sie sich eine Arbeit, damit Sie auf andere Gedanken kommen, das wäre zu einfach. Aber wenn Sie den Wunsch haben zu arbeiten, dann sollten Sie es tun. Welche Ausbildung haben Sie?«

»Ich habe Abitur, eine abgeschlossene Banklehre und kann zwei Fremdsprachen, Englisch und Spanisch. Außerdem kann ich gut Schreibmaschine schreiben. Ich war allerdings aufgrund meiner Ehe vierzehn Jahre nicht mehr berufstätig. Das wollte mein Mann so. Ich sollte nur für ihn und das Haus dasein.«

»Ich sehe durchaus die Möglichkeit für Sie, wieder berufstätig zu werden – wenn Sie es wollen. Aber das nur nebenbei.

Daß Sie sich seit Ihrer Scheidung einsam und isoliert fühlen, verstehe ich gut. Die Kontaktbeziehungen waren nicht so tief, daß sie jetzt noch greifen. Es ist leider eine Tatsache, daß geschiedene Frauen, wenn sie nicht durch eine vom Mann unabhängige Karriere glänzten, nach der Scheidung für die sogenannte Gesellschaft nicht mehr interessant sind. Das erfahren Sie jetzt, und Sie lernen daraus. Sie analysieren die Gesellschaft und ihre Einstellung.

Ihre Enttäuschung ist das Ende einer Täuschung und der Beginn, die Tatsachen schonungslos zu sehen. Sie hätten das schon viele Jahre früher erkennen können, aber es bestand für Sie ja kein Anlaß zu lernen, da ja die vorhandene Struktur funktionierte. Nun wachen Sie auf. Jetzt ist das Sehen der Tatsachen schmerzlich, aber Sie lernen. Ich versuche Ihnen bewußtzumachen, daß dieses Aufwachen etwas Positives ist.

Wir lernen ständig. Leben heißt lernen – nicht wie in der Schule, in der Wissensstoff gepaukt und im Gedächtnis gespeichert wird. Das Lernen im Leben ist ganz anders; es hat mit Wachheit und Bewußtheit zu tun. Wacher und bewußter zu werden, das ist ein Lernvorgang.

Wir stehen als Menschen ständig in Beziehung. Auch Sie sind kein isoliertes Einzelwesen, sondern stehen in Beziehung zu Ihrer Umwelt, zu anderen Menschen, aber auch zur Natur, zum Kosmos, zu den Tieren und den Pflanzen. Es kommt darauf an, daß Sie eine liebende Beziehung zu all dem fühlen. Ich denke, Sie verstehen, wie ich das meine, denn als Fotografin und Malerin stehen Sie in Beziehung zu dem, was Sie abbilden.«

»Das ist richtig. In der Fotografie wollte ich die Schönheit einfangen, Blüten und Landschaftsstimmungen, in der Malerei habe ich die Gegenstände abstrahiert.«

»Sie stehen also in Beziehung zu Ihrer Umwelt, zum Schönen und zum Häßlichen. Wenn Sie Ihre Produkte anderen zeigen, dann stehen Sie in Beziehung zu den Mitmenschen, denen Sie dadurch etwas sagen wollen. Sie kommunizieren demnach über Ihre Gestaltungen mit anderen.«

»Im Moment habe ich aber das Gefühl, ich bin nicht gut genug. Keiner will etwas sehen. Diese Beziehung, von der Sie sprechen, ist abgebrochen.«

»Sie sehen das so aus Ihrer Enttäuschung heraus. Weil niemand direkt danach fragt, glauben Sie, die Beziehung sei abgebrochen. Sie vergleichen sich mit Malern und Fotografen, die Erfolg haben und publiziert werden und die so in Beziehung zu Markt, Medien und Menschen stehen. Sie glauben, Sie seien dafür nicht gut genug.

Die Beziehung zu Ihrer Umwelt fehlt Ihnen im Moment. Nehmen Sie also aktiv Kontakt auf zu Ihrer Umwelt, zu der gesamten Umwelt – nicht nur, was Ihre Fotografie und Ihre Malerei betrifft. Doch Sie sind jetzt aufgewacht, und da kaum jemand mit Ihnen kommuniziert, sollten Sie kommunizieren.

Das wichtigste ist Ihre persönliche Beziehung zu Ihrer Umwelt. Und dabei sind die Sinne das wichtigste. Gehen Sie hinaus in die Natur, schauen Sie sich Wiesen und Bäume an – und öffnen Sie die Sinne: Betrachten Sie die Blüte am Wegesrand, hören Sie das Rauschen der Tannen im Wind, riechen Sie den Duft des feuchten Waldbodens, ziehen Sie Ihre Schuhe aus, und gehen Sie barfuß über das Gras. So stellen Sie über die Sensitivität wieder eine Beziehung zwischen sich und der Natur her. Das ist ein Akt, der sehr heilsam ist. Es ist sensitive Kontemplation, und durch sie erhalten Sie Liebe, fühlen Liebe in sich als Antwort, die Sie als Energie erhalten und die Sie als liebende Energie wieder abgeben können.

Aufgrund Ihrer Enttäuschungen sind Sie derzeit energielos, also ohne Liebe. Füllen Sie Ihre Seele wieder mit Energie und Liebe. So erhalten Sie wieder Kraft, um mit anderen Menschen Kontakt aufzunehmen.

Damit will ich den Kontakt zu anderen Menschen nicht überbewerten, denn das ist nicht das wichtigste. Kontakte zu anderen sind nämlich nicht nur energiespendend, sondern auch energieraubend. Die Beziehungen zu anderen gestalten sich leider nicht nur auf liebender und mitfühlender Ebene, sind also nicht nur konstruktiv, sondern erweisen sich bisweilen auch als äußerst destruktiv. Sie haben ja selbst erfahren, wie Menschen nicht liebevoll, sondern berechnend miteinander umgehen. Kontakte werden oft nur nach dem Prinzip gepflegt: Was nützt mir das?«

»Genau das habe ich bei meinem Mann erlebt.«

»Das ist typisch für unsere Konkurrenz- und Leistungsgesellschaft. Das lernen Sie jetzt. Also geht es um andere Kontakte, um eine ernsthaftere Kommunikation – und die geschieht von Seele zu Seele.«

»Das leuchtet mir ein. Aber solche Kontakte waren mir bisher nicht möglich.«

»Die werden jetzt möglich, da Sie nun wissen, daß es nur darauf ankommt und alles andere keine Bedeutung hat.«

»Und wie sehen Sie meine Situation als Frau? Wie soll ich mit dem Älterwerden umgehen, wie mit meiner fehlenden erotischen Ausstrahlung?«

»Diese Ausstrahlung wird wiederkommen. Natürlich werden Sie nicht jünger. Der Körper altert; das ist eine unumstößliche biologische Tatsache. Aber darauf kommt es nicht an, denn die Seele kann von Jahr zu Jahr jünger werden. Wenn Sie Ihre Sinne öffnen, wenn Sie sich in die Schönheiten der Natur versenken und ihre Energie in sich einströmen lassen, wenn Sie also sensitiv werden, dann ist das die richtige Kontemplation. Die Auswirkungen dieser Meditation erstrecken sich nicht nur auf das Bewußtsein, sondern auch auf den Körper, bis in jede einzelne Zelle. Ihr Gang wird straffer und kraftvoller, Ihre Gesichtszüge strahlen diese natürliche Energie aus – und das ist auch erotische Energie. Natürlich entspricht Ihr Körper nicht mehr dem Schönheitsideal eines Mannes, der für knackige Bikini-Mädchen schwärmt. Aber diese erotische Anziehung ist oberflächlich – sie kommt nicht von innen heraus.
Sie werden auch ganz von selbst wieder abnehmen, vorausgesetzt, Sie trinken weniger Alkohol – allein durch dieses neue Bewußtsein. Aber das ist nur ein positiver Nebeneffekt. Wichtiger ist, daß Sie durch Ihre Ausstrahlung, die aus der Tiefe Ihrer Seele kommt,

durch diese natürliche Energie überzeugen werden. Diese Energie ist Erotik, und zwar nicht oberflächlicher Art, sondern viel fundierter.

Sie werden wieder eine Liebesbeziehung zu einem Mann finden. Sie suchen nicht, sondern Sie finden. Weil Sie nicht mehr auf den gesellschaftlichen Status angewiesen sind und weil Sie somit die Spielregeln nicht mehr einhalten müssen, eröffnet sich Ihnen ein weites Feld.

Sie sind finanziell frei und unabhängig, und jetzt werden Sie auch psychisch frei. Genießen Sie diese Freiheit – sie wird Ihnen viel geben. Zwar haben Sie im Moment Angst davor, weil Sie noch energielos sind. Aber Ihre Energie wird zurückkehren, wenn Sie den Neubeginn Ihres Lebens begrüßen. Freuen Sie sich darauf, denn das Leben wird Sie reich beschenken. Diesen Reichtum kann man sich nicht erkaufen. Sie erhalten ihn umsonst – wenn Sie sich öffnen.«

Von Ängsten umzingelt

Der Genforscher

Der Forscher rief mich an, um über seine Ängste zu sprechen. Da er momentan an einem wichtigen Forschungsprojekt für einen Pharmakonzern arbeitet, haben wir einen Termin für den Samstagnachmittag vereinbart.

Als wir uns begrüßen, bin ich überrascht, wie jung er aussieht, denn er hat schon eine erstaunliche Karriere als Wissenschaftler hinter sich.

Er beginnt sachlich und ohne Überleitung. »Ich habe einige Ihrer Bücher gelesen, und ich entnehme daraus, daß man sich mit Ihnen über psychische Themen unterhalten kann, ohne direkt eine langwierige Therapie machen zu müssen. Ich möchte über meine Ängste reden.«

»Erzählen Sie mir bitte zunächst etwas über Ihren beruflichen Hintergrund. Sind Sie Mediziner oder Biologe? Ich weiß nur, daß Sie sich mit Genforschung befassen.«

»Ich habe sowohl Medizin als auch Biologie studiert, um beide Gebiete innerhalb der Forschung miteinander kombinieren zu können, und zwar im Rahmen der Pharmazie. Ich war nie praktizierender Arzt, sondern bin reiner Wissenschaftler.

Ich weiß, daß mein Arbeitsgebiet von der Presse sehr angegriffen wird, aber darüber möchte ich mit Ihnen nicht reden. Es geht mir nicht um eine Diskussion über Wissenschaftsethik. Wissenschaftler sind am Wissen interessiert, nicht an der Möglichkeit des Gebrauchs.

Jedes Wissen kann mißbraucht werden: Sie können einen Hammer benutzen, um einen Nagel in die Wand zu hauen; so gesehen ist ein Hammer sehr nützlich. Sie können ihn aber auch dazu benutzen, um einem anderen den Schädel damit einzuschlagen. Deshalb ist der Hammer weder gut noch böse.«

»In der Anwendung liegt das Problem. Wissen ist sozusagen auch ein Werkzeug. Sie wollen mit dem Vergleich sagen, daß man Wissen segensreich oder unheilvoll anwenden kann. Als Wissenschaftler, als die Person, die Wissen schafft, haben Sie es nicht in der Hand, wie dieses Wissen eines Tages angewandt wird.«

»Ganz recht, so habe ich das gemeint. Und damit sollten wir dieses Thema abschließen.
Ich bin heute hier, weil ich mitunter Ängste habe. Wenn wir uns, also Kollegen und ich, zum Beispiel zu einem Meeting versammeln, habe ich Angst, mir könnte schwindelig und schlecht werden und ich müßte dann den Raum verlassen. Dieser Gedanke ist mir so unangenehm und peinlich, daß mir in letzter Zeit tatsächlich öfters schlecht geworden ist und ich fluchtartig den Raum verlassen mußte. Außerdem befällt mich manchmal die Angst, meine Frau könnte sich von mir trennen, weil ich sehr wenig Freizeit habe – ich liebe meine Frau –, und dann gerate ich in Panik. Ich rufe sie dann zwanghaft an und frage, ob alles in Ordnung sei. Wenn ich sie nicht erreiche, wächst meine Angst so an, daß ich mich nicht mehr auf meine Arbeit konzentrieren kann und alle zehn Minuten zu Hause anrufen muß, bis ich meine Frau dann endlich erreiche und sie mir das Gefühl vermittelt, daß noch alles in Ordnung ist.
Bitte geben Sie mir eine Erklärung für diese merkwürdigen Phänomene, die mich im Beruf und im Alltag zunehmend belasten.
Ich habe mit meinem Freund, der Mediziner ist, darüber gesprochen. Er wollte mir ein angstlösendes Psychopharmakon verschreiben. Aber das lehne ich ab. Ich kenne die entsprechenden Nebenwirkungen zu gut. Ich wollte von ihm eine Erklärung. Er sagte, ich sei wohl überarbeitet und dadurch überreizt. Aber ich mache meine

Arbeit gern; ich gehe voll und ganz darin auf, und deshalb macht mir ein Arbeitstag von zehn Stunden nichts aus. Ich sagte ihm, daran könne es nicht liegen. Daraufhin meinte er, ich wäre zu sensibel und sollte mein Nervensystem kräftigen. Aber als so sensibel empfinde ich mich selbst gar nicht. Ich bin organisch gesund und habe einen guten Schlaf, und meine Ernährung ist ausgewogen. Dann meinte er, ich solle mich konzentrieren, wenn die Angst kommt, und sie mit dem Willen in den Griff bekommen. Ich habe das versucht, aber es hat nichts genützt. Mein Wille hat darauf keinen Einfluß, oder ich mache dabei etwas falsch. Aber was? Ich möchte von diesen Ängsten loskommen, denn sie behindern mich.«

»Sie wollen perfekt funktionieren, und Ihre Ängste stören diesen perfekten Ablauf. Ich nehme an, Sie haben Ihren Verstand sehr geschult und sich mit der Seele weniger befaßt.«

»Das ist sicher richtig. Ich hatte durch mein langes Doppelstudium keine Zeit, mich auch noch mit der Psychologie zu befassen. Ich habe aber während meiner Studienzeit auch etwas von Sigmund Freud, C. G. Jung und Alfred Adler gelesen. Insofern weiß ich schon, daß die Psyche Einfluß auf den Körper hat und daß dadurch psychosomatische Symptome entstehen können. Ich weiß auch, daß die Angst zum Leben dazugehört. Aber ich erinnere mich nicht, jemals etwas über Ängste, wie ich sie habe, gelesen zu haben. Ich bin insgesamt ja kein ängstlicher Typ. Auch in der Kindheit finde ich bei mir keine Erlebnisse, die einen Ursprung dafür gesetzt haben könnten. Meine Kindheit und meine Jugend in einem gutbürgerlichen Haus verliefen unproblematisch.«

»Zunächst einmal möchte ich Ihnen erklären, wie es zu der Angst kommt.
Sie befinden sich in einem Meeting und denken, es könnte mir jetzt schwindelig und schlecht werden; das wäre mir unangenehm und peinlich. Sie stellen sich die Situation, die auftreten könnte, vor – und so entsteht die Angst. Die Angst ist Ihnen unangenehm, und

Sie wollen sie abschütteln. Sie setzen der Angst Widerstand entgegen. Das zieht Ihre Energie darauf, und Sie sind nicht mehr voll präsent, sind unkonzentriert. Die Angst verstärkt sich, weil die Vorstellung, es könnte Ihnen schwindelig und schlecht werden, nicht nachläßt. So wurde es Ihnen dann einmal tatsächlich schlecht, und Sie mußten den Raum verlassen.«

Er nickt.

»Wenn der Körper erst einmal auf eine Vorstellung, die aus dem Denken kommt, reagiert hat, dann wurden sozusagen organische Gleise gelegt. Bei der nächsten ähnlichen Gelegenheit, etwa wieder bei einem Meeting, etwa auch bei einer geselligen Versammlung, wenn erneut der Gedanke kommt, es könnte mir schlecht werden, dann fährt der Körper fast automatisch auf diesen Gleisen – und es wird mir tatsächlich schlecht. Es ist eine Konditionierung eingetreten: Gedanke – Vorstellung – Angst – Widerstand – somatische Reaktion.«

»Das leuchtet mir ein. Aber was kann ich dagegen tun?«

»Zunächst einmal gar nichts. Es ist wichtig, diesen Zusammenhang zu verstehen. Die Menschen kommen mit vielen Ängsten zu mir: Angst vor dem Erröten, Angst vor Impotenz, Angst im Flugzeug, Angst, ohnmächtig zu werden, Angst zu ersticken, Angst zu stottern und so weiter. Es ist immer das gleiche Grundprinzip bei allen diesen Ängsten – ich spreche jetzt nicht von Ängsten, die aufgrund konkreter Ereignisse wie Verschüttung während des Krieges, Lawinenunglück oder Autounfall aufgetreten sind.
Der Gedanke und die Vorstellung sind die Ursache. Ich sage immer: Denkbar ist alles. Die Realität ist eine Sache, aber davon unabhängig ist alles denkbar. Das Denken ist nicht an die Realität gebunden; es kann sich davon lösen. Und Gedanken sind Kräfte, die bis in jede unserer Körperzellen Wirkungen auslösen. Optimistische oder pessimistische Einstellungen – das sind Kräfte. Opti-

mismus stärkt meinen Einsatz, Pessimismus schwächt ihn. Ich ziehe bewußt dieses etwas banale Beispiel heran, weil Sie sicherlich schon selbst erlebt haben, daß Ihnen eine positive Einstellung zu einer Angelegenheit Kraft verliehen hat, eine negative Einstellung sie andererseits lähmte.«

»Ja, das stimmt, das habe ich schon erlebt.«

»Ich sage es also nochmals: Gedanken sind negative oder positive Kräfte. Gedanken erzeugen Vorstellungen. Eine negative Vorstellung erzeugt Angst, eine positive Vorstellung Schwung, Tatkraft, Freude – sie setzt Energien frei. Sie selbst schaffen also durch Ihr Denken die Ursache für die Angst und die daraus entstehende körperliche Reaktion der Übelkeit.
Genauso verhält es sich mit der Angst, Ihre Frau könnte sich von Ihnen trennen. Denkbar ist auch das. Sie stellen sich vor, daß sich Ihre Frau von Ihnen trennen könnte, und so entstehen die Angst und die Panik und der Zwang, sie anzurufen.
Ihr eigener Gedanke schafft die Ursache für das Freiwerden von entsprechenden Kräften und organischen Reaktionen. Ihr Körper reagiert mit Symptomen der Unruhe, Konzentrationsstörungen folgen zwangsläufig – und das läuft Ihrer Tätigkeit in die Quere. Sie wollen sich auf Ihre Arbeit konzentrieren, aber Sie können es nicht, denn Sie sind beunruhigt; Sie haben sich durch Ihren eigenen Gedanken selbst in Unruhe gebracht. Wenn in der Physik etwas in Unruhe gerät, dann steckt dahinter eine Energie. Gedanken und Vorstellungen sind Energien.
Sie haben gelernt, daß Gedanken etwas Sachliches sind, daß man damit Probleme löst. Sie halten sehr viel vom Denken.«

»Ja, das ist völlig richtig. Als Naturwissenschaftler und Forscher ist für mich das Denken das wichtigste – ich gebe zu, wichtiger als die Seele. Nun erfahre ich aber am eigenen Körper, daß ich eine Seele habe, und deshalb bin ich heute hier. Ich weiß zuwenig von der Seele. Ich dachte, ich wüßte alles vom Denken, aber nun haben Sie mir eine Seite des Denkens gezeigt, die mir so noch gar nicht bewußt war. Das Denken hat also nicht nur positive Seiten, sondern auch negative.«

»Das Denken ist ein Werkzeug. Ich freue mich über den Bezug zu dem, was wir eingangs über das Wissen gesagt haben. Das Denken ist nur ein Werkzeug; Sie können es zum Nutzen oder zum Schaden einsetzen. Wenn Sie denken, es könnte mir gleich schwindelig und schlecht werden, dann setzen Sie es zu Ihrem eigenen Schaden ein. Das Denken erzeugt die Angst. Ich meine jetzt nicht die konkrete Angst, die in Ihnen präsent ist, wenn ein Auto auf Sie zurast. Es rast aber kein Auto auf Sie zu. Sie stellen sich vor, wie es Ihnen während des Meetings schlecht werden könnte. Es ist also eine unreale Angst, die entsteht; die Reaktion Ihres Körpers dagegen ist wieder real.«

»Dann sind das alles nur Hirngespinste?«

»Das klingt so abwertend. Wenn ich Ihnen sagen würde, es sind Hirngespinste, dann würden Sie sich zu Recht nicht für voll genommen fühlen. Wir sollten es so ernst nehmen, wie es für Sie ist, denn Sie leiden ja unter der Angst und der somatischen Reaktion. Das ist eine sehr wichtige und ernste Angelegenheit. Wir sollten deshalb weiterforschen.
Unser Gespräch ist eine Erforschung, vielleicht nicht ganz in der Art, was Sie als Naturwissenschaftler unter Forschung verstehen. Für Sie ist Forschung Quantifizierung, in Zahlen erfassen, Berechnungen anstellen, statistische Werte ermitteln. Das brauchen wir hier alles nicht, denn sonst müßten wir unser Gespräch jetzt beenden und eine Forschungskonzeption erstellen mit Tabellen und allem, was dazugehört. Damit wäre Ihnen nicht geholfen, denn dann müßten wir das Thema vertagen und erst einmal Computerberechnungen abwarten.«

»Ja, basiert denn das, was wir besprechen, nicht auf Forschung, auf psychologischer Forschung?«

»Nicht auf dieser Art Forschung, die es übrigens erst seit hundertfünfzig Jahren gibt. Die Menschen leben ja schon viel länger auf dieser Welt, und die menschlichen Probleme sind immer die gleichen. Vor viertausend Jahren hatten die Menschen die gleichen Ängste, wie Sie sie heute haben. Sie brauchen keine naturwissenschaftlichen Methoden, kein religiöses System oder eine philosophische Struktur, um das zu verstehen. Sie brauchen keine Autorität, die Ihnen etwas vermittelt, ob sie nun Wissenschaft, Religion, Philosophie, Psychologie, Psychoanalyse oder sonstwie heißen mag. Es geht um Sie selbst, und Sie erforschen sich selbst.«

»Ich kann mich doch nicht selbst am Blinddarm operieren!«

»Das ist richtig. Sie brauchen dafür einen Chirurgen, einen Spezialisten. Jetzt aber geht es um Ihre Person. Wollen Sie das alles einem Spezialisten überlassen? Es geht um Sie selbst, um Ihre Gefühle und Ihr Denken. Sie sind doch nicht von Spezialisten fremdgesteuert, sondern Sie sind als Individuum selbstgesteuert. So sollte es sein. Aber ist es auch so? Es ist offensichtlich nicht so. Sie haben dem Denken eine große Bedeutung gegeben; Denken ist für Sie der ›Gipfel‹, weil Sie es so gelernt haben. Aber wir hinterfragen das jetzt und forschen gemeinsam: Ist das Denken eine Autorität? Darf das Denken die Macht an sich reißen? Dürfen wir uns vom Denken manipulieren und tyrannisieren lassen? Eine wissenschaftliche Erkenntnis ist eine Tatsache. Zwei und zwei ist vier, das ist eine mathematische Spielregel, die uns nicht manipuliert. Dürfen wir uns deshalb vom Denken beeindrucken lassen? Ist das Denken eine Art Übermacht, ein Gott? Das ist es nicht, denn denkbar ist schlichtweg alles. Darf denn alles, was denkbar ist, mich in Unruhe versetzen?
Verstehen Sie, was ich meine? Losgelöst vom Denken existiert die reale Welt, die nach ihren eigenen Gesetzen abläuft – das haben Sie gelernt und erfahren. Aber es existiert noch eine seelische Welt.«

»Ich kann Ihnen jetzt kaum noch folgen. Ich weiß nicht, was Sie mit seelischer Welt meinen.«

»Sie denken etwas, stellen es sich vor – und es entsteht Angst in Ihrer seelischen Welt. Diese Welt ist offensichtlich real und nicht zu leugnen. Sie aber sagen, Sie wissen nicht, was ich meine. Wir sprechen über Ihre, über meine, über unsere seelische Welt als Menschen. Angst, das gehört in die seelische Welt wie Freude oder Liebe.

Sie ziehen einen Trennungsstrich zwischen Gedanken und Gefühlen. In der Welt der Gedanken kennen Sie sich aus, dort sind Sie zu Hause, aber die Welt der Gefühle ist Ihnen fremd. Gedanken wirken auf die Gefühle, und diese beeinflussen den Körper bis in jede Körperzelle. Gefühle beeinflussen natürlich auch die Gedanken, aber das führt an dieser Stelle zu weit. Ich möchte unsere Betrachtung nicht komplizieren.

Gedanken und Vorstellungen lösen die Angst aus. Vorstellbar ist aber alles, das Positive wie das Negative. Spüren Sie, wie Sie selbst dabei involviert sind? Wenn sie das erfassen – dazu brauchen wir keine Zahlen und Berechnungen –, wenn Sie das erfassen, dann sind Sie befreit.«

»Ich fühle mich nicht befreit.«

»Dann habe ich nicht die für Sie passende Wortwahl gefunden. Dann habe ich es nicht geschafft, Ihnen mit den verbalen Erläuterungen, die mir im Moment zur Verfügung standen, den ›Kick‹ zu geben, der Ihnen hilft zu verstehen.

Ich versuche deshalb – und das ist völlig in Ordnung so –, mit anderen Worten dasselbe Phänomen zu erklären.

Wir stören uns oft an den Worten, die gebraucht werden. Das habe ich sehr oft erlebt. Worte haben ihre subjektive Bedeutung, denn sie sind verknüpft mit subjektiven Assoziationen. Wir können uns eben nur über die Sprache verständlich machen, also muß eine neue Wortwahl zum Verständnis hinführen. Natürlich geht es nicht nur um die Sprache der Wörter, denn davon unabhängig ist die Körpersprache von großer Bedeutung. Die Erotik ist so wunderbar, weil man sich verbal mißverstehen kann und dennoch die Körper zueinander finden. Die erotische Körpersprache ist elementarer.

Aber lassen wir das. Beginne ich neu. Es nützt Ihnen nichts, wenn ich das alles verstanden habe. Ihre Angst und Ihre Reaktion – das sollten Sie selbst verstehen.

Die Angst kommt mit den Gedanken wieder, denn denkbar ist alles. Aber es kommt auf unsere Einstellung dazu an. Wenn alles denkbar ist, dann ist das alles vielleicht relativ.

Können Sie das erkennen? Sehen Sie mit klaren Augen, daß Sie sich selbst mit Ihren Gedanken manipulieren? Ihre Angst ist eine herbeigedachte Angst, eine Angst aufgrund von Vorstellungen. Ist das real? Was ist real? Sie sind der Naturwissenschaftler!«

»Ich verstehe nicht, was Sie mir damit sagen wollen.«

»Das ist in Ordnung. Es ist meine Aufgabe, Ihnen das zu erläutern, es Ihnen, um ein neues Wort zu benutzen, zu ›erkenntnissen‹. Leider ist mir das nicht gelungen. Sie sollen nichts glauben und annehmen – Sie sollen es verstehen mit Herz *und* Hirn, denn nur dann hat es Sinn.«

Ich bete ihre Jugend an

Der Seniorchef

An dem Termin am Spätnachmittag erscheint er pünktlich, und ich bin überrascht von seiner Körpergröße und seiner stattlichen Figur. Obwohl er über sechzig Jahre alt ist, wirkt er auf den ersten Blick sehr vital und lebendig. Er verfügt über Ausstrahlung und Präsenz. Ich kann mir gut vorstellen, daß er in einem Raum mit mehreren Menschen sofort als Mittelpunkt empfunden wird.

Er beginnt ohne Umschweife: »Ich bin nach wie vor in meinem Unternehmen täglich anwesend, obwohl man sich in meinem Alter üblicherweise auf die Rentenzeit vorbereitet. Ich denke noch nicht daran, in Ruhestand zu gehen. Warum auch? Ich bin die kreative Kraft in meinem Unternehmen. Natürlich habe ich für alles und jedes Spezialisten. Ich kann die Leitung auch einmal für acht Wochen beruhigt an den Geschäftsführer abgeben. Weil ich unser Unternehmen aufgebaut habe, kenne ich den Markt wie meine Westentasche und jedes Schräubchen an unseren Produkten. Das ist die eine Seite. Viele Geschäftspartner wollen nach wie vor nur mit mir verhandeln und nicht mit dem Geschäftsführer.«

»Ich bin kein Unternehmensberater«, werfe ich ein.

»Pardon, ich wollte Ihnen nur eine Einleitung geben. Natürlich bin ich zu Ihnen gekommen, um etwas zu besprechen. Komme ich also jetzt zur Sache. Wenn ich zu weitschweifig erzähle, dann unterbrechen Sie mich bitte.
Ich bin seit zwei Jahren geschieden. Nach der Scheidung, die übri-

gens sehr problematisch abgelaufen ist – aber auch das ist nicht das Thema –, habe ich mich in eine achtundzwanzigjährige Frau verliebt, die ich nun heiraten möchte. Der Altersunterschied von sechsunddreißig Jahren ist erheblich; das weiß ich. Meine beiden Söhne sind einundvierzig und neununddreißig Jahre alt. Der Jüngere arbeitet im Unternehmen als Techniker, der Ältere hat eine eigene Firma. Wie Sie sich vielleicht denken können, sind meine Söhne über meinen Entschluß, wieder zu heiraten, entsetzt. Der Ältere sagte mir deutlich, daß er, wenn ich meine Freundin Claudia heiraten würde, nicht zur Hochzeit käme.

Die Argumente meiner Söhne liegen auf einer Linie: Eine Achtundzwanzigjährige könnte man in meinem Alter zwar als Geliebte haben – und man sollte das genießen –, aber sie nicht heiraten. Ich würde mich damit lächerlich machen.«

»Lieben Sie Ihre Freundin Claudia?«

»Ja, ich liebe sie. Ich kenne sie seit einem Jahr und war sofort verliebt. Ich stand in Flammen. Es war für mich ein Geschenk des Lebens, noch mal so verliebt zu sein und auch Gegenliebe zu erhalten.«

»Liebt Ihre Freundin Sie auch?«

»Ich behaupte, Sie liebt mich. Alle in meiner Umgebung sagen: Sie liebt nicht dich, sondern dein Geld und deine Position. Das verletzt mich natürlich und verunsichert mich auch. Natürlich habe ich eine schöne Villa und auch ein großes Anwesen auf Mallorca. Ich fahre keinen Golf, sondern habe in der Garage zwei Porsche und eine Reiselimousine stehen. Mit unserem Firmenjet sind wir schnell in London, Paris oder Rom. Das ist natürlich für eine junge Frau verlockend. Was spricht dagegen? Ich freue mich darüber, wenn sie sich freut.

Wissen Sie, seitdem ich mit ihr zusammen bin, kann ich das alles erst wieder richtig genießen. Es war für mich alles so selbstverständlich geworden, so normal, ich konnte mich an allem gar nicht mehr erfreuen. Seit ich mit ihr zusammen bin, sehe ich es mit ihren Augen.

Meine Söhne haben eine Unternehmerwitwe für mich ausgesucht. Sie ist zweiundfünfzig und hat viel geerbt. Woran soll sie sich freuen? Sie kennt das alles. Außerdem: Wenn ich sie mit Claudia vergleiche, dann fällt der Altersunterschied sehr ins Gewicht. Die Frau ist zwar sehr gepflegt und in der Gesellschaft angesehen, aber sie hat eine sehr frauliche Figur. – Sie ist zwölf Jahre jünger als ich, das wäre, wie man so sagt, altersmäßig völlig passend.

Ich bin ein Realist, das war ich immer, denn nur mit Realismus können Sie erfolgreich sein. Zum erstenmal in meinem Leben scheine ich etwas zu tun, was die anderen als völlig unrealistisch bezeichnen.«

»Sie haben sich in die Ihnen präsentierte Witwe also nicht verliebt?«

»Nein. Ich habe mit ihr über Geschäfte gesprochen, aber ich habe mich nicht in sie verliebt. So hat sie mir beispielsweise vor kurzem vorgeschlagen, zusammen nach New York zu fliegen und dort Kunst einzukaufen. Aber ich hatte nicht das Gefühl, daß sie das aus Verliebtheit tat.

Meine Söhne sagen, ich sei verrückt geworden. Meine Freunde sagen, ich solle mir das gut überlegen. Auch meine Vertrauten in der Firma sagen mit Stirnrunzeln: ›Mach keinen Fehler! Laß dich nicht von deinen Gefühlen übertölpeln. Wir verstehen deine Gefühle, aber behalte deinen Verstand.‹ – Was sagen Sie dazu?«

»Sie sind verliebt. Das sage ich dazu. Die Ratio mag zwar sagen, die vermögende Witwe und der geschiedene Unternehmer, das paßt gut zusammen; aber die Emotionen spielen dabei eine elementare Rolle. Geschäftsabschlüsse werden zwar rational geschlossen, aber Liebe hat mit einem Geschäftsabschluß wenig zu tun.«

»Doch, sagen meine Söhne, für deine Geliebte wäre das ein Geschäftsabschluß; sie sagen, ich solle einen Ehevertrag machen, der meiner Frau praktisch kein Erbe hinterläßt, denn meine Söhne wollen jeweils zur Hälfte Alleinerben sein.
Es macht mich ganz krank, daß um mein Erbe gefeilscht wird, denn ich denke ans Leben und nicht ans Sterben.«

»Ihr Leben steht im Vordergrund und nicht das Leben der anderen nach Ihrem Tod.«

»Ja, es ist mein Leben. Wenn sie mich entmündigen könnten, denke ich manchmal, würden sie es tun. Ich lebe jetzt. Es ist meine Sache, wann und was ich für andere hinterlasse.«

»Das Leben ist begrenzt; die biologische Uhr läuft ab, mit achtzig oder neunzig Jahren; Sie können nichts mitnehmen. Also leben Sie jetzt. Jeder Augenblick ist wichtig. Das hat nichts mit plattem Genuß oder oberflächlichem Vergnügen zu tun. Die gestrige Freude ist vergangen, die zukünftige Freude ist ungewiß, denn es kann in einer Stunde alles vorbei sein, etwa durch einen Unfall, etwa durch plötzlichen Herztod. Also zählt nur der Augenblick.«

»Wenn das so ist – und ich bin da ganz Ihrer Meinung –, dann sollte ich mir auch über den großen Altersunterschied keine Gedanken machen. Alle malen mir an die Wand, daß ich in zehn Jahren vierundsiebzig bin und Claudia erst achtunddreißig sein wird, das könne nicht gutgehen, denn dann wäre ich ein alter Mann und sie noch eine blühende Frau.«

»Das ist richtig, das ist eine Tatsache. In zehn Jahren werden Sie damit so brutal, wie es die anderen sagen, konfrontiert. Aber ich glaube, das wissen Sie auch selbst, das muß man Ihnen nicht sagen.«

»Ja, ich bin mir dessen bewußt. Aber jetzt ist jetzt, und vielleicht endet mein Leben in drei Jahren durch einen Unfall. Soll ich mir dieses Geschenk der jungen Frau, die mich liebt und die ich liebe, jetzt versagen?«

»Warum wollen Sie heiraten?«

»Ich will heiraten, um ihr die Ehe zu geben, diese Sicherheit, diese Abrundung unserer Beziehung.«

»Gibt es denn Sicherheit?«

»Ich weiß nicht, wie Sie die Frage meinen. Natürlich gibt eine Heirat der Beziehung Sicherheit. Aber es gibt keine Sicherheit für unsere Liebe.«

»Hochzeit ist ein juristischer und gesellschaftlicher Akt.«

»So nüchtern und realistisch sollte man es wohl sehen. Es ist letztendlich doch ein Vertrag und ein Gerangel um das Erbe. So nüchtern will ich es aber nicht sehen.«

»Hat Ihre Freundin von Heirat gesprochen?«

»Ich habe sie gefragt, ob sie meine Frau werden will, und sie hat ja gesagt. In diesem Moment war ich sehr glücklich. Da sie ja gesagt hat, will ich sie heiraten. Ich weiß, daß ich sie glücklich mache, und sie macht mich glücklich.«

»Wie ist Ihre sexuelle Beziehung?«

»Die Sexualität ist für mich sehr beglückend. Mit meiner geschiedenen Frau hatte ich seit fünf Jahren keinerlei sexuellen Kontakt mehr. Wenn ich mit Claudia zusammen bin, erlebe ich etwas, was ich noch nie so erlebt habe. Ich bete ihren jugendlichen Körper an. Ich empfinde ein Gefühl der Anbetung der Schönheit der Weiblichkeit. Von mir ausgehend, haben wir eine wunderbare Beziehung: Ich bete sie an, und genau das genießt sie auch.

Sie genießt in vollen Zügen meinen Genuß. Sie gibt sich meinem Genuß voll und ganz hin, und wenn ich meinen Orgasmus habe, ist sie glücklich. Ich habe natürlich nicht den makellosen Körper eines Dreißigjährigen; wie Sie sehen, habe ich einen Bauchansatz und Falten. Aber ich denke, das spielt keine so wichtige Rolle.«

»Hat Ihre Freundin, wenn Sie sexuell zusammen sind, auch Orgasmen?«

»Natürlich, sie kann sich voll und ganz hingeben. Sie empfindet in unserem körperlichen Kontakt sexuellen Reiz; das sehe ich in ihrem Gesicht und spüre es an ihrer körperlichen Reaktion.«

»Bitte stellen Sie mir nun die für Sie wichtigste Frage, weswegen Sie heute zu mir gekommen sind.«

»Ich möchte Claudia heiraten, aber alle aus meiner Umgebung sind dagegen; das macht mir zu schaffen. Die rationalen Gründe, die gegen eine Heirat sprechen, sind mir alle klar.«

»Ist Ihnen auch deutlich, aus welchen Motiven andere Menschen Ihnen Ratschläge erteilen? Wie verhält es sich beispielsweise mit den Motiven Ihrer Söhne?«

»Es geht Ihnen um das Erbe. Natürlich wird Claudia mich überleben. Als meine rechtmäßige Ehefrau soll sie auch rechtmäßig erben. Meinen Söhnen geht es schließlich gut.«

»Es geht ihnen gut, aber sie wollen dennoch keine Frau in der Erbfolge, die ihnen ein Stück vom Kuchen wegnimmt. So nüchtern muß man es leider sehen.«

»Sie sagen allerdings auch, daß ich unglücklich würde, weil meine Frau in zehn Jahren wahrscheinlich fremdgeht.«

»Dieses vorgeschobene Argument soll womöglich den Erbgedanken verschleiern. Aber das Leben ist lebendig, und es läuft nach seinen eigenen Regeln ab. Vielleicht stirbt Ihre Frau in drei Jahren durch einen Unfall – was ich nicht hoffe. Oder Ihre Zuneigung erlischt nach zwei Jahren, und Sie lassen sich wieder scheiden und heiraten dann sogar noch mal. Das alles ist durchaus denkbar. Warum soll man sich heute also auf eine Variante festlegen? Diese Ratschläge haben deshalb überhaupt keinen Wert – Sie können sie einfach vom Tisch wischen.«

»Aber der Altersunterschied ist real; das macht mir tatsächlich Sorgen. Bin ich vielleicht jetzt zu leichtsinnig? Was sagen Sie als erfahrener Psychologe dazu?«

»Der Altersunterschied ist eine reale Konstante. Er macht Sie einerseits glücklich und stolz, andererseits macht er Ihnen aber auch angst. Diese Angst kommt aus dem Denken. Jetzt sind Sie glücklich, aber das Denken sagt, in zehn Jahren bin ich vielleicht unglücklich, denn dann bin ich alt, und sie ist noch jung und attraktiv. Das Denken stellt sich vor, wie es in zehn Jahren sein könnte.
Aber Sie leben jetzt. Nur das zählt. Das Jetzt zählt. Wollen Sie sich das versagen, weil in zehn Jahren alles anders aussieht? Wäre das Lebendigkeit? Wenn Sie sich dem Denken überlassen, dann bekommen Sie Bedenken, dann können Sie in der Gegenwart nicht mehr spontan handeln.«

»Man sagte mir, ich wäre ein ›Lüstling‹, weil ich diese junge Frau begehre.«

»Ist das Wort ›Lüstling‹ etwas Negatives? Sie lieben diese Frau natürlich auch, weil sie jung ist. Soll es für Sie verboten sein, eine junge Frau zu lieben?«

»Es erleichtert mich, daß Sie das sagen. Es fällt mir wie ein schwerer Stein von der Brust.«

»Es sind vorgeprägte Meinungen, die in unser Leben eingreifen. Ein älterer Mensch, der einen jüngeren liebt, gilt als Lüstling. Ein jüngerer, der einen älteren liebt, hat einen ›Vater-‹ oder einen ›Mutterkomplex‹. Dabei fällt mir ein – und das möchte ich ausdrücklich betonen: Selbstverständlich gilt das alles auch für Frauen. Natürlich kann sich eine sechzigjährige Frau auch in einen dreißigjährigen Mann verlieben und ihn heiraten wollen. Das soziale Umfeld wird zwar kopfstehen und sich das Maul zerreißen über die ›schräge Alte‹, die einen Dreißigjährigen heiratet, aber was soll diese Aufregung? Wenn sie sich lieben, ist das in Ordnung.
Ich habe etwas erlebt in der Kölner Gesellschaft, das möchte ich Ihnen erzählen, denn es hat damit zu tun, worüber wir jetzt sprechen. Ein Sechzigjähriger sagte zu einer fünfzigjährigen geschiedenen Frau: ›Ich habe gehört, daß du jetzt nur noch mit jüngeren Männern Verhältnisse hast.‹ Sie erwiderte: ›Das stimmt. Ihr Männer sucht euch ja auch jüngere Frauen als Geliebte.‹ Darauf sagte er: ›Das ist aber etwas anderes. Bei Männern ist das durch die Jahrhunderte immer schon so gewesen.‹ Sie antwortete: ›Die Verhältnisse haben sich aber durch die Emanzipation gewandelt. Heute kann eine ältere Frau auch einen jüngeren Geliebten haben; das ist durch die Befreiung von verkrusteten Normen möglich geworden.‹ Was sagte der Mann darauf?
Ich möchte betonen: Beide gehörten der oberen Gesellschaftsschicht an, und das Gespräch fand während einer Feier im engsten Bekanntenkreis statt, in einem kultivierten Rahmen mit Champagner, und zu den Gästen gehörten Ärzte, Unternehmer, Freiberufler, Anwälte und Manager.
Was also sagte dieser Mann in diesem Kreis dieser Frau, die ihr legitimes Recht auf einen jüngeren Liebhaber völlig aggressionsfrei zum Ausdruck brachte?«

»Er sagte vielleicht, daß sie als Frau altere und daß dann ihr Geliebter das sexuelle Interesse an ihr verliere ...«

»Warum ist sexuelles Interesse am Alter des Körpers festgemacht?
Gehört das nicht in den Bereich der Meinungsdiktatur? Warum ist
nur ein junger Körper sexuell reizvoll und ein älterer nicht? Ist das
nicht eine Fixierung? Jugend als Fetisch? Sie kennen die Bedeutung des Wortes Fetisch? Sexueller Reiz, festgemacht an einer Äu-
ßerlichkeit, zum Beispiel Schuhfetischismus, Bein- oder Brustfeti-
schismus, Narbenfetischismus – und was es sonst noch alles gibt.
Derzeit sind der Piercing-Fetischismus und der Tätowierungs-Feti-
schismus in Mode; Bodybuilding, das wiederum zu einem Muskel-
fetischismus führt.
Aber ich bin etwas abgeschweift, obwohl das alles dazugehört.
Dabei fällt mir ein: Auch Statussymbole können zum Fetisch
werden – der Porsche, die Rolex, der Jet; Sie kennen das alles. Viele
Menschen sind Fetischisten.
Aber was antwortete der Mann? Sie kommen nicht darauf, deshalb
werde ich es Ihnen sagen. Er sagte: ›Es gibt Männer, die sind per-
vers. Man nennt das Nekrophilie, das heißt, sie wollen sexuellen
Kontakt zu einer Leiche. Aber an Leichen kommt man ja recht
schwer ran, also nehmen sie sich eine ältere Frau.‹
Das ist der Gipfel der Boshaftigkeit. Ich habe in Gesprächen – und
die Menschen sind oft boshaft – selten etwas Schlimmeres gehört.
Ich war Zeuge dieses Gespräches, und es hat mir, ehrlich gesagt, die
Sprache verschlagen. Die Frau, an die diese Aussage gerichtet war,
hat das ungerührt zur Kenntnis genommen. Sie wurde nicht aggressiv, sie ist nicht aufgestanden, hat sich nicht verabschiedet,
sondern hat, wie man in diesen Kreisen so schön sagt, die Conte-
nance bewahrt und gekontert: ›Wenn nekrophile Männer mit Leichen verkehren wollen, dann habe ich im umgekehrten Fall noch
nie davon gehört, daß eine männliche Leiche eine Erektion hatte,
um mit einer lebendigen Frau zu verkehren.‹ Auf diese Antwort ist
auch diesem Mann nichts mehr eingefallen. Er nahm einen Schluck
aus seinem Champagnerglas und wandte sich einer Jüngeren zu.«

»Mir ist das Blut in den Adern gefroren. Aber was wollen Sie mir damit sagen?«

»Ich will Ihnen sehr viel damit sagen. Dieses Erlebnis zeigt, wie wir miteinander umgehen: gnadenlos und brutal im verbalen Angriff. Die konventionellen Vorurteile sind eine ungeheure Macht, gegen die Sie nur schwerlich ankommen.
Der Mann, der eine jüngere Frau liebt, die seine Tochter sein könnte, gilt als ein ›Lüstling‹, die Frau, die einen Älteren liebt, der ihr Vater sein könnte, hat einen ›Vaterkomplex‹; die Frau, die einen jüngeren Mann liebt, hat einen ›Sohnkomplex‹; der jüngere Mann, der eine um zehn oder zwanzig Jahre ältere Frau liebt, ist ein ›Nekrophiler‹. Ist Ihre Freundin, Ihre zukünftige Frau, nekrophil? Sie ist es nicht. Ist sie eine Erbschleicherin? Auch hier sage ich: Sie ist es nicht. Aber die Umwelt bewertet sehr schnell – und sehr schnell negativ. Es läßt sich überall ein Haar in der Suppe finden. Das ist das Grundprinzip von Klatsch und Tratsch: das Haar in der Suppe zu finden.«

»Sie sprechen mich also frei – Pardon, das klingt so komisch, als wollte ich mir eine Sünde vergeben lassen.«

»Ich bin Psychologe und kein Priester. Ich kann Ihnen zu seelischem Verstehen verhelfen, doch Sünden kann ich nicht vergeben. Ich sage Ihnen, wie es wirklich ist: Sie lieben eine junge Frau; das ist in Ordnung. Sie liebt Sie; das ist erst recht in Ordnung. Das Alter kommt als Komponente hinzu. Ist es eine Sünde, alt oder jung zu sein? Ist es eine Sünde, reich oder arm zu sein? Ist es gar eine Sünde, krank oder gesund zu sein? Darf ich nicht geliebt werden, wenn ich arm, alt oder krank bin? Kann ich nur geliebt werden, wenn ich jung, reich, schön und gesund bin? Ist das alles nicht absurd?«

»Sie halten mich also nicht für einen egoistischen Lüstling, der einen Fehler begeht?«

»Was ist ein Fehler? Aus Liebe zu heiraten ist kein Fehler. Eine junge Frau zu lieben ist kein Fehler – genausowenig, wenn eine ältere Frau einen jungen Mann liebt. Wenn eine Weiße einen Schwarzen liebt, ist das kein Fehler. Wenn eine Katholikin einen Atheisten liebt, ist das kein Fehler. Liebe ist das Richtige. Liebe überschreitet alle Grenzen und Trennungslinien; sie überschreitet Nationalitäten, Religionen und politische Parteien. Das ist die große Kraft der Liebe. Diese Kraft ist das wichtigste; darin liegt Weisheit. Denn wir Menschen sind getrennt, aber das ist falsch, und überall dort, wo Trennung aufgehoben wird, zwischen Gesellschaftsschichten, Rassen, Religionen, überall, wo die Liebe das schafft, herrscht Menschlichkeit. Was das Denken nicht schafft – denn das Denken trennt –, schafft die Liebe.

Unter diesem Aspekt gesehen, sollten Sie sich nicht beeinflussen lassen. Nehmen Sie sich die Freiheit, das zu tun, was Ihr Herz Ihnen sagt. Der Verstand ist der ewige Bedenkengeber, während das Herz zur Lebendigkeit führt.«

Inflation der Heiratsanträge

Die millionenschwere Witwe

Ihr Name war mir sofort ein Begriff. Am Telefon sagte sie, sie hätte kein direktes Problem, aber es ginge im weitesten Sinne um die Liebe.

Als sie am vereinbarten Termin vor mir steht, bin ich erstaunt, wie schlank und zierlich sie ist. Auf Fotos hatte ich sie unbewußt größer eingeschätzt. Sie dagegen ist offensichtlich überrascht, wie groß ich bin, und bemerkt: »Ich habe mir Sie irgendwie kleiner und älter vorgestellt.«

»Ich freue mich, daß Sie heute bei mir sind. Sie tragen einen bekannten Namen, und Sie sind sehr vermögend«, beginne ich.

»Sie denken, mir sollte es hervorragend gehen, und fragen sich im stillen, wieso sucht sie einen Psychologen auf?

Sie sind ja kein Psychiater, kein Nervenarzt, denn geisteskrank bin ich nicht. Sie sind auch kein Psychoanalytiker – eine langwierige Psychoanalyse kann ich auch nicht gebrauchen. Ich suche keinen Rat in einem aktuellen Konflikt, sondern ich bin heute hier, weil ich Ihr Buch *Ausbruch zur inneren Freiheit* gelesen habe. Besonders die zweite Hälfte hat mich berührt. Ich bin allerdings auch nicht hier, um mich mit Ihnen als Autor über Ihr Buch zu unterhalten, aber ich war schon neugierig darauf, Sie einmal persönlich kennenzulernen.«

»Weswegen sind Sie also hier? Was wollen Sie mit mir besprechen?«

Sie holt tief Luft, bevor sie langsam antwortet. »Ich habe ein erfülltes Leben hinter mir. Ich weiß allerdings nicht, ob Sie es als erfüllt bezeichnen würden. Nun ja, verschieben wir das erst einmal auf später.

Ich bin in der Mitte meines Lebens und ziehe persönlich Bilanz. Seit vier Jahren bin ich durch den Tod meines Mannes Witwe. Mein einziger Sohn hat gerade sein Studium in der Schweiz begonnen. Ich stehe nun vor der Frage, ob ich noch mal heiraten soll oder nicht. Sie können sich denken, aus Versorgungsgründen wäre das nicht nötig. Ich habe auch keinen Kinderwunsch mehr; in meinem Alter wäre das ohnehin ziemlich problematisch. Ich fühle mich aber überhaupt nicht alt, sondern im Gegenteil sehr vital. Meine biologische Aufgabe als Frau sehe ich außerdem mit meinem Sohn als erfüllt an. Er ist sehr intelligent, und ich liebe ihn sehr.

Es geht mir heute um mich selbst, um mich allein, um meine Situation, in der ich mich befinde.«

»Was ist Ihre Situation?«

»Was ist meine Situation? – Es fällt mir schwer, das in Worte zu fassen. Ich habe ein gelebtes Leben hinter mir. Mein Beruf – wenn man das so nennen will – ist die Verwaltung meines Vermögens.«

»Welchen Beruf haben Sie erlernt?«

»Ich habe Betriebswirtschaft studiert und gleich danach geheiratet. Ich war also nach dem Studium nie irgendwo angestellt. Sie können sich denken, daß ich nach meiner Heirat als Ehefrau und Repräsentantin genug zu tun hatte.

Unsere Ehe war eine gute Ehe. Durch den Tod meines Mannes bin ich nun auf mich allein gestellt. Aber ich habe ja eine gute Grundausbildung und komme mit allen sachlichen und wirtschaftlichen Problemen, mit denen ich konfrontiert werde, ausgezeichnet zurecht. Das ist alles kein Thema.«

»Wie ist Ihre derzeitige Situation?«

»Ich weiß, daß ich in einer – wirtschaftlich gesehen – exzellenten Position bin. Aber es geht mir, das habe ich schon bei unserem Telefonat gesagt, um die Liebe. Ich habe Ihnen auch gesagt, daß ich mich gesund und vital fühle, sozusagen auf dem Höhepunkt meines Frauseins. Ich interessiere mich mehr denn je für die Sexualität.«

»War Ihre Ehe sexuell erfüllend?«

»Meine Ehe war sexuell ausgeglichen, aber nicht mehr ... also, dieser Punkt stand nicht im Zentrum unserer Beziehung. Aber jetzt bin ich frei; es eröffnet sich mir ein neuer Lebensabschnitt; deshalb mache ich mir Gedanken.
Ich habe etliche Männer kennengelernt, die sich um mich bemüht haben; Männer aus den obersten Etagen der Wirtschaft, Unternehmer, Vorstände, sehr aktive und vermögende Männer. Da ich nun einmal in diese Kreise integriert bin, lerne ich natürlich solche Männer kennen; das ist ganz normal. Ich habe in den vergangenen vier Jahren vier Heiratsanträge abgelehnt. Ich habe genug eigenes Vermögen; ich muß also keinen reichen, arrivierten Mann heiraten. Sie verstehen, was ich meine.
Das Geld hat mich nicht korrumpiert – ich weiß das Geld zu schätzen, aber es geht mir nicht über alles. Es ist schwer, das mit Worten auszudrücken. Ich habe erlebt, wie wichtig Geld ist, nicht, weil ich jemals Not gelitten hätte. Ich bin in einer gebildeten und vermögenden Arztfamilie aufgewachsen. Finanzielle Sorgen und Nöte habe ich nie kennengelernt; ich konnte immer aus dem vollen schöpfen. Es geht mir heute nicht mehr um Macht- und Vermögensspiele, die bei einer Partnerschaft so oft, leider, eine Rolle spielen. Ich spüre sofort, wenn mich jemand wegen meines Namens oder meines Vermögens hofiert; dafür habe ich eine feine Antenne entwickelt. Ich kann erkennen, wann es um meine gesellschaftliche Position geht und wann um Gefühle. – Die Männer, die mir den Hof machen, können das oft nicht auseinanderhalten.«

»Sind Sie derzeit in einen Mann verliebt?«

»Das ist eine sehr direkte Frage, auf die man auch direkt antworten sollte. Ich kann allerdings nicht direkt antworten.
Ich treffe mich abwechselnd mit zwei Männern; der eine ist Politiker, der andere Unternehmer. Beide sind, wie sie sagen, in mich verliebt.«

»In welchen sind Sie verliebt?«

»Ich mag sie beide, jeden auf seine Art. Sie sind so unterschiedlich und interessant.«

»Hatten Sie mit beiden sexuellen Kontakt?«

»Natürlich, nicht hatte, sondern habe, und ich bekomme am Tag danach von jedem einen großen Strauß Rosen ins Haus geschickt – wie sich das gehört … Erkennen Sie die leise Ironie?«

»Sie ist ja gar nicht so leise, wenn man Ihre Mimik dabei betrachtet.«

»Ich genieße jede Stunde, die ich mit diesen Männern verbringe. Ich freue mich über Rosen; das ist keine Frage. Manchmal stehen die Sträuße nahe beisammen; das ist jetzt keine Ironie. Liebe und Freiheit; das ist mein Thema.«

»Wissen die beiden Männer, daß Sie noch einen anderen Verehrer haben?«

»Ja, und das stachelt ihren Ehrgeiz und ihre Bemühungen um mich nur noch mehr an. Aber denken Sie jetzt nicht, ich würde mich darin sonnen. Es hat sich so ergeben; ich habe das nicht gewollt. – Es geht mir um die Liebe; ich suche und habe noch nicht gefunden.«

»Sie wollen damit sagen, daß keiner dieser Männer echte Chancen hat.«

»Das klingt vielleicht so, aber das ist nicht so. Jeder von beiden könnte eine Chance haben. Ich bin offen – das ist meine Freiheit. Ich sehe mich aber nicht nur zwischen diesen beiden Männern. Ich bin nicht in einem Dilemma; ich fühle mich nicht unter Druck gesetzt – das ist es also auch nicht. Es geht mir um die Liebe. Ich weiß nicht, ob ich geliebt werde oder ob ich liebe. Ich weiß nicht mehr, wo ich stehe.
Ich bin heute hier, um darüber mehr Klarheit zu bekommen. Es geht nicht darum, für welchen Mann ich mich entscheiden soll. Ich will mich ja gar nicht entscheiden. Es geht auch nicht um die Moral, denn ich fühle mich nicht unmoralisch. Ich möchte etwas wissen, was ich nur schwer in Worte fassen kann.«

»Wollen Sie der Thematik auf die Spur kommen, welchen Mann Sie wirklich lieben?«

»Ich mag beide, aber vielleicht liebe ich keinen von beiden. – Weiß man es nicht, wenn man jemanden liebt? Ist die Liebe nicht das Zünglein an der Waage?«

»Meinen Sie vielleicht Leidenschaft, leidenschaftliche Liebe?«

»Was ist das? Ist das ein besonderes Erlebnis, eine sexuelle Erfahrung, die einen zutiefst berührt und verwirrt? Wissen Sie, ich brauche keine normale, übliche Partnerschaft, ich brauche auch keinen besonderen sexuellen Kick. Ich weiß nicht, was es ist, und darüber möchte ich mit Ihnen reden. Ich weiß nicht genau, warum, aber ich denke, es gibt dahinter noch etwas, ein Geheimnis, eine Mystik, von der ich nichts weiß. Und weil ich darüber nichts weiß, fällt es mir auch schwer, eine konkrete Frage zu stellen.
Sie denken vielleicht, ich sei überspannt, aber das bin ich nicht.«

»Das habe ich nicht gedacht. Es geht Ihnen um die Liebe, nicht um eine Entscheidung zwischen beiden Männern. Also sind Sie frei. Da Sie frei sind, steht Ihnen alles offen; also können wir in Offenheit das Thema weiterbehandeln.

Wenn Sie wollen, dann stelle ich Ihnen jetzt die Frage, die Sie mir stellen wollten, als Sie den Entschluß gefaßt haben, zu mir zu kommen.«

»Meine Frage? Was ist Liebe überhaupt? Was ist das? Wie soll ich damit leben?«

»Ich will versuchen, Ihnen eine Antwort zu geben, ohne nur eine sachliche Definition zu äußern. Über Liebe wird viel geredet – die meisten Leute verstehen darunter etwas sehr Oberflächliches. Das Wort ›Liebe‹ ist so abgegriffen, daß manche sich scheuen, es überhaupt zu gebrauchen.

Die Liebe hat eine große Bedeutung für unser Leben – ich meine jetzt nicht allein die partnerschaftliche Liebe zwischen Mann und Frau, sondern die Liebe, die davon unabhängig ist, eine Liebe, die wir schon in unserer Seele kennenlernen, bevor wir in die Pubertät kommen, also bevor wir erotisch-sexuelles Interesse am anderen Geschlecht haben.«

»Meinen Sie zum Beispiel die Liebe, die man als Kind einem Haustier entgegenbringt? Wir hatten zu Hause einen Hund, den ich als Kind immer zärtlich gestreichelt habe.«

»Ja, die Liebe als eine Erfahrung der Sensitivität. Wenn wir etwas sehen, ein Tier, eine Blüte, eine Blumenwiese, einen Baum, einen Horizont in der Abenddämmerung. Die Augen sehen, die Ohren hören, die Hand streicht über ein flauschiges Fell – über unsere Sinne erfahren wir die Gegenwart, die Natur, die Lebewesen und Mitgeschöpfe. Das über die Sinne Erlebte nenne ich Sensitivität. Sie erinnern sich vielleicht an solche Erlebnisse aus der Kindheit, wo Sie staunend in Betrachtung versunken waren und innerlich ganz still und andächtig wurden. Das Denken kam völlig zur Ruhe, und es ging Ihnen das Herz über. Sie gaben acht und waren voller Achtsamkeit und Achtung. In dieser schweigenden Andacht durchströmte Sie Liebe.

Kennen Sie auch die Liebe zu sich selbst? Sie geben acht auf jede Ihrer Regungen. Sie lauschen in sich hinein, Sie beobachten sich selbst – Ihre Gefühle und die leisesten Regungen in sich – und staunen in der Stille, mit schweigenden Gedanken darüber, was für ein Lebewesen Sie selbst sind. Welch ein Wunder, auf dieser Welt zu sein ... und eine Freude durchströmt Sie, daß Sie so sind, wie Sie sind, daß Sie ein Teil der Schöpfung sind. In diesem Moment lieben Sie sich selbst. Und das ist keine eitle Liebe, keine egozentrische Angelegenheit, bei der Sie auf andere wirken wollen. Das wäre oberflächliche Selbstverliebtheit; die meine ich nicht.

Sich selbst zu lieben, daß Ihnen das Herz aufgeht über Ihre gespürte Lebendigkeit, über Ihre Individualität – das ist etwas Uneitles und Unschuldiges. Sich selbst auf diese Weise zu lieben – das halte ich für sehr wichtig. Nur wer sich selbst lieben kann, ist auch in der Lage, andere zu lieben. Nur wer sich selbst voll und ganz versteht, kann auch andere verstehen. Deshalb lege ich großen Wert auf Selbstfindung – nicht im Sinne einer egozentrischen Selbstbezogenheit, um es nochmals zu betonen.«

»Sie meinen also nicht die egoistische Ich-Betonung, dieses ewige ich, ich und nochmals ich und danach die anderen?«

»Genau das meine ich nicht. Das Wort ›Selbstentfaltung‹ ist auch ein mißbrauchtes Wort, es ist beschmutzt von egoistischen Bestrebungen. Selbstentfaltung ist aber etwas sehr Schönes, weil jedes Lebewesen das Recht dazu hat. Wenn es aber um diesen eitlen Selbstdarstellungsdrang geht – ich bin schöner und besser als andere, ich bin der Größte, der Wichtigste, um den sich alles zu drehen hat, Status und nochmals Status, um meine Wichtigkeit zu betonen –, dann geht es um Selbstgefälligkeit, Narzißmus, Macht, Erfolg, Leistung und alle diese Dinge, nicht um Liebe.

Sie leben in der oberen Gesellschaftsschicht, die sich für die Elite hält; da herrscht oft Selbstgefälligkeit vor, nicht Selbstentfaltung aus Liebe. – Verstehen Sie, was ich sagen will?«

»Ich glaube ja. Aber es gibt nun mal diese gesellschaftlichen Unterschiede wie Oberschicht, Mittelschicht und Unterschicht.«

»Es gibt den Begriff ›Elite‹, obwohl ich ihn abscheulich finde. Ich kann es aber nicht ändern. Wir haben es nicht anders gelernt; wir denken so, von Schulbeginn an. Die Kinder werden mit Schulnoten zensiert; später, auf der Uni, wird man benotet. Das gleiche geschieht in der Ausbildung oder später im Beruf, ob man nun angestellt oder selbständig ist. Wir werden in unserem Wert danach gemessen, was wir verdienen, welches Auto wir fahren, in welchem Stadtteil wir wohnen. Das ist oberflächlich und abscheulich.
Wo Sie auch hinsehen, beobachten Sie Trennendes in der Gesellschaft. Wir trennen uns voneinander nach Kriterien wie Bildung, Beruf, Schichtzugehörigkeit – wie etwa Elite und Unterschicht; wir trennen uns nach Religionszugehörigkeit, Nationalität, Hautfarbe; wir trennen unsere Kulturen, wir trennen, trennen und trennen. Das alles hat nichts mit Liebe zu tun. – Sie trennen sicherlich auch, indem Sie andere Menschen bewerten und einschätzen.«

»Das ist richtig. Ich teile Menschen nach ihrer Bildungsstufe ein; dabei habe ich mich beobachtet. Ist das falsch?«

»Natürlich ist das falsch, denn dann können Sie nicht mehr vorurteilsfrei wahrnehmen. Sie sehen einen anderen Menschen, Sie beobachten ihn und erfassen ihn mit Ihren Sinnen. Sobald sich aber das Denken dazwischenschiebt, ist es aus: Er ist ein Mensch mit brauner Hautfarbe; also ist er ein Orientale, ein Muslim oder Buddhist. Aufgrund seiner Kleidung halten Sie ihn für einen Handwerker oder Studierten, einen Geschäftsmann, einen politisch Mächtigen oder einen Ohnmächtigen. Sie können dann nicht mehr vorurteilsfrei – also unschuldig – sehen und hören. Sie sehen einen Mann, der

Ihnen vielleicht als Mann gefällt, aber er ist Gemüsehändler; also ist es aus. Ist es nicht so?«

»Ja, das gebe ich zu.«

»Aber warum? Er ist ein Mensch, er ist ein Geschöpf. Merken Sie nicht, wie Sie sich durch Trennung und Einteilung von der Wirklichkeit abspalten? Ihre Welt wird durch dieses Denken kleiner und kleiner; Sie rauben sich selbst das Leben und die Liebe. Deshalb können Sie nicht frei sein! Sie sind nur frei, wenn Sie offen sind für alles, was Ihnen begegnet, ohne Wertung, ohne jegliche Einteilung.«

»Die anderen teilen aber auch ein und werten.«

»Natürlich machen die anderen das auch, aber deshalb ist es trotzdem falsch. Sie sind von Falschem umgeben; das ist eine Tatsache. Sie sind von Unfreiheit umgeben.
Sie wollen aber doch frei sein. Es kommt auf Sie an: Wollen Sie frei sein von Vorurteilen oder nicht, wollen Sie lieben oder nicht?
Sie wollen es; deshalb sind Sie hier, und wir machen uns das jetzt bewußt. Sie wollen mehr als nur eine Ihrer Gesellschaftsstruktur angepaßte Rolle spielen; das spüre ich. Also wollen Sie die Wahrheit wissen.«

»Das weiß ich, denn ich habe Ihr Buch gelesen. Es war mir klar, daß ich von Ihnen Dinge hören könnte, die nicht in einen Rahmen passen, der mir vertraut ist.
Ich weiß, daß Liebe Freiheit braucht, und Sie haben diese Freiheit ›Freiheit vom Denken‹ genannt. Ich weiß, daß ich nicht frei bin, daß ich werte und Vorurteile habe. – Wie kann ich davon frei werden?«

»Im Grunde habe ich es schon gesagt, das heißt, durch das Gesagte hat sich die Freiheit bereits gezeigt. Es geht Ihnen um die Liebe. Wir sagten, daß Sensitivität die Grundlage dafür ist und nicht das Denken. Das Denken ist schädlich, denn es schiebt Riegel vor die Wahrnehmung. Diese Riegel sind Konditionen wie Bildung, Rasse, Nationalität, Alter, Hautfarbe, Beruf, Status. Mit diesen Riegeln trennen wir. Wir trennen uns selbst ab vom Leben, von der Lebendigkeit. Freiheit heißt, das alles fallenzulassen. Wenn es keine Trennung mehr gibt, dann sind Sie offen, und das Leben kann in Sie hineinströmen – und diese Energie ist Liebe. Also behindern Sie sich selbst. Sie selbst sind es, die sich vom Leben trennt. Sie isolieren sich und machen sich einsam.«

»Bin ich denn einsam?«

»Ich denke schon, daß Sie einsam sind, solange Sie diese Riegel vorschieben, sich also durch Meinungen und Vorurteile abtrennen vom wirklichen Leben, das reichhaltig und unerschöpflich ist. Diese Freiheit ist unausschöpflich und niemals ausschöpfbar; sie ist der unendliche Fluß, von einer Sekunde zur anderen. Wir brauchen nur umsteigen, dann fließen wir mit. Wenn Sie Vorurteile haben, egal welcher Art, dann ist das der Lebendigkeit egal – sie fließt weiter, aber Sie sind nicht dabei.«

»Also muß ich frei werden?«

»Sie sind frei geboren, und es steht Ihnen frei, das Leben hineinzulassen oder sich zu verschließen. Lassen Sie es hinein, machen Sie die Fenster und Türen weit auf, dann verlieben Sie sich in sich selbst und in die Natur und in einen Mann. Ein Mann ist nur ein Detail in diesem großen Strom des Lebens, der Sie umgibt.«

»Das klingt aber sehr poetisch.«

»Nennen Sie es poetisch; das spielt keine Rolle. Wenn Ihnen das Herz aufgeht, dann mag man das poetisch nennen, aber das ist nur ein Wort. Nicht das Wort zählt, sondern das, was Sie empfinden, was Sie fühlen. Mit dieser Einstellung werden Sie sehr viel fühlen.

Sie werden überrascht sein, was alles auf Sie zukommt, wenn Sie zu fühlen beginnen, ohne mit dem Denken zu bewerten.

Das Leben kommt zu Ihnen, Sie brauchen nicht darauf zuzugehen; es öffnet sich eine Schleuse. Sie werden vom Leben, wenn Sie es hereinlassen, unendlich umspült. Setzen Sie dem keinen Widerstand entgegen, und Sie sind weder einsam noch isoliert; Sie sind nur allein, und das bleibt so.

Das Alleinsein ist eine Grundgegebenheit, die nicht beseitigt werden kann. Aus diesem Alleinsein heraus kann ja nur der Kontakt in Freiheit geschehen. Weil Sie allein sind, verbinden Sie sich in Liebe. Wenn wir nicht allein wären, gäbe es keine Liebe und auch nicht das Problem der Freiheit. Weil Sie allein sind, gehen Sie in der Sensitivität auf die anderen zu. Dann kann sich Liebe ereignen oder auch nicht. Wenn sie sich aber ereignet, dann ist das wahr und real, gibt es keine Zweifel. Wir sind in Kontakt mit uns selbst und der Welt. Dann ist alles okay und stimmig. Es gibt keinen Widerspruch und keine Diskussion; es gibt deshalb auch keine Entscheidung. Im Moment des Erlebens ist die Entscheidung bereits da. Es gibt nichts zu überlegen und abzuwägen. So direkt zu leben heißt, in Freiheit zu leben – und damit ist die Liebe kein Problem mehr.«

Sklave der Abhängigkeiten
und Manipulationen

Der Fernsehjournalist

Seinen Namen kennt fast jeder, und als er anrief, dachte ich zuerst, er wollte sich mit mir zu einem Interview verabreden. Dann stellte sich jedoch schnell heraus, daß es um ihn persönlich geht. Wir verabredeten einen Termin an einem Samstag, da er in der Woche terminlich keine Möglichkeit sah.

Als er vor mir steht, staune ich über seine stattliche Größe. Auf dem Bildschirm macht er außerdem einen schlankeren und schmaleren Eindruck.

»Ich habe einige Ihrer Bücher gelesen«, beginnt er das Gespräch. »Aber darüber möchte ich jetzt nicht mit Ihnen reden, sondern über meine derzeitige Situation. Ich habe immer voll gelebt und mich in berufliche Herausforderungen hineingestürzt genauso wie in Partnerschaften. Ich bin zweimal geschieden, war aber mit meinen Frauen jeweils immer glücklich. Über die beiden Trennungen möchte ich heute auch nicht sprechen. Das liegt hinter mir.«

»Haben Sie derzeit eine Partnerschaft?«

»Ich habe eine offene Beziehung. Wir leben in getrennten Wohnungen, gehen aber etwa zweimal die Woche zusammen essen. Am Wochenende lebe ich in der Wohnung meiner Freundin, wenn es die beruflichen Termine zulassen. Das ist aber nicht mein Hauptproblem ... obwohl, vielleicht spielt die Partnerschaft auch eine Rolle. Seit etwa zwei Jahren fühle ich mich jedenfalls immer häufiger depressiv.«

»Würden Sie bitte beschreiben, wie Sie das empfinden?«

»Ich habe meine Lebensfreude verloren. Da ich altersmäßig in der Mitte meines Lebens bin, ist es vielleicht eine Midlife-crisis ... ich weiß es nicht.«

»Wie fühlen Sie sich, wenn das geschieht, was Sie als Depression bezeichnen?«

»Ich habe diese Gefühle in meiner Vergangenheit so nicht gekannt. Es beschleicht mich eine Traurigkeit, eine Abgeschlagenheit, die mich lähmt. Ich bin dann leicht erschöpfbar, und alles strengt mich total an. Ich muß mich dann sogar dazu zwingen, meine Freundin anzurufen ... selbst das ist mir in solchen Situationen zuviel.«

»Lieben Sie Ihre Freundin?«

»Was ist Liebe? Nun ja, das sollte ich eigentlich selbst wissen. Ich habe das in der Vergangenheit auch gewußt, aber jetzt weiß ich es nicht mehr. Ich denke, das hat mit meiner Depression zu tun.«

»Macht Sie die Beziehung glücklich?«

»Auch das kann ich nicht sagen. Ich denke, sie macht auf jeden Fall meine Freundin nicht glücklich.«

»Erklären Sie das bitte.«

»Meine Freundin ist oft unzufrieden mit mir und nörgelt an mir herum. Ich habe zuwenig Zeit für sie: Mal habe ich einen Termin vergessen, an dem wir verabredet waren, dann bin ich ihr zu müde und zu erschöpft. Ich spreche jetzt mal mit ihren Worten: Du läßt dich von mir bedienen wie ein Pascha. – Du unternimmst mit mir zuwenig. – Du hast heute nicht angerufen. – Du fährst nicht mit mir in Urlaub. – Wir wollten doch eine kleine Party machen; das verschiebst du von Woche zu Woche. – Wir wollten doch an einem Wochenende nach Paris fliegen; dazu hast du nie Zeit; immer kommt etwas anderes dazwischen. – Sexuell warst du auch schon mal aktiver. Was ist bloß mit dir los? – Früher sind wir nach einem Restaurantessen noch in eine Disko gegangen, heute willst du nur nach Hause und bist immer müde.

Diese ewige Kritik nervt mich. Ich weiß zwar, daß ich lustloser geworden bin, aber wenn man es mir so aufs Butterbrot schmiert, werde ich noch lustloser.«

»Waren Sie bei Ihrem Hausarzt? Haben Sie sich organisch untersuchen lassen? Es könnte eine somatische Erkrankung vorliegen.«

»Ja, ich war beim Arzt und habe mich durchchecken lassen. Meine Blutwerte sind okay, Blutdruck ist auch okay; ich ernähre mich normal. Ich schlafe sieben Stunden gut durch; mein Schlafbedürfnis hat sich sogar erhöht. Ich versuche auch mittags, wenn es irgend geht, mich eine halbe Stunde hinzulegen; ich schlafe dann meist auch ein und wache glücklicherweise erfrischt auf. Manche können das ja nicht, die fühlen sich dann noch müder als vorher. Na gut, ich bin keine zwanzig mehr; das merke ich schon. Aber ich war körperlich noch nie ernsthaft krank, bin auch nicht anfällig für Erkältungen. Es muß eine seelische Ursache haben. Ich bin nicht mehr glücklich und zufrieden, und ich weiß nicht, warum. Ich habe mit einem Internisten darüber gesprochen. Er hat mir ein Psychopharmakon verschrieben ... das mir aber nicht hilft. Im Gegenteil; wenn ich es nehme, fühle ich mich ganz daneben und kann mich während meiner Arbeit überhaupt nicht mehr konzentrieren. Was sagen Sie dazu? Sind Depressionen eine Krankheit?«

»Sie fühlen sich nicht mehr so wohl und fit wie früher. Das Glücksgefühl und die Lebensfreude sind Ihnen abhanden gekommen. Ich würde dafür nicht das Wort Krankheit gebrauchen, sondern eher das Wort Krise (oder Entwicklungsphase). Der Begriff

Krankheit wirkt negativ und klingt nach Medikamenten, Hospital und Klinik.«

»Am liebsten würde ich vierzehn Tage in eine Klinik verschwinden, und danach wäre die Depression weg. Ich möchte diese Gefühle loswerden, denn sie behindern mich bei der Arbeit und im Kontakt zu meiner Freundin.«

»Vielleicht liegt die Ursache aber – bitte, ich sage nur vielleicht – gerade in Ihrer Arbeit und in der Beziehung zu Ihrer Freundin.«

»Über die Ursache habe ich noch nie nachgedacht.«

»Das sollten wir aber jetzt tun. – Warum haben Sie noch nie darüber nachgedacht?«

»Ich möchte mich nicht so intensiv mit mir selbst beschäftigen. Ich war immer ein Mensch der Tat. Die Dinge müssen erledigt werden, und es muß etwas getan werden. Ich wollte immer konkrete Ergebnisse sehen, einen Artikel, ein Buch, eine Fernsehsendung, eine Kolumne, eine Rubrik, die Umsetzung neuer Ideen.
Ich war ein Mann der Tat; ich habe geheiratet, mich scheiden lassen, ein Haus gebaut, das Haus wieder verkauft und eine Eigentumswohnung gekauft.
Jetzt will ich nichts mehr tun; es ist mir alles zuviel. Ich kann mich nicht entschließen, meine Freundin zu heiraten; das wirft sie mir auch vor.«

»Jetzt betrachten wir gemeinsam Ihr bisheriges Leben und die Gegenwart. Wir nehmen uns jetzt einmal die Zeit, das zu tun.«

»Ich hatte nie Zeit, um mich selbst zu betrachten; ich habe gehandelt und fand es gut so. Zum ersten Mal in meinem Leben kann ich nicht mehr handeln, weil ich depressiv bin. Ich bin wie gelähmt. Ich will am liebsten meine Ruhe haben und nichts tun.«

»Sehen Sie, dann brauchen Sie das. Die Symptome – ich spreche nicht von Krankheit, sondern von Gesundheit –, die Symptome der Niedergeschlagenheit sind eine Sprache Ihrer Seele. Ihre Seele will Ihnen damit etwas sagen. Da Sie Ihre Seele nie zu Wort kommen ließen, meldet sie sich jetzt auf diese Weise.«

»So habe ich das noch nie gesehen. Wollen Sie damit sagen, es wäre gut, daß ich depressiv bin?« fragt er überrascht.

»Ja, das sage ich. Es ist gut für Ihre menschliche Reife. Die Depression ist eine Chance für Sie, wenn Sie den Reifevorgang sehen. Sie haben extravertiert gelebt, und jetzt meldet sich die Introversion. Das Pendel möchte in die andere Richtung schwingen. Wehren Sie sich nicht dagegen, sondern lassen Sie es zu. Versuchen Sie also nicht, die Depression zu bekämpfen.«

»Ich habe die Depression bisher verurteilt und wollte sie abschütteln, sie wegschieben, aber das ist mir nicht gelungen.«

»Wenn Sie der Niedergeschlagenheit Widerstand entgegensetzen, dann fördern Sie diese Energie. Lassen Sie sie also zu, geben Sie ihr Raum, gehen Sie auf sie zu, gehen Sie in sie hinein.«

»Davor habe ich Angst.«

»Lassen Sie auch diese Angst zu, und setzen Sie ihr keinen Widerstand entgegen. Fliehen Sie nicht, sondern gehen Sie darauf zu, denn auch das gehört zu Ihnen. So lernen Sie sich selbst kennen. Es ist ein Teil von Ihnen – nicht nur von Ihnen, denn hier handelt es sich um ein allgemeines menschliches Thema.
Die Angst gehört zu unserer Existenz; auch die Depression gehört dazu. Das gilt es zu sehen und anzuerkennen, damit wir wirklich ganz werden. Ganz sein heißt heil sein. Wenn ein Kind sein Spielzeug zerbrochen hat, fügt man es wieder zusammen und sagt ihm, jetzt ist es wieder heil. Wer nur extravertiert lebt, spaltet die Intro-

version ab. Genauso auch umgekehrt: Wer nur introvertiert lebt, ist nicht ganz. Also, die Depression gehört dazu, nehmen Sie sie an, damit Sie ganz werden.

Die Depression will Ihnen etwas sagen, womit Sie sich bisher nicht befaßt haben. Es gibt Ursachen für Ihre Depression, die Sie nicht sehen wollen, mit denen Sie sich bisher nicht befassen wollten. Sie haben Probleme und Konflikte weggeschoben, verdrängt, verleugnet, verfälscht, sublimiert, kompensiert; die melden sich nun. Treten Sie in Kommunikation damit. Es ist keine Krankheit, sondern ein Zeichen von Gesundheit, wenn Sie den Kontakt zulassen. Treten wir also jetzt damit in Kontakt. Was beschäftigt Sie derzeit besonders?«

»Meine Freundin habe ich bereits erwähnt. Es ist der Druck, den Sie auf mich ausübt. Dieser Druck ist mir zu stark; ich fühle mich davon eingeengt. Ich kann deshalb im Moment nicht entscheiden, ob ich sie heirate oder nicht.«

»Es kommt immer wieder Druck von außen. Andere stellen Erwartungen an uns, und wir müssen uns diesen Erwartungen stellen. Üben wir aber nicht auch Druck auf uns selbst aus, weil wir Erwartungen an uns stellen? Wir haben ein Selbstbild: Ich bin ein aktiver Mensch, ich möchte Erfolg haben, Geld verdienen, ich bin ehrgeizig, ich stehe im Wettbewerb mit anderen und möchte als Sieger daraus hervorgehen. Ich sehe mich als stark, ich kann das schaffen, ich gestatte mir keine Schwäche. Ist das bei Ihnen so?«

»Es ist so. Ich war ein Tatmensch, ein Macher. So habe ich mich selbst gesehen. Aber die Depression steht dem entgegen.«

»Ihr Selbstbild, das Sie von sich haben – deshalb komme ich darauf zu sprechen –, muß erforscht werden, von Ihnen selbst. Das Selbstbild, das wir von uns haben, das wir bestätigt sehen wollen, übt Druck auf uns aus, macht uns abhängig; es ist eine Art Gefangenheit. Jeder ist in seinem Selbstbild verfangen, das er sich zurechtgelegt hat oder das die Gesellschaft, die Erziehung ihm vermittelt hat.«

»Ist das nicht normal?«

»Es ist üblich. Sie können das bei den meisten Menschen beobachten. Fast jeder hat ein solches Selbstbild: Ich bin ein Künstler, ich bin ein Organisator, ein Politiker, ich bin ein Unternehmer, ein Machtmensch, ein Katholik, ich bin ein Familienmensch, der sich um alle kümmert, ich bin dieses oder jenes. Und damit werden wir zu Sklaven unseres Selbstbildes, das wir akzeptieren und anerkennen. Wird Ihnen das jetzt bewußt?«

»Aber ist das nicht normal?« beharrt er.

»Ich sagte ja, es ist üblich. Aber ist es auch gut so und richtig? Nicht alles, was üblich ist, ist gut und richtig. In Europa sind wir Christen – und halten das für richtig; weiter südlich sind die Menschen Moslems – und halten das für richtig; in Asien sind die Menschen Buddhisten oder Hindus – und sie halten das für normal und richtig. Erkennen Sie die Abhängigkeit von dem Land, in dem wir leben, von den gesellschaftlichen Gegebenheiten? Wir sind aber alle zuerst einmal Menschen. Wenn wir zur Welt kommen, sind wir ein leeres Gefäß, das gefüllt wird mit Christentum, Islam, Hinduismus, Buddhismus, mit Schulbildung, mit Lebensregeln und Normen. Wir sind Kinder unserer Zeit. Es ist ein biologischer Zufall, daß Sie in Deutschland geboren wurden, in eine katholische Familie. Sind Sie katholisch?«

»Ich bin evangelisch. Ich gehe nicht in die Kirche, aber ich fühle mich als Christ.«

»Es ist biologischer Zufall, daß Sie in eine evangelische und nicht in eine katholische Familie hineingeboren wurden, daß Ihr Vater Steuerberater war oder Tischler.«

»Mein Vater war tatsächlich Steuerberater.«

»Das war Zufall, nur ein spontanes Beispiel. Ich will damit sagen, daß wir durch solche Zufälle geprägt werden. Das leere Gefäß, das wir als Baby und Kleinkind sind, wird damit gefüllt. Das bezeichnen wir als normal, denn es ist überall auf der Welt an jedem Punkt der Erde so ähnlich. Erkennen Sie, was ich Ihnen damit sagen will? Es steht eine Erkenntnis dahinter, die von ungeheurer Bedeutung ist, die eine große Kraft besitzt.«

»Sie wollen damit sagen, daß es Zufall sei, ob ich katholisch, evangelisch oder hinduistisch bin im religiösen Sinn. Aber was bedeutet das?«

»Es bedeutet für Sie sehr viel. Sie werden mit einem religiösen Wertmaßstab erzogen; Sie werden mehr oder weniger gezwungen dazu, ihn für sich zu übernehmen, ihn in Ihr Selbstbild zu integrieren. Es ist ›normal‹, das zu tun. So läuft Erziehung ab; wir werden geprägt und konditioniert. Wir werden danach in der Schule und auf der Universität mit Wissen konfrontiert und speichern das ab. Auch jetzt sind Sie wieder ein Kind der Zeit: Wissensspeicherung im Gedächtnis brauchen wir für Prüfungen, um ein Zertifikat zu bekommen.
Aber davon unabhängig leben wir in einer Gesellschaft, in einem politischen System. Sie hatten das Glück, nach dem Krieg in einer Demokratie geboren zu werden. Wären Sie zwanzig Jahre früher geboren, dann wären Sie in die nationalsozialistische Diktatur hineingewachsen und hätten das Menschenbild dieser Zeit, dieser Gesellschaftspolitik übernehmen müssen. Was damals normal war, ist heute nicht mehr normal. Es trennen Sie nur zwei Jahrzehnte davon – welch glücklicher Zufall für Sie.
Aber das Prinzip bleibt doch immer das gleiche, und darauf will ich hinaus. Das gilt es zu erkennen, denn egal, in welchem Jahrzehnt wir geboren werden oder in welchem Winkel des Erdballs – wir sind ein leeres Gefäß, in das Inhalte hineingegeben werden. Diese

Inhalte steuern unser Selbstbild. Also sind wir manipuliert, so oder so. Wir sind Gefangene der Zeit. Erkennen Sie das? Also ist es unwichtig, beliebig, nicht relevant für Sie selbst, für Ihr wirkliches Selbst. Wenn Sie Glück gehabt hätten, wären Sie während eines Jahrzehnts, in dem das Wort Konditionierung ein Fremdwort gewesen wäre, in eine freiheitliche Familie hineingeboren und wirklich ein freier Mensch geworden.«

»Bin ich denn kein freier Mensch?«

»Von der grundsätzlichen Anlage her schon. Jedes Baby kommt unkonditioniert als freier Mensch auf diese Welt. Dann aber beginnt die Erziehung, die abhängig ist vom Erdteil, vom Landstrich und von der Zeit. Ich möchte, daß Sie das erkennen, diese Zufälligkeit Ihrer Gefangenheit, damit Sie das alles mit einem einzigen Handstreich jetzt sofort vom Tisch wischen können.«

»Geht das denn, kann ich das wirklich abschütteln?«

»Sie können das nicht in Form eines Willensaktes, sondern nur durch die Erkenntnis, daß es so ist. Sie erkennen, daß Ihr Selbstbild dadurch geprägt ist, indem Sie als normal ansehen, was einen Zwang auf Sie ausübt. Was als normal gilt, trägt einen Zwang in sich. Ihr Umfeld ist katholisch, also wollen Sie auch katholisch sein; alle sind nationalistisch, also sind Sie auch nationalistisch und wagen nicht, antinationalistisch zu sein.
Wer aber sind Sie wirklich, unabhängig von all dem? Das wissen Sie, das fühlen Sie. Wer sind Sie selbst wirklich? Darauf kommt es an! Also lassen Sie in diesem Moment alles fallen, was Ihnen vermittelt wurde. Das ist schwer, ich weiß, aber nur weil es schwer ist, ist es nicht unmöglich.«

»Ich sollte also mein Selbstbild überprüfen, inwieweit es echt ist oder mir von der Gesellschaft und der Zeit, in der ich lebe, vermittelt wurde?«

»Das sollten Sie überprüfen, indem Sie in sich selbst hineingehen und Ihre eigenen Gefühle und Motive erforschen. Dann erkennen Sie den Druck, der fremdbestimmt auf Sie ausgeübt wurde, und Sie schütteln das ab. Es fällt von Ihnen ab. Das Erkennen schafft von selbst, ohne eine Anstrengung, die Loslösung davon.«

»Das wirkt erleichternd.«

»Es ist erleichternd, denn der ganze Druck ist unnötig. Das erkennen Sie. So werden Sie frei von Ihrer Vergangenheit, von der Prägung durch das Elternhaus und die Gesellschaft. Dieser Druck fällt von Ihnen ab, und Sie können wieder frei atmen.«

»Es macht mir Hoffnung, und ich fühle mich wirklich freier, denn ich habe verstanden, was Sie meinen. Aber wie kann ich mich von dem Druck befreien, den meine Freundin auf mich ausübt?«

»Auf Ihre Freundin trifft das gleiche zu, was wir gemeinsam besprochen haben; sie ist genauso ein Kind dieser Zeit, dieser Gesellschaft, dieses Jahrhunderts und dieses Landes. Auch sie hat ein Selbstbild, das sie gefangen hält. Aus ihrem Selbstbild heraus kommuniziert sie mit Ihnen. Wie sollte es anders sein? Sie ist eine Gefangene in diesem System. Ihr Verhalten gilt zwar als normal, aber dennoch ist sie eine Gefangene. Wenn Sie das erkennen, dann sehen Sie sie mit anderen, mit neuen Augen.
Wir verlassen das System, wenn wir frei werden. Haben Sie das System verlassen? Dann ist Ihre Depression weg. Wenn Sie selbst für sich die Freiheit gewonnen haben, dann gibt es keine Depression mehr; es gibt nur noch Weite und großen Raum. Wenn Sie frei werden, eröffnet sich für Sie ein Raum; der Raum dehnt sich aus, er eröffnet Neuland. Sie atmen durch, und die Frische der Weite strömt in Sie hinein. Das ist nur möglich, wenn Sie Ihr bisheriges Selbstbild aufgegeben haben, es hinter sich gelassen haben. Dann ist der Druck weg und damit auch die Depression.
Ihre Freundin aber lebt weiter in ihrem eigenen Selbstbild und

macht Ihnen daraus weiteren Druck. Wenn Sie selbst frei sind – ich hoffe, daß Sie es jetzt sind, Ihre Freundin ist es allerdings nicht – ... wenn Sie selbst frei werden, sind alle anderen immer noch im Gefängnis. Wollen Sie deshalb zurück? Ich hoffe nicht. Sie selbst sind frei; Sie haben Ihr Selbstbild fallenlassen. Ihre Freundin aber lebt nach wie vor mit ihrem Selbstbild und ihrem Partnerschaftsbild. Sie selbst sind frei, Ihre Freundin ist unfrei. Was ist zu tun? Sie haben den Druck Ihres Selbstbildes verlassen, der zur Depression führt, und Sie verlassen den Druck Ihrer Freundin. Sie stehen in Freiheit, und Ihre Freundin steht in Unfreiheit. Ihre Freundin möchte Sie in ihre Unfreiheit hineinziehen. Wie reagieren Sie darauf? Das ist jetzt die Frage. Es geht um Liebe, denn Ihre Freundin sagt, sie liebt Sie. Ihre Freundin ist an ihr Selbstbild und an ihr gesellschaftliches Bild von Partnerschaft und Liebe gebunden.«

»Sie ist gebunden. Ich war gebunden. Ich hoffe, daß es Vergangenheit ist. Ich werde mich davon lösen; ich hoffe, daß es so ist, hoffe, daß ich das hinter mir lassen kann und frei bin. Sie aber ist noch nicht frei.«

»Wenn Sie sie lieben, dann machen Sie sie frei, dann helfen Sie ihr, dann reichen Sie ihr die Hand. Wenn Sie sie nicht lieben, dann ist Ihnen das zu anstrengend, zu aufwendig, dann lassen Sie ihre Hand los.«

»Soll ich sie ertrinken lassen?«

»Nein. Es ist Liebe, ihr die Hand zu reichen. Solange Sie aber selbst in den Wellen der Abhängigkeiten kämpfen, können Sie das schlecht. Sobald Sie aber frei sind, könnten Sie es. Aber es ist Ihre Entscheidung; auch dazu kann Sie niemand zwingen. Es gibt keinen Druck mehr, und damit endet die Depression.«

Im Enden liegt der Neuanfang

Der Industriellensohn

Am Telefon sprach er von ›harten Schicksalsschlägen‹ und davon, daß er wieder zu innerer Ruhe und Ausgeglichenheit finden müsse. Seine Stimme klang ruhig und sachlich, ohne eine Spur von Nervosität.

Er ist ein stattlicher, sportlicher Typ mit einem bräunlichen Teint, etwa vierzig Jahre alt. Nachdem er sich umgesehen hat, schaut er mich mit klaren, blauen Augen an und sagt lächelnd: »Ich bin die sachliche Büroatmosphäre gewöhnt. Im Vergleich dazu kommt mir Ihre Einrichtung hier richtig warm und persönlich vor.«

»Ich hoffe, Sie fühlen sich wohl.«

»Im Moment durchaus, ja … allerdings fühle ich mich seit einem Jahr seelisch nicht mehr wohl. Deshalb bin ich ja auch heute zu Ihnen gekommen.«

»Schildern Sie mir bitte, wie es dazu gekommen ist.«

»Ich bin in einer Industriellenfamilie groß geworden. Ich war also stets von Vermögen und Reichtum umgeben. Dafür bin ich dankbar, denn es ist ja nicht selbstverständlich; ich hätte ja auch in kleine Verhältnisse geboren werden können. Ich habe Abitur gemacht, anschließend studiert und promoviert. Danach war ich in Zweigniederlassungen unserer Firmen im Ausland tätig, in den USA und in Asien.

Vor sieben Jahren habe ich eine vermögende Frau geheiratet, die gut aussieht und sehr gebildet ist.

Zunächst einmal hört sich das alles sehr positiv an, und Sie fragen sich vielleicht: Wo hat er denn ein Problem?«

»Das würde ich nicht fragen, denn der äußere Status sagt nichts über die innere Zufriedenheit aus.«

»Ja, das stimmt. Ich werde deshalb weiterberichten, damit Sie sehen können, was mich im Moment belastet.

Mein Vater ist neunundsiebzig Jahre alt. Meine Mutter ist vor zehn Jahren an Krebs gestorben. Mein Vater hat ein Jahr später seine Sekretärin geheiratet, die geschieden war und zwei Söhne aus ihrer ersten Ehe mitbrachte.

Mit meiner neuen Stiefmutter habe ich mich nie verstanden, weil sie systematisch nach dem Vermögen meines Vaters trachtet. So sieht das auch meine Schwester; weitere Geschwister habe ich nicht.«

»Wie kommen Sie auf diesen Gedanken?«

»Sie hat meinen Vater dazu gedrängt, ihre beiden Kinder zu adop-tieren, damit sie voll erbberechtigt sind, damit er sie wirklich total annimmt und ihnen auch zu Positionen in unseren Firmen verhilft. Das hat er dann auch getan. Diese beiden Söhne verschaffen sich jetzt rücksichtslos mehr und mehr Macht. Wie Sie sich denken können, verstehe ich mich nicht mit ihnen; es herrscht eine kni-sternde Spannung bei familiären oder beruflichen Treffen, auch zwischen meiner Stiefmutter und mir.

Mein Vater ist nicht gesund; er hat schon zwei Herzinfarkte hinter sich. Einen dritten wird er wohl kaum überleben, obwohl sich die besten Ärzte um ihn bemühen. Mein Vater ist der typische patriar-chalische Unternehmertyp. Er ist bewußt autoritär und läßt keine andere Meinung gelten. Er will die Zügel immer fest in der Hand behalten und ist sehr dominant in seinem Auftreten. Er wird schnell laut und aggressiv. Aber meine Stiefmutter weiß ihn zu nehmen; bei ihr ist er wie Wachs in ihrer Hand. – Manchmal denke ich, er ist ihr hörig.

Sie ist zwanzig Jahre jünger als er und noch sehr vital. Sie hat meinen Vater fest im Griff. Nun, er hat Angst vor dem Tod; er hat schon des öfteren zu mir gesagt: ›Es ist doch eine Sauerei, daß man ein ganzes Leben lang für den Erfolg gekämpft hat, und dann endet doch alles mit einer gewaltigen Niederlage, mit dem Tod. Junge, ich sage dir ganz ehrlich, ich habe Angst vor dem Sterben.‹ Ich denke, meine Stiefmutter nützt seine Angst, diesen schwachen Punkt dieses ansonsten starken Mannes, bewußt aus. Denn sie beeinflußt ihn auch dahin gehend, ihr und ihren Söhnen unsere Grundstücke als Schenkungen zu überschreiben.«

»Haben Sie mit Ihrem Vater einmal darüber gesprochen?«

»Natürlich habe ich das! Er gibt mir dann zur Antwort: ›Junge, das ist meine Angelegenheit, kümmere du dich um deine Dinge.‹ Auf ein weiteres Gespräch läßt er sich nicht ein. Ich komme da nicht an ihn heran.

Das ist also der eine Punkt, der mich sehr belastet: Ich mache mir Sorgen um unser Vermögen. Es bleibt für mich und meine Schwester am Tage seines Todes vielleicht nicht mehr viel übrig, wenn das so weitergeht. Meine Stiefmutter ist unersättlich; ich denke, daß sie meinen Vater nicht als Person liebt, sondern das Vermögen.

Der zweite Punkt ist der Schmerz, daß meine Frau die Scheidung eingereicht hat, weil sie sich in einen anderen Mann verliebt hat. Ich habe meine Frau geliebt, aber sie liebt mich jetzt nicht mehr. Wir haben nur noch Kontakt über unsere Anwälte. Meine Frau will sehr viel Geld von mir, weil ihr Geliebter kein Vermögen besitzt; sie will deshalb so richtig abkassieren. Ich habe meine Ausgeglichenheit und meine innere Ruhe verloren. Ich leide unter Schlafstörungen, kann mich nicht mehr konzentrieren, mache Fehler bei meiner Arbeit und leide unter Trenungsschmerz, weil ich meine Frau verloren habe. Dieser Krieg, den sie nun gegen mich führt, das tut sehr weh … Deshalb dachte ich, es ist sinnvoll, wenn ich ein

Gespräch mit Ihnen führe. Ich hoffe, daß Sie mir etwas helfen können.«

»Waren Sie schon bei einem anderen Psychologen, einem Neurologen oder einem Psychotherapeuten?«

»Ich war bei meinem Hausarzt. Der hat mir Schlaftabletten und Beruhigungsdragees verschrieben. Er sagte allerdings auch: ›Das geht nur für kurze Zeit, ich will Sie nicht abhängig machen. Gehen Sie auch zu einem Psychologen, und lesen Sie Lausters Buch *Wege zur Gelassenheit*. Ich habe es gelesen, aber ich kann mich im Moment nicht auf ein Buch konzentrieren. Ich lese zwei Seiten, und dann überkommt mich eine innere Unruhe, dann fahre ich zu irgendwelchen Veranstaltungen oder telefoniere mit Bekannten. Ich hoffe, daß mir das persönliche Gespräch, der lebendige Kontakt besser helfen als das Buch.«

»Gut, wir werden sehen. Mit welcher Thematik sollen wir beginnen? Mit der Trennung von Ihrer Frau oder mit Ihrem Vater?«

»Die Trennung von meiner Frau quält mich momentan am meisten; beginnen wir damit. Meinen Sie, es gibt noch eine Chance, daß sie zu mir zurückkommt?«

»Lebt Ihre Frau bei ihrem Geliebten?«

»Er lebt bei ihr. Er ist ihr Tennislehrer. Meine Frau ist in eine Eigentumswohnung in der Innenstadt gezogen, die ihr gehört und die bisher vermietet war.«

»Dann ist die Trennung vollzogen, zumal der Geliebte bei ihr wohnt. Sie sollten das so akzeptieren. Über die Forderungen, die sie über ihren Anwalt erhebt, sollten wir jetzt nicht reden. Das ist die Sache Ihres Anwalts, sich damit auseinanderzusetzen. Wir reden statt dessen über Liebe und Beziehung.

Sind Sie sicher, daß Sie Ihre Frau noch lieben?«

»Ich habe sie sexuell seit zwei Jahren vernachlässigt. Ich war viel auf Reisen. Aber sie gehörte zu meinem Leben; ich wollte sie nicht vermissen.«

»Wenn Sie sagen, Sie wollten sie nicht vermissen, dann ist es Gewohnheit. Ich vermute, Sie haben ziemlich nebeneinanderher gelebt. Sie hatten Ihren Beruf, und Ihre Frau hatte Hobbys und ihre Interessen, denen sie nachgegangen ist. Haben Sie Kinder?«

»Nein, wir wollten beide keine Kinder.«

»Sie haben also eine ›ganz normale Ehe‹ geführt. Das klingt banal, aber ich will auf folgendes hinaus: War es überhaupt eine wirkliche Partnerschaft?«

»Wie meinen Sie das?«

»Sie haben für Ihren Beruf gelebt, Ihre Frau hat Tennis gespielt und sich um das Haus gekümmert. Sind Sie sich wirklich nahegekommen? Außer im Bett – aber selbst da haben Sie Ihre Frau vernachlässigt, wie Sie sagten. Haben Sie nicht recht getrennt nebeneinanderher gelebt? Bitte stellen Sie sich diese Frage. Haben sich Ihre Seelen berührt, haben Sie eine tiefe Beziehung miteinander aufgenommen, waren Sie in tiefem emotionalen Kontakt zueinander? War es nicht eher so, daß Sie sagten, das ist meine Frau, und sie sagte, das ist mein Mann? Waren es zwei Menschen, die zusammen ein Paar bildeten, aber keine tiefe Beziehung zueinander hatten? Bestand ein Mitgefühl, eine Einfühlung in den anderen, so daß es keine Rolle gespielt hätte, ob Sie nun verheiratet sind oder nicht? Sind Sie sich emotional tatsächlich begegnet, so daß aus zwei Lebenslinien eine wurde?«

»Diese Fragen machen mich betroffen!«

»Sie haben also für sich selbst eine Antwort gefühlt?«

»Es ist richtig, wir waren ein Paar, wir lebten eine Ehe, aber wir sind uns menschlich nicht nähergekommen; ich habe immer eine Distanz gespürt.«

»Ist das Liebe? Sie wären für Ihre Frau eingestanden, wenn sie einen Unfall gehabt hätte oder eine Krankheit. Dann hätten Sie ihr die besten Ärzte besorgt; das ist gar keine Frage. Aber hat Ihre Frau Ihre Seele berührt, und haben Sie die ihre berührt?«

»Meine Frau war stolz auf meinen, ihren Namen; sie hat den Status genossen. Wir galten in der Gesellschaft als schönes Paar.«

»In der Gesellschaft als schönes Paar zu gelten, das ist eine Fassade nach außen. Aber die entscheidende Frage ist: Wie sieht es innerlich aus? Besteht hier wirkliche Nähe oder eher Distanz?«

»Meine Frau ist ein kühler Typ.«

»Das sagt man so, wenn jemand diszipliniert ist. Ist Liebe Disziplin? Sie ist das Gegenteil davon. Ist Mitgefühl Disziplin? Können Sie sich zum Mitgefühl zwingen, können Sie daraus eine Pflicht machen? Sie haben sich an die Frau an Ihrer Seite gewöhnt. Sie hat sich von Ihnen getrennt. Jetzt ist Ihr Stolz verletzt, denn sie hat Sie wegen eines Tennislehrers verlassen. Sie könnten es besser verkraften, wenn sie sich einen Industrie-Tycoon genommen hätte.«

»Das habe ich auch schon gedacht. Mein Weltbild ist zusammengebrochen, weil sie so unter ihre Möglichkeiten und mein Niveau gegangen ist.«

»Auch das hat nichts mit Liebe zu tun. Ihre Eitelkeit ist verletzt; Sie besitzen ein Elitedenken. Ich greife Sie nicht an; das ist keine Kritik; ich möchte es nur feststellen. Oder haben Sie kein Elite-

denken – schließlich gehören Sie einer besonderen Gesellschaftsschicht an?«

»Doch, das habe ich sozusagen mit der Muttermilch eingesogen,
daß unsere Familie etwas Besonderes sei, daß ich eine gute Her-
kunft hätte, daß wir zu den ersten Familien der Stadt zählten. Ich
habe ja zu Anfang gesagt, daß ich mir dieses Privilegs bewußt bin.«

»Ist es ein Privileg? Ist es nicht auch eine Belastung? Das Privileg
besteht darin, daß finanziell immer alles möglich war. Die Belastung aber ist die Eitelkeit, die daraus erwächst, die Trennung von
den anderen, die Isolierung, die Regeln und Normen, die man
einhalten soll, die besondere Disziplin Ihrer Kreise, das Statusdenken, das Sie von den anderen absondert. Ich denke, daß das nicht
nur Freude macht, sondern auch belastet.«

»Es ist richtig, an mich wurden immer große Erwartungen gestellt.
Ich sollte Forderungen erfüllen, die mich manchmal sehr belastet
haben. Weil meine Familie sich für etwas Besonderes hielt, hat mein
Vater von mir auch immer besondere Leistungen erwartet; ich habe
versucht, seinen Erwartungen gerecht zu werden.
Man fühlt sich oft einsam ... ich habe mich so gefühlt.«

»Konnte Ihnen die Beziehung zu Ihrer Frau die Einsamkeit
nehmen?«

»Nein«, sagt er leise.

»Sehen Sie, sogar mit Ihrer Frau – mit ihr unter einem Dach –
fühlten Sie sich manchmal einsam. Deshalb haben sich Ihre Lebenslinien nicht getroffen. Sie lebten in einem Haus, aber Sie hatten kein
emotionales Heim.«

»Vielleicht fühle ich mich deshalb so schlecht, weil ich jetzt auch
noch diesen menschlichen Kontakt im Haus verloren habe.«

»Bitte erkennen Sie die Chance, die darin liegt. Sie haben sehr viel gelernt: Sie suchen eigentlich eine Beziehung, in der sich die Emotionen berühren; Ihre nächste Partnerschaft sollte ein Heim werden.«

»Ich kann im Moment nicht an eine neue Partnerschaft denken. Ich habe keinen Sinn dafür.«

»Das wird kommen. Wir sollten noch darüber reden, was Liebe ist und wie Sie sie realisieren können. Ohne Liebe ist unser Leben kalt. Wo Einsamkeit und Isolation zu Hause sind, kann keine Liebe erblühen.
Aber wenden wir uns Ihrem Vater zu. Und Sie werden sehen: Es hängt alles miteinander zusammen. Wir werden über den Tod reden müssen und am Schluß nochmals über die Liebe.«

»Mein Vater hat mir zum erstenmal seine Angst gezeigt, die Angst vor dem Sterben. Dabei ist mir bewußt geworden, daß ich diese Angst auch habe. Aber ich verdränge sie. Ich konnte meinem Vater keinen Trost spenden.«

»Welcher Religion gehört Ihr Vater an?«

»Er ist katholisch erzogen, lehnt aber die Kirche als Institution ab. Er glaubt nicht an ein Weiterleben nach dem Tod.«

»Sofern man daran glaubt, schenkt einem dieser Glaube einen gewissen Trost. Viele Menschen verlangen nach Tröstungen dieser Art. Aber ich meine, es geht nicht um Trost, um eine Art Beruhigung. Die Tatsache des Todes ist höchst beunruhigend; wir haben Angst vor dem Tod, weil er das Ende bedeutet. Da Sie Ihre eigene Angst vor dem Tod angesprochen haben, möchte ich darauf eingehen. Wir ängstigen uns vor dem Tod, weil wir spüren, daß wir nicht richtig leben. Wir sind auf Fortdauer eingestellt. Alles Schöne, das, was uns gefällt, wollen wir bewahren, festhalten; wir sammeln es an. Warum legen wir so großen Wert auf Vermögen und Besitz? Weil wir uns absichern wollen; Sicherheit ist das Grundmotiv. Es gibt aber keine Sicherheit; alles, was wir für sicher halten, ist nur Scheinsicherheit. Das wird uns mitunter durchaus bewußt, und dann kriecht die Angst hervor. Wir bekämpfen die Angst, indem wir noch mehr nach Erfolg streben und noch mehr Besitz anhäufen. Wenn wir sterben, lassen wir das alles zurück – die Grundstücke, die Gemälde, vielleicht wertvolle alte Meister, unsere Frau, unsere Kinder, die Firma. Die Erben bezahlen dafür Steuern und verkaufen das Haus, in dem wir gelebt haben, oder sie vermieten es; es wird dann ein anderer dort wohnen. Also sind wir nur Gast, auch in unserem eigenen Haus, in unserem eigenen Bett. Solange wir leben, sind wir nur vorübergehender Nutzer. Ich halte es für wichtig, daß wir uns das bewußtmachen.«

»Wollen Sie damit sagen, es wäre nicht so schlimm, daß mein Vater die Grundstücke und Firmenanteile seinen adoptierten Söhnen schenkt?«

»Es schmerzt Sie, daß er es nicht Ihnen schenkt, sondern seinen Söhnen, die nicht Ihre leiblichen Brüder sind. Ihr Vater handelt nicht aus der Erkenntnis heraus, daß er sowieso nur Gast ist auf dieser Welt, sondern seiner Frau, also Ihrer Stiefmutter, zuliebe. Schauen Sie, er fühlt sich alt und krank, seine Frau kümmert sich um ihn, spendet ihm Trost, hört ihm zu, hält seine Hand, wenn er sich niedergedrückt fühlt. Also tut er ihr einen Gefallen und macht auch ihr eine Freude.«

»Sie liebt ihn nicht, und er erkennt das nicht. Sie will nur sein Vermögen.«

»Nun, auch wenn sie ihn nicht liebt – was ich nicht weiß, was aber durchaus möglich ist –, dann belohnt er sie für das, was sie ihm gibt: Tröstungen und das Gefühl, nicht einsam und isoliert zu sein. Es wäre natürlich schön, wenn Ihr Vater aus der Erkenntnis heraus, daß er nichts mitnehmen kann, daß er nur ein Gastspiel auf dieser Erde beenden wird, den anderen Gästen – wir sind alle nur Gäste – etwas schenkt.

Ich spreche nicht mit Ihrem Vater, sondern mit Ihnen. Es geht um Ihr Leben; Sie leben jetzt, und ich möchte Ihnen dabei helfen, den Tod in Ihr Leben zu integrieren.

Der Tod ist ein Naturgesetz; er muß sein, damit sich neues Leben entfalten kann – das ist die Schöpfung. Ein Lebewesen tötet das andere, um sich zu ernähren. Auch dieses Lebewesen wird gefressen werden, um ein anderes Tier zu ernähren, oder es wird an Altersschwäche sterben oder viel früher, durch eine Krankheit, eine Seuche oder eine Verletzung. Das sind doch die klaren Gegebenheiten, denen wir uns stellen sollten.«

»Was hat dann das Leben für einen Sinn?«

»Es hat diesen Sinn, daß wir Gast sind – die einen kürzer, die anderen länger. Das Ende ist eine definitiv von der Schöpfung beschlossene Tatsache – also ist das Ende immer gegenwärtig. Es hat zum Beispiel keinen Sinn, so zu leben, als gäbe es kein Ende. Das Ende ist stets gegenwärtig – also ist eine Art Sterben immer anwesend. Wir machen uns über diese tiefere Bedeutung aber keine Gedanken; davon wollen wir offensichtlich nichts wissen. Wir sollten uns aber damit befassen, wenn wir das Leben – unser Leben, Ihr Leben, mein Leben – verstehen wollen. Wir wollen es offensichtlich schon verstehen, aber wir scheuen davor zurück, uns damit wirklich zu befassen. Ich halte es deshalb für wichtig, daß Sie jetzt dieser Thematik nicht ausweichen. Es geht nicht um einen Trost oder um das Finden einer Hoffnung. Wir betrachten die Tatsache des Endens. Nichts bleibt konstant, alles wandelt sich, verändert sich. ›Du steigst niemals in den gleichen Fluß‹, sagt Heraklit.

Wenn Sie etwas Schönes erleben, freuen Sie sich. Sie wollen es festhalten und suchen dieses Schöne zu wiederholen. Aber glücklicherweise endet alles, das Schöne und das Häßliche, die Freude und der Schmerz. Da wir aber dem Leben gegenüber die falsche Einstellung haben, grämen wir uns, wenn das Schöne endet, und sind ungeduldig, wenn das Häßliche zu lange währt.

Ist Ihnen das zu philosophisch? Sie wirken etwas nervös und unkonzentriert.«

»Das stimmt, ich denke gerade, daß das vielleicht zu weit ausgeholt ist.«

»Es ist nicht weit ausgeholt, denn Sie sind mit dieser Problematik direkt konfrontiert – durch die Trennung von Ihrer Frau. Sie wollten das Angenehme dieser Beziehung fortsetzen, weil es bequem war und Sie sich daran gewöhnt hatten. Aber das Leben ist lebendig; es fließt unaufhörlich weiter; Sie können nichts festhalten. Ihrer Frau ist der Tennislehrer begegnet, und damit trat ein Ende in Ihre Wirklichkeit.

Damit sollten wir uns befassen: Was bisher war, ist jetzt nicht mehr; es ist gestorben. Das Ende, das Sterben – es ist allgegenwärtig. Sie denken an Fortdauer; es sollte so bleiben, wie es ist; aber nichts bleibt so, wie es jetzt ist.«

»Sind Sie ein Nihilist?«

»Das ist ein Etikett; mit Nihilismus oder Pessimismus hat das überhaupt nichts zu tun. Ihr Vater wird sterben, Sie werden sterben, ich werde sterben; das sind Tatsachen. Das Leben fließt ständig weiter. Das Wesen der Lebendigkeit ist die Veränderung; das ist ein Naturgesetz. Gut, Sie können sagen, Naturgesetze sind nihilistisch; das wäre ein anderes Thema.

Wenn ich Ihnen die Schönheit der Welt schildere, den Duft einer Blume im Hochsommer, das Plätschern des Baches, das aus der Ferne herüberklingt, den Geruch der Wiesen und welche Schönheit die Seele durchströmt, dann sagen Sie vielleicht, ich wäre romantisch oder ein sentimentaler Schwärmer. Etiketten wie ›nihilistisch‹ oder ›romantisch‹ führen uns nicht weiter. Wir wollen weder

Idealisten, Romantiker oder Nihilisten sein. Davon unabhängig ist in allem, was geschieht, im Schönen, in der Gesundheit, der Vitalität und im Orgasmus das Ende integriert.

Stichwort Orgasmus: Die Sexualität ist ein sehr positiver Bereich der Entfaltung und der Lebenslust. Nach der Erreichung des Orgasmus ist ein Lustziel erreicht. Es endet. So ist das Enden immer anwesend. Das bedeutet, das Sterben zu leben. Ich würde mir wünschen, Sie würden das verstehen. Trennung ist ein Enden. Wir sollten also lernen, loslassen zu können. Das Leben in seiner Ganzheit zu verstehen, das bedeutet erleben und loslassen können.

Aber so wurden wir nicht erzogen; ich weiß, es ging uns immer um ein Festhalten, etwa von Wissen, von Leistungsfähigkeit, von Besitz und von mitmenschlichen Beziehungen; wir sind auf das Festhalten programmiert und nicht auf das Loslassen; deshalb fällt uns das Loslassen so schwer. Wir sind falsch konditioniert. Deshalb sind Sie heute hier. Ich sage Ihnen: Lassen Sie los, befassen Sie sich damit, obwohl es Ihnen fremd ist.«

»Es ist mir sehr fremd«, sagt er nachdenklich. »Meine Welt, in der ich groß geworden bin, ist die Welt des Festhaltens, der Festlegung, der Verträge, also der Fixierung.«

»Das mag in der Geschäftswelt oder in der Welt der Politik so sein – Verträge, Verträge, Klauseln über alles und jedes Detail, ohne Ende. Damit kennen Sie sich aus; das ist Ihre Welt. Aber die Geschäftswelt mit ihrem Denken und ihren Regeln ist das eine; unser persönliches Leben ist aber etwas ganz anderes. Ich könnte über dieses Denken noch viel sagen, aber das führt uns zu weit ab. Bleiben wir bei Ihrer Person und bei den Themen, die für Sie jetzt wichtig sind. Wir sagten, alles, aber auch wirklich alles, endet, ob in zehn Jahren oder tausend Jahren. Sollen wir darüber verbittert werden? Nein, wir erkennen die Größe der Schöpfung darin. Es muß ja alles enden, auch das Schönste. Stellen Sie sich vor, Sie hätten einen Dauerorgasmus. Also muß alles enden; darin liegt die Lösung. Alles muß enden, damit Neues entstehen kann, denn im Neuen liegt das

Leben und die Lebendigkeit. Darin liegt sehr viel Tiefe. Ich hoffe, Sie können die Tiefe sehen, und Sie halten sich an verwendeten Wörtern nicht fest. Nicht die Wörter sind wichtig, sondern das, was hinter den Wörtern steht.

Ihre Frau ist nicht mehr im Haus, Ihr Vater wird sterben. – Bitte verstehen Sie mich richtig: Ich wünsche ihm, daß er noch zehn oder mehr Jahre lebt. Wir müssen uns aber der Vergänglichkeit stellen: Jeder Augenblick taucht auf, und in diesem Moment vergeht er. Was so im Kleinen geschieht, ist überall und ständig im Großen. Ich weiß, es ist ein schlechtes Beispiel, aber was hat Hitler alles vom Tausendjährigen Reich über die Mikrophone in die Volksempfänger gedröhnt? Zwölf Jahre hat es gedauert. – Wir schwören uns Liebe oft nur, weil wir Sex meinen, und es dauert nur zwei oder sieben Jahre.

Was ist Liebe? Ist sie genauso dem Ende anheim gegeben wie alles andere? Gibt es etwas, das alle Jahrhunderte überdauert trotz allen Sterbens? Gibt es etwas, das unsterblich ist? Sollen wir uns damit befassen, interessiert Sie das überhaupt, oder sollen wir das Gespräch beenden? Ende gelöst erlebt ist schön, Ende erzwungen ist unangenehm.«

»Ich möchte, daß wir das Gespräch fortsetzen. Wir waren bei der Frage, was Liebe ist und ob es etwas gibt, das alle Jahrhunderte überdauert, obwohl alle Lebewesen sterblich sind, das Leben also endet. Ist die Liebe unsterblich?«

»Viele Menschen glauben daran, daß die Liebe zu ihrem Partner unsterblich sei – natürlich, ›bis daß der Tod euch scheidet‹. Viele haben deshalb das Ideal, daß die Liebe zu einem Mann oder einer Frau lebenslang währen sollte; das nennen sie dann die ›ewige, große, wahre Liebe‹. Das ist ein Ideal; die Wirklichkeit sieht jedoch anders aus. Man mag das bedauern, aber die Liebe richtet sich nicht nach unseren Idealen, nach dem, was wir wünschen und was wir uns nicht wünschen. Ist das Wesen der Liebe zwischen Mann und Frau, daß sie andauert? Sie ist meist offensichtlich nicht von Dauer, weil zwei Menschen sich im Laufe der Jahre verändern. Ihre Persönlichkeitsstruktur wandelt sich; deshalb wird die Liebe, so wie sie aufblühen kann, auch wieder verlöschen. Ist verlöschen nicht ein anderes Wort für enden oder sterben?

Wenn die Liebe zu einem Menschen endet, ist das nicht das Ende der Liebe; unsere Liebesfähigkeit besteht weiter fort. Deshalb ist die Liebe selbst das, was andauert – die Liebe an sich ist unsterblich. Das Liebesobjekt, woran sie sich bindet, das kann sich lösen; deshalb bleibt die Liebesfähigkeit aber bestehen.«

»Das bedeutet aber, daß ein Liebespartner auswechselbar ist. Ich empfinde es als schrecklich, austauschbar zu sein.«

»Es klingt grausam, wenn man sagt: Du bist austauschbar. Das würde niemand in einer Liebesbeziehung so sagen, schon deswegen nicht, um den anderen nicht zu verletzen. Im Job akzeptieren wir, daß die Arbeitskraft austauschbar ist. In der Personalpolitik kennen Sie sich gut aus: Wer nicht funktioniert und effektiv eine geforderte Leistung erbringt, der wird gefeuert. Ist es nicht so?«

»Sie haben recht; das ist der Berufsalltag. Das kann ich nachvollziehen.«

»Daran haben wir uns gewöhnt, denn so läuft die berufliche Praxis ab: Wer nicht die geforderte Leistung bringt, wird entlassen. In Zeiten wirtschaftlicher Rezession wird natürlich auch entlassen, weil rationalisiert wird und deshalb Arbeitsplätze überflüssig werden; das hat dann nichts mit erbrachter oder nicht erbrachter Leistung zu tun. Im Berufsalltag jedenfalls tauschen wir Menschen aus und akzeptieren das. Hier besteht kein Ideal; hier sind wir illusionslos. In der Partnerschaft dagegen sind wir nicht illusionslos, sondern nehmen an, daß man als Ich einzigartg und durch die Kraft der Liebe nicht austauschbar wäre. Die Liebe hat einen höheren Stellenwert als die Leistung oder die Effektivität. Deshalb können wir eine berufliche Entlassung besser verkraften als eine Trennung vom

Ehe- oder Lebenspartner. Die Liebe wird erhöht als etwas ganz Besonderes in unserem Leben. Das ist die Liebe auch, aber wir müssen nun langsam und vorsichtig vorgehen in unserer Betrachtung. Da der Mensch sich in seiner Persönlichkeit wandelt, in seinen Vorlieben und Interessen, ob sie nun sexueller Natur sind, geistiger oder emotionaler Art, ist die Liebe davon mit betroffen – nicht die Liebe an sich, sondern die spezielle Liebe zu einem Menschen. Wenn die Liebe zu einem Menschen stirbt, endet damit nicht die Liebesfähigkeit. Ihre Frau sagte Ihnen früher sicherlich, daß sie Sie liebt.«

»Ja, früher hat sie das öfters gesagt.«

»Nun aber liebt sie den Tennislehrer und hat sich deshalb von Ihnen getrennt. Also besteht Liebe weiter; sie wechselt nur das Objekt. Sie wurden ausgetauscht; das klingt hart, ich weiß. Aber die Tatsachen sind hart. Deshalb fliehen die meisten Menschen in Illusionen und Ideale, weil sie sich nicht mit den Tatsachen konfrontieren wollen.«

»Im Beruf schaffe ich das auch, aber nicht im privaten Bereich der Liebe.«

»Ich verstehe. Es geht uns um die Frage, was andauert und was endet. Lebendige Materie endet durch den Tod. Liebesgefühle enden durch Wandel, aber sie entstehen durch Wandel neu. Gestorbene, lebendige und beseelte Materie entsteht nicht im Wandel neu. In Indien glaubt man an Reinkarnation, daß also die geendete Materie zu Erde und Asche würde, aber die Seele, das Ich, in einem neuen Körper wiedergeboren würde. Die Christen glauben, daß nach dem Tod ein Weiterleben im Jenseits, im Himmel oder in der Hölle gewährleistet sei, daß man dort seine Verwandten und den Partner wiedertreffen könne. Das sind Vorstellungen, die dem Denken entstammen. Sie mögen daran glauben oder auch nicht. Wir sprechen jetzt über Denkprodukte, nicht über Tatsachen.

Was ist unsterblich, wenn wir über Tatsachen reden? Die Liebe ist unsterblich; sie ist unabhängig; sie kann nicht festgemacht werden. Auch Schönheit ist unsterblich. Wir finden beispielsweise eine Vase schön, eine spezielle Vase; sie kann zertrümmert werden, und ihre Scherben landen auf dem Müll. Aber damit ist die Schönheit an sich nicht gestorben, denn sie ist in einer Blume, in einer Landschaft, in einem Schmetterling weiterhin vorhanden. Die Schönheit ist unsterblich, auch wenn der einzelne Schmetterling im Novemberfrost erstarrt und stirbt; deshalb ist die Schönheit nicht gestorben.

So stirbt nur die Liebe zu einem Menschen, zu einer sexuellen Euphorie, zu einem großen Kontaktgefühl – das alles kann sterben, aber die Liebe nicht. Wir sind als Personen austauschbar, wie der Schmetterling austauschbar ist, ohne daß die Schönheit stirbt. Wenn wir als Einzelwesen, die das erleben, sterben, durch Altersschwäche oder durch einen Unfall, dann lebt die Liebe weiter. Mein Ich lebt nicht mehr weiter; ich bin nur noch in der Erinnerung meiner Partnerin vorhanden. Sie denkt an die schönen Stunden, an Gefühle und sexuelle Erlebnisse. Erinnerung – sie mag noch so schön sein – ist keine lebendige Realität. So kann Liebe sterben, während wir leben – die Liebe zu einer Person –, und kann aufblühen zu einer anderen Person. Deshalb ist Liebe nicht gebunden an eine Sache, an Materie oder an ein konkretes Lebewesen, deshalb können Sie Gefühle nicht in einen Käfig sperren. Eine konkrete Person können Sie abhängig machen. Sie können sie durch Verträge binden, Sie können sie zur Anpassung zwingen, aber nicht zur Liebe. Die Liebe ist frei; sie kann heute und auch in Zukunft nicht zu etwas verpflichtet werden. Ich werde sterben, mein Körper, die Materie, mein Besitz, mein Haus – das alles wird, materiell gesehen, enden. Die Menschheit lebt weiter, ob ich als Einzelwesen nun sterbe oder nicht; sie wird fortbestehen, sofern wir die Erde nicht vernichten. Wenn Sie das verstanden haben, dann gehen Sie mit der Liebe mit und halten sich nicht an einer Person fest, einer Vase, einem Haus oder einem Gemälde, das Sie besitzen.«

»Ein Kunstwerk kann aber auch überdauern, weil es ein Kunstwerk ist.«

»Das Kunstwerk – ein Gemälde oder eine Skulptur – ist Materie. Also unterliegt es diesem Verfallsprozeß. Aber die Kunst an sich wird nicht sterben, solange es Menschen gibt.

Wir nehmen übrigens die Kunst zu wichtig. Das Leben selbst ist viel wichtiger. Kunst ist immer ein zweitrangiges Nebenprodukt. Wenn Sie verliebt sind und eine Ausstellung besuchen, dann lassen Sie sich davon inspirieren, aber im Zentrum steht Ihre Liebe zu der Frau, mit der Sie durch die Ausstellung gehen. Kunst hat einen hohen Stellenwert in der Gesellschaft.

Schönheit existiert unabhängig von Kunst und Kultur. Häßlichkeit sowieso; sie ist leicht anzutreffen in den Großstädten. Da Ästhetik das Schöne und Häßliche integriert, so werden wir das überall finden. Es hat sich eingebürgert, von Kunst in den Feuilletons der Gazetten und in Partygesprächen viel Wind zu machen. Das wird überschätzt. Wer einen Kandinsky an der Wand hängen hat, wird das nicht goutieren, was ich sage. Sie haben im Elternhaus sicher einen Miró oder Chagall an der Wand.«

»Mein Vater besitzt einige Bilder von Picasso und eine Skulptur von Barlach.«

»Wie die Künstler auch immer heißen – Sie mögen auch Erstausgaben von Goethe oder Thomas Mann im Schrank stehen haben –, es zählt doch nur die Schönheit, die Liebe und die Meditation, die ich selbst erlebe. Wir sind Gast, und nichts davon kann wirklich besessen werden. Das ist alles vergänglich; der Tod sitzt mit am Tisch.

Solange wir leben, sind Liebe und Schönheit gegenwärtig. Wir dürfen das genießen, denn Liebe und Schönheit können wir nicht besitzen. Unsere Person, ich, Sie, wir alle sind austauschbar – die Liebe, die Schönheit und die Meditation bleiben.«

Anhang

Gedankenaustausch

Durch Leserbriefe, die ich täglich erhalte, weiß ich, wie viele Menschen einen Gedankenaustausch mit Gleichgesinnten in ihrer Umgebung vermissen. So kam ich auf die Idee, einen ›Briefclub‹ für Interessierte zu gründen. Deshalb habe ich eine Adreßkarte für die Leserinnen und Leser dieses Buches entwickelt, die mit anderen Lesern gerne in einen Gedankenaustausch treten wollen.

Ich war sehr überrascht, wie viele Leser malen, Gedichte schreiben und eigene kreative Gedanken entwickeln. Sie leiden oft darunter, daß sie selten Gesprächspartner im Alltag finden, weil viele eine Scheu davor haben, sich zu offenbaren. Es gibt aber eine ganze Reihe Menschen, die sich in dieser normierten Anpassungsgesellschaft ein eigenständiges Seelenleben bewahrt haben und weiter bewahren wollen. Darüber in Kommunikation zu treten und sich auszudrücken, das sollte auf jeden Fall gefördert werden, und zwar auch durch dieses Experiment.

Die Adressen werden von meinem Sekretariat gespeichert und jedem Interessenten zur Kontaktaufnahme zugesandt. Der Empfang der Adressen verpflichtet natürlich zu nichts. So können Sie Ihre Adresse selbstverständlich jederzeit wieder streichen lassen. Sie sind auch nicht verpflichtet, alle Kontaktinteressenten anzuschreiben oder auf Briefe, die Sie erhalten, zu antworten.

Schneiden Sie die Adreßkarte auf der folgenden Seite aus (oder machen Sie eine Kopie des Coupons), und senden Sie sie mit einem einmaligen Beitrag für die Organisationskosten (50-DM-Schein oder Scheck im Brief) an das Sekretariat der Praxis P. Lauster,

Usambarastraße 2, 50733 Köln. Dieser Gedankenaustausch besteht seit fünf Jahren. Er ist effektiv, denn Sie können mit den Teilnehmern Kontakt aufnehmen; Sie werden aber auch von Teilnehmern angeschrieben, die mit Ihnen Kontakt aufnehmen möchten. Deshalb wird dieser Service auch in Zukunft fortgeführt.

Es wäre schön, wenn durch diese Aktion ein Netz geistiger Verbundenheit zwischen möglichst vielen Menschen entstehen könnte und wenn Sie uns über die Erfahrungen, die Sie gemacht haben, gelegentlich etwas schreiben würden.

Vorname: _____ Name: _____

Straße: _____

PLZ: _____ Ort: _____

Alter: _____ Hobby[s]: _____

Interessengebiete:

_____

_____

_____

_____

Ich bin damit einverstanden, daß meine Adreßkarte an Leser[innen] weitergegeben wird, die an einem Gedankenaustausch interessiert sind.

Datum: _____ Unterschrift: _____

Wenn Sie sich für andere engagieren wollen

In dem vorliegenden Buch geht es auch um die authentische Autonomie des einzelnen in der Gesellschaft. Das hat nichts mit egozentrischer ›Nabelschau‹ zu tun, sondern meint die legitime Selbstfindung. Dadurch wird der Gesellschaft nichts an sozialkonstruktivem Potential entzogen. Wer sich mit sich selbst befaßt, seiner eigenen Entwicklung, Ausreifung und seiner Gesundung, schafft die Basis für eine mitfühlende Soziabilität. Ein psychisch gesundeter Mensch bewirkt gerade dadurch sehr viel Positives für die Gesamtgesellschaft. Emotional glücklich sein heißt nicht, sich selbst in einen stillen Winkel zurückzuziehen, sondern bedeutet ein Kräftesammeln, um auch für andere liebesfähig und mitfühlend etwas tun zu können. Die folgenden Anschriften und Spendenkonten dienen als Vorschlag. Jeder, der sich hier engagieren will, wird mit offenen Armen empfangen. Diese Gruppen sind politisch und religiös unabhängig. Die Auswahl dieser gemeinnützigen Organisationen stellt keine Wertung dar. Es gibt darüber hinaus noch viele andere ähnliche Organisationen, die unterstützt werden sollten und sich über jedes Engagement freuen.

Greenpeace e. V.
Vorsetzen 53
20459 Hamburg
Greenpeace ist eine Vereinigung, die sich für unsere Umwelt einsetzt, unter anderem für das Klima, die Meere und den Regenwald.
Spendenkonto: Postgiroamt Hamburg
(BLZ 200 100 20), Kto.-Nr. 20 61-206.

Deutsche Krebshilfe e. V.
Thomas-Mann-Straße 40
53111 Bonn
Die Deutsche Krebshilfe (gegründet von Dr. Mildred Scheel) enga-
giert sich nicht nur für die Forschung, sondern auch für die Krebs-
behandlung.
Spendenkonto: Postgiroamt Köln
(BLZ 370 100 50), Kto.-Nr. 9090 90-501.

Deutsche Aids-Stiftung
Pipinstraße 7
50667 Köln
Die Deutsche Aids-Stiftung hilft an Aids Erkrankten, die in finan-
zielle Not geraten, unterstützt die Forschung und verleiht einen
Journalistenpreis für aufklärende Berichterstattung in den Medien.
Spendenkonto: Westdeutsche Landesbank
(BLZ 370 500 50), Kto.-Nr. 5 000.

Bund für Umwelt und Naturschutz Deutschland e. V.
Im Rheingarten 7
53225 Bonn
Der BUND setzt sich für den Umweltschutz ein und gibt eine
Zeitschrift für Ökologie und Umweltpolitik heraus (»Natur und
Umwelt«).
Spendenkonto: Postgiroamt Köln
(BLZ 370 100 50), Kto.-Nr. 64 67-509.

Deutscher Verein der Blinden und Sehbehinderten in Studium
und Beruf e. V.
Frauenbergstraße 8
35039 Marburg
Eine der wichtigsten Aufgaben des Vereins ist es, Dienstleistungen
für Blinde und Sehbehinderte bereitzustellen (zum Beispiel einen
Vorlesedienst).
Spendenkonto: Commerzbank Marburg
(BLZ 533 400 24), Kto.-Nr. 3 922 945.

UNICEF Kinderhilfswerk der Vereinten Nationen
Deutsches Komitee für UNICEF
Steinfelder Gasse 9
50670 Köln
UNICEF hilft notleidenden Kindern in 119 Ländern der Erde.
Spendenkonto: Postgiroamt Köln
(BLZ 370 100 50), Kto.-Nr. 3000 00-503.

Einige kurze Informationen
über die verschiedenen Psychotherapien

Die fünf bekanntesten psychotherapeutischen Schulen und ihre Begründer:

Sigmund Freud (1856–1939) begründete die Psychoanalyse.
Für den österreichischen Arzt und Psychologen S. Freud ist der Hauptantrieb des Menschen die *Sexualität*. In seiner Therapie, der Psychoanalyse, werden Erinnerungen und Träume analysiert, um zu *kindlichen Triebkonflikten* als Ursache für seelische Erkrankungen und Schwierigkeiten vorzustoßen. Nach seiner Auffassung liegt der Weg aus der seelischen Erkrankung im Verständnis der eigenen Vergangenheit.

Carl Gustav Jung (1875–1961) begründete die analytische Psychologie.
Nach dem schweizerischen Psychoanalytiker C. G. Jung, einem Schüler von S. Freud, übt das *kollektive Unbewußte*, zum Beispiel ererbte Denk- und Verhaltensstrukturen, einen entscheidenden Einfluß auf die Seele aus. Wegen dieses Phänomens strebt der Mensch nach *Selbstwerdung* (Individuation).

Alfred Adler (1870–1937) begründete die Individualpsychologie.
Der österreichische Psychiater und Psychologe A. Adler sieht in übertriebenem *Geltungs- und Machtstreben* die Ursache für seelische Probleme und Erkrankungen. Seine Therapie soll dem Patienten den Gemeinschaftssinn zurückgeben. Adler gilt auch als Begründer der *Paar- und Familientherapie*.

Burrhus F. Skinner (1904–1990) begründete den Behaviorismus. Der amerikanische Verhaltensforscher B. F. Skinner zeigte mit Hilfe von Tierversuchen, wie durch Belohnung oder Strafe *Verhalten erlernt* wird. Die Verhaltenstherapie versteht seelische Probleme als erlerntes Fehlverhalten, das durch Verhaltenstraining verändert werden kann.

Carl Rogers (1902–1987) begründete die Gesprächstherapie. Mit Hilfe des Therapeuten erforscht der Patient seine Schwierigkeiten und Ziele. Er soll seine *eigenen Möglichkeiten finden*, um sich zu verändern. Der amerikanische Psychologe und Psychotherapeut C. Rogers begründete auch die *Encounter-Gruppen*, in denen sich Menschen über Probleme aussprechen und ihre Beziehungsfähigkeit verbessern.

Nach einer Darstellung der Zeitschrift *Focus* stellt sich die Situation der Psychotherapie in Deutschland wie folgt dar: »Experten schätzen, daß etwa fünf Prozent der Bevölkerung psychotherapiebedürftig sind. Rund 250 000 sollen derzeit in Behandlung sein. Es ist nicht leicht, den ›richtigen‹ Therapeuten zu finden. Ärzte, Krankenkassen oder therapieerfahrene Bekannte können Ratschläge geben. Die Krankenkassen akzeptieren es, wenn der Patient bis zur fünften Sitzung zurücktritt, falls ihm die Methode oder Person des Therapeuten nicht zusagt.
Die gesetzlichen Krankenkassen zahlen nur, wenn ein Mediziner (oder Psychotherapeut mit ärztlicher Approbation) bestätigt, daß eine Erkrankung vorliegt. Die Methode muß entweder tiefenpsychologisch-analytisch oder verhaltenstherapeutisch sein. Private Kassen haben zum Teil großzügigere Regelungen.«
Anfang 1996 ist ein bundesweiter Therapieführer unter dem Titel *Das Prisma. Psychotherapie in Deutschland. Adressen und Informationen* erschienen. Sie können ihn unter der Anschrift Dynamic, Hauptstraße 81, 65594 Steeden (Tel. 0 64 82/9 10 47) oder den Buchhandel beziehen.

Wissenswertes zur Krankenkassenleistung

Je Sitzung (mindestens 50 Minuten) zahlen die gesetzlichen Kassen zwischen 110 und 113 DM (in den neuen Bundesländern 89 DM) für Einzeltherapien. Für Kurzzeittherapien zahlen die Kassen bis zu 25 Sitzungen. Bei Langzeitbehandlungen (müssen vom Gutachter bestätigt werden) in der Regel bei

- tiefenpsychologisch fundierter Psychotherapie 50 Sitzungen (max. 100),

- Verhaltenstherapie 45 bis 60 Sitzungen,

- analytischer Psychotherapie 160 bis 240 Sitzungen (auf Antrag max. 300).

Im Gegensatz zu den gesetzlichen Kassen unterscheiden sich die privaten im Leistungsangebot. Sie bieten individuell gestaltete Verträge an.

Die gesetzlichen und privaten Krankenkassen leisten in der Regel nur dann, wenn von einem Mediziner bestätigt wird, daß eine seelische Erkrankung vorliegt oder körperliche Symptome durch seelische Ursachen entstanden sind. Da Körper und Seele eng miteinander verbunden sind, kann bei weiterer Auslegung ein seelischer Faktor meist einbezogen werden.

Die Krankenkassen sind in der Regel nicht dazu verpflichtet, bei allgemeinen Lebensproblemen zu leisten; dazu zählen Partnerschaftsprobleme, Liebeskummer, Eheberatung, Sinnkrisen, Selbstbewußtseinsstörungen, Selbstfindungsprobleme, Studienprobleme, Begabungsanalyse, Berufswahl, Verwirklichung des persönlichen Lebensglücks. Allerdings können auch diese Probleme somatische Symptome auslösen, wie etwa Schlafstörungen, Herzrhythmusstörungen, Magen- und Darmbeschwerden etc. Es liegt also in der Beurteilung des Gutachters, ob er einer Psychotherapie zustimmt oder nicht.

Der Psychologe oder Psychotherapeut ist meist kein Mediziner; deshalb machen die Krankenkassen dieses komplizierte Prüfverfahren zur Voraussetzung für ihre Leistungen. Wer einen Psychiater oder Neurologen aufsucht, kann davon ausgehen, daß dessen Rechnung von der Krankenkasse übernommen wird, da er Mediziner ist. Der Psychiater ist allerdings kein Psychotherapeut, auch kein Psychologe. In seltenen Fällen hat ein Psychiater ein Doppelstudium absolviert, ist also dann sowohl Diplom-Psychologe als auch Psychiater, oder er ist Psychiater und gleichzeitig Psychoanalytiker, sofern er an einem psychoanalytischen Institut diese Ausbildung absolviert hat.

Ein Diplom-Psychologe ist in der Regel kein Psychiater, und er ist nicht automatisch ein Psychoanalytiker. Der Psychiater befaßt sich vor allem mit Krankheitsbildern, die als Psychosen bezeichnet werden. Der Psychotherapeut (dazu zählt auch der Psychoanalytiker) befaßt sich mit Neurosen, die keine Psychosen sind. In das Zuständigkeitsgebiet des Psychologen fallen nicht die Psychosen; diese muß er an einen Psychiater, also Nervenarzt, überweisen. Die Neurosen zählen zu den seelischen Störungen, für die ein Psychologe ausgebildet ist. Je nach der Art der Neurose wird er den Patienten aber auch zu einem Psychotherapeuten überweisen, dessen Therapieform er für besonders geeignet hält. Eine ›Fahrstuhlphobie‹ zum Beispiel an einen Verhaltenstherapeuten, Minderwertigkeitskomplexe an einen Individualpsychologen, der nach der Methode von Alfred Adler arbeitet.

Resonanzbogen

Alle eingehenden Resonanzfragebogen werden vom Autor vertraulich behandelt und statistisch ausgewertet. Sie dienen der weiteren wissenschaftlichen Arbeit des Autors und geben Ihnen die Möglichkeit, Ihre Meinung zu äußern und Kritik zu üben.

1. Hat Sie die Lektüre dieses Buches angeregt, Ihre Selbsterkenntnis zu verbessern?

   ☐ ja   ☐ nein   ☐ teilweise

2. Glauben Sie, daß Sie einige Erkenntnisse gewonnen haben, die Ihnen im Alltag helfen werden?

   ☐ ja   ☐ nein   ☐ teilweise

3. Worüber hätten Sie gerne mehr gelesen?

   ☐ Angstprobleme
   ☐ Erziehungssituation
   ☐ Sexualität und Selbstbewußtsein
   ☐ Gesellschaftsstruktur
   ☐ Minderwertigkeitskomplexe
   ☐ Therapiemethoden
   ☐ Sinn des Lebens
   ☐ Befreiung der Liebesfähigkeit
   ☐ Entfaltung der Fähigkeiten

- [ ] Mut zur Selbstbehauptung
- [ ] Konfliktbewältigung
- [ ] Motive menschlichen Verhaltens

Eigene Vorschläge: _____

_____

_____

_____

_____

4. Hat Ihnen das Buch geholfen, Ihre persönlichen Probleme besser zu erkennen?

- [ ] ja   - [ ] nein   - [ ] teilweise

5. Welches individuelle Problem oder welcher seelische Konflikt beschäftigt Sie besonders?

_____

_____

_____

Vorname: _____ Name: _____

PLZ: _____ Wohnort: _____

Straße: _____

Alter: _____ Beruf: _____

Schneiden Sie den Fragebogen bitte aus, und senden Sie ihn an:
Sekretariat der Praxis P. Lauster, Usambarastraße 2, 50733 Köln.
Sie können auch faxen an 02 21/7 60 58 95.

Die im ECON Verlag lieferbaren Bücher
von Peter Lauster

Ausbruch zur inneren Freiheit. *Mut, eigene Wege zu gehen*

So stärken Sie Ihr Selbstbewußtsein. *Wege zur Ichentfaltung*
(Drei Bücher in einer Sonderausgabe)

Stärkung des Ich. *Die zweite Geburt der Selbstwerdung*

Selbstbewußtsein. *Sensibel bleiben, selbstsicher werden*

Liebeskummer als Weg der Reifung

Das Lauster Lebensbuch. *Heilende Gedanken zur Selbstentfaltung
und Befreiung* (Anthologie)

Selbstfindung. *Meditation zur Entspannung und Loslösung*

Der Sinn des Lebens

Die sieben Irrtümer der Männer

Flügelschlag der Liebe. *Gedanken und Aquarelle*

Wege zur Gelassenheit. *Die Kunst, souverän zu werden*

Lebenskunst. *Wege zur inneren Freiheit*

Die Liebe. *Psychologie eines Phänomens*

Lassen Sie der Seele Flügel wachsen. *Wege aus der Lebensangst*

Lassen Sie sich nichts gefallen. *Die Kunst, sich durchzusetzen*

Menschenkenntnis. *Körpersprache, Mimik und Verhalten*

Berufswahl. *Interessenfindung und Information für Ausbildung, Studium, Berufswechsel*

Der Begabungstest. *Talente selbst entdecken und entfalten*

Intelligenz. *Das Trainings- und Testprogramm*

Persönlichkeit. *Ein Beratungs- und Testprogramm zu Ihrer persönlichen Entfaltung*

Mentale Fitness – für Berufserfolg und Karriere

Als Taschenbuch bei ETB:
Das Wahrheitsspiel. *Ein spannendes Gesellschaftsspiel zur Selbsterfahrung*

Sensis. *Ein spannendes psychologisches Gesellschaftsspiel*

Statussymbole. *Eine Demaskierung der menschlichen Eitelkeit*

Geheimnisse der Liebe (Anthologie)

Helmut Krusche

**Der Frosch auf
der Butter**

NLP – Die Grundlagen
des Neuro-Linguistischen
Programmierens
296 Seiten
TB 26531-8

NLP, die Neuro-Linguisti-
sche Programmierung, ist
eine Methode, die eine neue
Dimension menschlicher
Kommunikation eröffnet
hat. Sie nutzt systematisch
die Muster der sinnlichen
Wahrnehmung und der
Sprache, um bestimmte
Ziele zu erreichen. Die
Gedanken von NLP sind
aufgrund ihrer Einfachheit
leicht umsetzbar – und das
in allen Lebensbereichen.
Dieses Buch zeigt Ihnen,
wie Sie mit Hilfe von NLP
sich selbst beeinflussen und
schöpferisch verändern
können.

Econ Taschenbuch

Econ

Carole Nelson Douglas
Eine Katze
im Diamantenfieber
Roman

Carole Nelson Douglas
**Eine Katze im
Diamantenfieber**
464 Seiten
TB 27372-8
Deutsche Erstausgabe

Männer und andere Probleme: Privatdetektivin Temple Barr hat von allem die Nase voll. Zur Ablenkung besucht sie daher einen Talentwettbewerb für Romanschriftstellerinnen und trifft dabei allerlei skurrile Menschen: verschollene Tanten, alte Freunde, die ihren gestählten Körper als Model verkaufen möchten, schmierige Italiener-Machos … Als Temples Freund Cheyenne jedoch plötzlich von einem Pfeil durchbohrt zu Boden sinkt, haben die Probleme sie wieder.

Gemeinsam mit ihrem schnurrenden Partner Midnight Louie, dem massigen Katzendetektiv, setzt sie sich auf die Spur des Mörders. Und diesen Beistand hat sie auch bitter nötig, denn der Fall ist komplizierter als erwartet – und weitaus gefährlicher …

Carole Nelson Douglas ist mit ihrer Midnight-Louie-Reihe die preisgekrönte Königin der Katzenkrimis.

Stanley Johnson
Der Comissioner
Das Buch zum Film
336 Seiten
TB 27511-9
Deutsche Erstausgabe

Der konservative britische Abgeordnete James Morton scheint nach dem Wahlsieg der Labour-Party am Ende seiner politischen Karriere. Notgedrungen nimmt er daher das ungeliebte Amt des Industriekommissars in Brüssel an. Als er der Fusion zweier europäischer Industriegiganten zustimmen soll, erreicht ihn eine anonyme Denkschrift, in der der illegale, in einigen Fällen sogar mörderische Umgang der Konzerne mit verbotenen Pestiziden angeprangert wird. Morton verweigert seine Zustimmung und gerät in einen Strudel von Intrigen.

Der brisante Stoff von Stanley Johnson wurde unter dem niederländischen Regisseur George Sluizer verfilmt. Die Hauptrollen besetzen Armin Mueller-Stahl, John Hurt sowie die Spanierin Rosana Pastor.

Als sich die Fronten zwischen CIA, KGB und den Kollegen aus Fernost wieder einmal verhärten, hält der degradierte Topspion David Jardine seine Stunde für gekommen. Einer muß sich schließlich um die tickende Zeitbombe kümmern, die das gesamte westliche Finanzsystem zu vernichten droht.

Murray Smith
Steintänzer
Thriller
432 Seiten
TB 27364-7

»Im Mittelpunkt dieses atemberaubenden Thrillers steht David Jardine: smart, rücksichtslos und charmant. Genauso wie 007 immer sein wollte.«
Publishers Weekly